大学受験
Coreシリーズ

英文法の㊰

西きょうじ

説明	0
動詞の型	1
動詞の識別と態	2
時制と相	3
準動詞	4
助動詞と仮定法	5
名詞・冠詞・代名詞	6
形容詞・副詞	7
比較表現	8
疑問詞・関係詞	9
接続詞	10
前置詞	11
強調・倒置・省略・否定・一致	12

東進ブックス

はしがき

■ 文法学習と「文法の核」

　中学段階以上の英語学習においては文法の習得が不可欠です。文法は、いわゆる4技能「読む」「書く」「聴く」「話す」すべてに共通の基盤となるもので、基本的な文法の理解なしに4技能の力を向上させることはできません。しかし、一般的に学校で文法の授業は人気がありません。なぜでしょうか。

　理由は2つあります。1つは、従来の文法学習が文法事項のやみくもな暗記に終始し、文法問題に解答することが目的とされがちということです。つまり、文法事項の暗記そのものを目的とする傾向にあったのです。全体性が提示されないまま断片をやみくもに暗記させられ、知識そのものをテストするというのでは、文法嫌いの学習者が増えるのも当然でしょう。

　もう1つは、文法はコミュニケーションの基盤であり、**文法を理解して初めて「話せる」ようになる**のだ、という実感が与えられていないことです。要するに、文法の根本（＝核）がわからないままでは、いくらハート（伝えようとする気持ち）があっても、十分なコミュニケートはできないのだということが周知されていないのです。

　では、英語学習における文法の根本、すなわち「文法の核」とはなんでしょう。極言すると、語（あるいは情報）の配列ルールと単語の使い方（品詞の理解を含む）です。

❶ 語（あるいは情報）の配列ルール

　いくら単語を知っていても、それらをどのように配列するかがわからなければ、意味のある文を作ることはできません。たとえば「私はあなたを深く愛している」という日本語を英語で表すとき、日本語の語順通りに並べると I you deeply love になりますが、これでは強烈な身振りを加えない限り、意思を伝えることはできません。

　また、配列ルールを知らなければ、文の意味を素早く正確に理解することもできません。英語では、前の情報を後ろで説明して明確にする後置修飾（関係

詞など）が多く用いられますが、これは日本語の語順と全く異なります。ルールを知らずに単語を順に訳していくだけだと、意味不明になってしまうのです。そのためにも、**「情報の流れ方」のルールを知り、多くの例文に接して体得する**ことが大切なのです。

2 単語の使い方、ルールの理解

　配列ルールを体得すると同時に、基本的な単語の使い方やルールを品詞の概念に基づき理解する必要があります。たとえば、「犬が好き」と言いたい場合に"I like dog."と言うととんでもないことになるな、（⇒「犬肉が好き」）と直感的にわかるようになるということです。（"I like dogs."が自然な文です ⇒ 6章）これは文法がわからずに単語だけ並べても意味は通じるだろうという暴論に対する反例となる例文ですね。

　英語を使うための土台は、「文法の核」を理解した上で、多くの例文にふれて基本パターンを体得していく過程で形成されます。「文法のための文法」を暗記するのではなく、説明を読んで理解することによって**「使える文法」を身につけ、英語の運用力を高めていきましょう。**

Contents

はしがき ……………………………………… 002
本書の特徴・使い方 ……………………… 006
Prologue 品詞についての知識 —準備段階として— … 012
0章　動詞についての基本説明 ……… 015

1章　動詞の型

1 動詞の型 …………………………………… 032
1 SV(+A)型 ………………………………… 032
2 SVC型 …………………………………… 033
3 SVO(+A)型 ……………………………… 035
4 SVO₁O₂型 ………………………………… 036
5 SVOC型 …………………………………… 040

2 動詞の型への意識⇒文意の理解 …… 046
1 prove ……………………………………… 046
2 make ……………………………………… 046
3 leave ……………………………………… 047

▶ COLUMN 1 完璧主義者は第2言語習得が苦手 … 048

2章　動詞の識別と態

1 動詞の識別 ……………………………… 050
1 say, tell, speak, talkの識別 …………… 050
2 borrow, use, hire, rentの識別 ………… 052
3 fit / become / suit / match / go withの識別 … 053
4 wear / put on / have onの識別 ……… 054
5 suspect, doubtの識別 ………………… 055

2 態 ………………………………………… 056
1 態の基本例文 …………………………… 061
2 態のポイント …………………………… 064

▶ COLUMN 2 格について ………………………… 066

3章　時制と相

1 時制と相Ⅰ(基本説明) ………………… 068
2 時制と相Ⅱ(現在形・進行形・完了形) …… 070
1 現在単純形 ……………………………… 071
2 過去単純形 ……………………………… 072
3 現在進行形 ……………………………… 073
4 過去進行形 ……………………………… 075
5 助動詞＋be -ing ………………………… 076
6 現在完了形 ……………………………… 077
7 現在完了進行形 ………………………… 081

8 過去完了形 ……………………………… 081
9 過去完了進行形 ………………………… 082
10 will have p.p. …………………………… 084
11 時制の一致 ……………………………… 085

▶ COLUMN 3 音読の効用 1 ……………………… 094

4章　準動詞

1 準動詞 …………………………………… 096
1 準動詞の名詞的用法 …………………… 097
2 準動詞の形容詞的用法 ………………… 104
3 準動詞の副詞的用法 …………………… 111

▶ COLUMN 4 音読の効用 2 ……………………… 126

5章　助動詞と仮定法

1 助動詞 …………………………………… 128
1 法助動詞の基本説明 …………………… 130
2 法助動詞の基本例文 …………………… 137

2 仮定法 …………………………………… 156
1 仮定法の基本形 ………………………… 157
2 仮定法の基本例文 ……………………… 157

▶ COLUMN 5 音読の効用 3 ……………………… 164

6章　名詞・冠詞・代名詞

1 名詞 ……………………………………… 166
1 可算名詞と不可算名詞の基本 ………… 167
2 不可算名詞として扱われる名詞 ……… 172

2 冠詞 ……………………………………… 177
1 the(定冠詞)＋名詞 ……………………… 177
2 a/an(不定冠詞)＋名詞 ………………… 178
3 無冠詞 …………………………………… 179
4 a/an(不定冠詞)とthe(定冠詞)の用法 … 179

3 代名詞 …………………………………… 186
1 人称代名詞 ……………………………… 186
2 itの用法 ………………………………… 189
3 指示代名詞thisとthat ………………… 192
4 不定代名詞 ……………………………… 194

▶ COLUMN 6 音読の効用 4 ……………………… 200

7章 形容詞・副詞

1 形容詞 ... 202
1 限定用法と叙述用法の注意点 ... 203
2 数量を表す形容詞 ... 206
3 確信を表す形容詞(sure と certain) ... 208

2 副詞 ... 212
1 副詞の位置の原則 ... 212
2 副詞の注意点 ... 213

8章 比較表現

1 比較表現 ... 224
1 原級を使ったさまざまな表現Ⅰ ... 230
2 原級を使ったさまざまな表現Ⅱ ... 234
3 比較級を使ったさまざまな表現Ⅰ ... 239
4 比較級を使ったさまざまな表現Ⅱ ... 242
5 最上級を使ったさまざまな表現 ... 253

▶COLUMN 7 シャドーイングの効用 ... 258

9章 疑問詞・関係詞

1 疑問詞 ... 260
1 whose ... 262
2 what ... 262
3 which ... 263
4 why ... 263
5 how ... 263
6 前置詞の目的語を表すwho / what ... 264
7 where ... 268
8 疑問詞+do you think[imagine/suppose/say] ... 268

2 関係詞 ... 270
1 関係代名詞 ... 273
2 前置詞+関係詞 ... 275
3 関係副詞 ... 276
4 関係詞の非限定用法 ... 282
5 その他の関係詞Ⅰ ... 286
6 その他の関係詞Ⅱ(慣用表現) ... 291

10章 接続詞

1 等位接続詞 ... 294
1 and ... 294
2 but ... 296
3 or / nor ... 296
4 for, so ... 299

2 従位接続詞 ... 301
1 名詞節を導く接続詞 ... 301
2 副詞節を導く接続詞Ⅰ(時を表す接続詞) ... 304
3 副詞節を導く接続詞Ⅱ
   (原因・理由を表す接続詞) ... 310
4 副詞節を導く接続詞Ⅲ
   (目的・結果・程度・条件・譲歩を表す接続詞) ... 316

▶COLUMN 8 中間話法(描出話法)について ... 324

11章 前置詞

1 前置詞 ... 326
1 9つの基本前置詞 ... 329
2 その他の前置詞 ... 354

12章 強調・倒置・省略・否定・一致

1 強調 ... 370
1 強調する語句を加える表現 ... 370
2 強調構文(分裂文) ... 372

2 語順の変更・倒置 ... 375
1 倒置の基本的な用法 ... 375
2 比較表現の倒置 ... 377
3 否定を表す副詞(句・節)が文頭に置かれる場合 ... 378

3 省略 ... 380
1 S beの省略／beの省略 ... 380
2 その他の省略 ... 381

4 否定 ... 382
1 not ... 382
2 notによる代用 / no / neither _ nor ~ / only ... 387

5 一致 ... 391
1 年月の一致 ... 391
2 固有名詞の一致 ... 392
3 each, mostの一致 ... 392
4 not only _ but also ~ / either _ or ~の一致 ... 393
5 _ and ~で1つのものを表す場合の一致 ... 393

▶COLUMN 9 文法を忘れよう ... 395

索引 ... 396

別冊 基本例文500

英文法の核【問題演習編】へ

本書の特徴・使い方

■ 本書の特徴
1 共感できる文法ルールの解説

　本書は「文法の核」の理解を目標として作っていますが、文法とは理解可能なものである、ということをまず強調しておきたいと思います。文法とは、世界認識の仕方が身体化され概念化される共通項をルール化することによって、**意思疎通をしやすくするもの**だからです。文法的制約があるから、言語の意味が限定され意思の疎通が容易になるのです。

　また、そもそもルールに対する共感がなければルール化されることはありえません。共感できなくても覚えろ、というルールだと広く共有されることもないでしょう。もちろん英語話者と日本人との感覚が同じなわけではないので、覚えるだけという部分もありますが、文法ルールはやみくもに暗記しなければならないものではなく、**基本的には理解可能なものだ**ということを前提にしています。

2 文法の全体像が理解できる構成

　日本人向けの文法参考書は、大量に書店に並んでいます。その中であえて本書を出版するのは、一般に受け入れられている参考書は以下の2つの問題点を抱えているからです。

①知識の羅列にとどまる点

　網羅性の高い分厚い文法参考書は知識の羅列にとどまっており、そこに有機的つながりを見出せません。バラバラの知識をただ列挙している、全体像が見えないまま部分を切り離して提示されている、あるいは、あまりにも膨大な情報を並べている。これでは文法項目の辞書として使うことはできるにせよ、受験生が文法ルールを理解して自ら使うことに向かうには敷居が高すぎます。

②過度な単純化が生じてしまっている点

　一方、「わかりやすい」を売りにした文法参考書は、わかったと思わせることを目的としており、過度な単純化が生じてしまっています。そして網羅性は欠如している、つまり「なるほど」と読者が思いやすい点のみに焦点を当てて説明しているわけです。こういう参考書は社会人にとっては面白いかもしれませんが、受験生の立場からすると有益というよりはむしろ有害です。これらは「例外はまずは無視」というスタンスで根本を説明するという宣伝文句を掲げますが、例外とはいえない部分までも無視するという過度な単純化を行う傾向が見られます。

　たとえば「他動詞はほかに働きかける動詞です⇒具体例⇒わかりやすいですよね。」と書かれているものがよく見られます。たしかにわかりやすいですよね。しかし、そこには状態動詞への意識が抜けています。具体例をあげると、He resembles his father. の resemble は他動詞ですが、「彼」が「父親」に働きかけているわけではありません。これはきわめて普通に見かける文で、例外視することはできないでしょう。過度な単純化によって理解した気になっていると、このような例外ではない普通の文に対処できなくなってしまうのです。これはむしろ有害だといえるでしょう（⇒正しい理解は0章）。

　本書では、過度な単純化に陥ることなく（そのため理解には努力を要することもあります）、説明可能なことをできる限りわかりやすく書いています。それによって、文法への真の理解を伴いながら必要事項を網羅し、文法ルールの全体像を理解できるように構成しました。これが、現在の文法参考書とは異なる『英文法の核』ならではの特徴です。

■ **本書の使い方**
1 文法が体系的に覚えられる仕組み

　学習内容が断片的にならないように、はじめに各単元（章）が全体の中でどういう位置づけとなるのかを示しておきます。各単元を学習しているときに、今どの部分を学習しているのか全体の中で意識できるようにしましょう。

全体像と各単元の関係

英文は**主語（S）**と**動詞（V）**を核として構成されています。

❶ SV という根幹に関わる内容
(1) **V** の後ろの形（語順）を決定するのが **V** の型（⇒ 1 章　動詞の型）
(2) **V** そのものの使い方を説明する（⇒ 2 章 1　動詞の識別）
(3) **S** を文頭に置かない形に変形する（⇒ 2 章 2　態）
(4) **V** の形を決定する（⇒ 3 章　時制と相）
(5) 動詞を主節動詞（**V**）以外の形で使う（⇒ 4 章　準動詞）
(6) **V** に義務感や感情、判断などの意味を加える（⇒ 5 章 1　助動詞）
(7) 助動詞を使って文の内容を現実から引き離す（⇒ 5 章 2　仮定法）

❷ SV を変形したり組み合わせたりする内容
(8) 文中の部分を問う形にする（⇒ 9 章 1　疑問詞）
(9) **SV** をさらに文中に組み込んで説明を加える（⇒ 9 章 2　関係詞）
(10) 文を合成して比較文を作る（⇒ 8 章　比較表現）

❸ 単語の使い方に関わる内容
(11) 名詞・冠詞・代名詞（⇒ 6 章）
(12) 形容詞・副詞（⇒ 7 章）
(13) 接続詞（⇒ 10 章）
(14) 前置詞（⇒ 11 章）

❹ その他の項目
(15) 強調・倒置・省略・否定・一致（⇒ 12 章）

2 本書の構成（どのように説明が進行するか）

全体の流れ

Core point はじめに、Core point でその項目の全体像、何を学ぶのかを説明しています。

⇩

Guideline 次に Guideline で順を追って説明を進行します。

ポイント解説

Focus 深く立ち入りすぎると全体の説明の流れの妨げになると思われる部分は、Focus として場所を改めて説明を加えています。

TOPIC 説明の流れの中に入れなかった事項や追加事項などを、TOPIC として追加説明しています。

学習の進め方

①全体像の理解

まずは **Core point** から **Guideline** を読み通して全体像を理解してください。

②再読による理解の深化

その後でもう一度 **Guideline** を読みながら **Focus** ・ **TOPIC** も加えて読み、理解を深め、知識を拡張するようにしてください。

③音読トレーニング

単元を終了した後に、音声教材 CD を利用して基本例文を音読してみましょう。さらに、音声を聴いた5秒後くらいにテキストを見ないで例文を繰り返せるようにしましょう。音読の効用についてはコラムで解説してあります。

④問題演習

その後、姉妹書『英文法の核【問題演習編】』へ進んでください。問題解説に加え、本編との対応を示していますので（重要な部分についてはところどころ本編と説明を重複させています）、問題を解き、本編で読んだはずのことが体得できているかどうか確認してください。

■ なぜ問題演習編が必要なのか
1 大学入試の変化

　今後、大学入試における英語の試験問題は、従来の1技能ないし2技能のみを評価する方式から、4技能をまんべんなく評価する方式に変わっていきます。文法事項の知識を単純に問う文法問題は減少していくでしょう。しかし、文法学習の目的は文法問題を解くことにあるのではありません。目的は**英語を使いこなすための土台を作ること**であり、それを利用して4技能を発展させることです。

2 文法問題の有効性

　本来は文法事項を習った後には、それを使って英文を作る作業、それを使って英文を正確に読む作業に入るべきです。しかし、知ったことをいきなり英作文などに利用するというのは飛躍があります。まずはその前の確認作業として、**文法問題を解いておくべき**なのです。4択問題は、学習者が英語を書く際に誤りやすいものがあげられています。それを正確に選べるようになることで、英語表現力を発展させることになります。ですから、入試での出題頻度が減っていくとはいえ、文法問題を解くことは有効なのです。

3 英語を使うための文法問題

　ところが、いざ文法を演習しようとすると、文法問題解法を目的とした問題集しか目につきません。受験生も、設問に正解できれば文法は大丈夫と思い込みがちです。しかし、先にも述べたように文法問題を解くだけではなんの英語力もつかないのです。ですから、現在ある多くの「大学入試のための文法問題集」は、残念ながら英語学習にとって効果的とはいえません。それらは、問題と解答、それに問題を解くための断片的知識を加えているだけのものだからです。

　たとえば、ある有名な問題集では「if _ not ～と unless ～が選択肢にあれば if _ not ～を選びましょう。unless は限定性が高いからです。」とかいうように解説（?）していますが、これでは unless を使えるようにならないだろうということはあきらかです（⇒ 10 章）。

　こういう勉強をしていると、問題を解くためのパターン認識はできても、そ

れぞれの説明のつながりはわからないので、各単元の全体像はつかめません。しかも、英語の運用に不可欠な「文法の核」の部分そのものは文法問題として出題されないことが多いので、問題を解くだけでは「核」を理解しないままに周辺知識を増やすだけになりかねません。それでは、せっかく文法の問題に正解できるようになっても英語を使えるようにはならないでしょう。このような「文法問題を解くこと」だけを目標とする問題集では、配点の少ない文法問題の得点獲得以外の成果は望めないのです。

　そこで、『英文法の核【問題演習編】』では、『英文法の核』で「説明を読み文法ルールを一通り理解した」ということを前提に、その知識を運用できるかどうかという観点で入試問題にあたってもらいます。おそらくは、理解したと思っていてもうまく活用できない部分があるでしょう。しかし、すべての問題を本編の解説とリンク付けることで本編の理解を確認、体得し、きちんと理解していれば問題に対処できるのだということが実感できるようになります。『英文法の核』でしっかり文法の核を理解し、『英文法の核【問題演習編】』でその理解を確認し、4技能の土台となる使える文法を体得していきましょう。
　「よめる、わかる、つかえる文法」を伝えるのが本書なのです。

英文法の核【問題演習編】目次

章	内容	Practice	★詳しい解説
1章	動詞の型	Practice 1~2	★注意すべき動詞の活用など
2章	動詞の識別と態	Practice 3~6	★除去の of など
3章	時制と相	Practice 7	★時・条件を表す副詞節中の動詞の形など
4章	準動詞	Practice 8	★to 不定詞と混同しやすい前置詞の to など
5章	助動詞と仮定法	Practice 9	★would often ～と used to ～など
6章	名詞・冠詞・代名詞	Practice 10~12	★肯定文中の any など
7章	形容詞・副詞	Practice 13	★very と副詞の much など
8章	比較表現	Practice 14~15	★比較の対象は対等
9章	疑問詞・関係詞	Practice 16	★非限定用法 which の指す部分
10章	接続詞	Practice 17	★訳が同じになる接続詞の識別など
11章	前置詞	Practice 18~19	★beyond と above など
12章	強調・倒置・省略・否定・一致	Practice 20	★if not ～など

※★＝詳しい解説（Advice）

品詞についての知識 ──準備段階として──

本書を開いたみなさん、文法の学習に入る前に必ずこの Prologue を読んでください。これより先の内容は、「品詞についての知識」があることを前提に作っています。十分に理解してから先へ進むようにしましょう。

■品詞の種類

英語学習において品詞の理解は必須です。注意してほしいのは、**1つの単語に1つの品詞が割り当てられているわけではない**、ということです。次の文章を見てみましょう。

① I caught a cold because it was very cold yesterday.
　（昨日はとても寒かったので風邪をひいた。）
② He knifed his teacher.
　（彼は先生をナイフで刺した。）

①では、前の **cold** は名詞、後ろの **cold** は形容詞として使われています。②では、**knife** は通常、名詞として使われますが、ここでは動詞として使われています。

ですから、ある単語が「一般にどのような品詞で使われているのか」を知るだけでなく、「文中でどの品詞として使われているのか」を判断することが大事です。これは、「語順のルール」という「文法の核」を理解すればできます。

基本8品詞

❶名詞
「もの」や「ひと」、「こと」を表す。名詞は、文中で「**主語**」「**目的語**」「**補語**」などの役割を果たす。
例）**book, student, accident**

❷代名詞
名詞の代わりをする。**人称代名詞**や**指示代名詞**がある。文中では、名詞と同様の役割を果たす。
例）［人称代名詞］**I, he** ／［指示代名詞］**this, that**

❸動詞
「動作」や「状態」を表す。動詞は「文の骨格」となる役割を果たす。

❹形容詞
名詞を説明する。文中では、「名詞の修飾語」あるいは「名詞の状態を説明する補語」の役割を果たす。
例）［名詞の修飾語］**a good boy** ／［名詞の状態を説明する補語］**He is nice.**

❺副詞
名詞以外（動詞、形容詞、副詞、文）を修飾する。
例）**run fast**（動詞 run を修飾）／ **a very old building**（形容詞 old を修飾）／ **I like him very much.**（副詞 much を修飾）／ **Luckily, he is alive.**（he is alive という文を修飾）
Luckily, he is alive. では「彼が生きている」ということに対して［幸運にも］という判断を加えている。

❻前置詞
名詞の前に置かれて、句（かたまり）を作る。文中では原則的に、句全体で形容詞や副詞の働きをする。

> **❼接続詞**
> 語と語、あるいは文と文をつなぐ役割を果たす。
> 例）[語と語] the boy <u>and</u> my son ／ [文と文] <u>If</u> he comes here, we will start.
>
> **❽間投詞**
> 話し手の感情を表す。文中での役割を意識する必要はない。
> 例）ah, oh, ouch

　本編に入る前に、まずはこの8つの品詞がそれぞれどういうものか、概略を理解しておきましょう。

　ちなみに、疑問詞、関係詞、不定詞、動名詞、分詞、数詞などは「～詞」と名付けられていますが、それぞれ1つの品詞名ではありません。たとえば、**疑問詞は疑問代名詞と疑問副詞の総称**であり、品詞としては代名詞、副詞に分類されます。冠詞も、名詞を修飾するという性質上、広い意味で形容詞に分類されます。

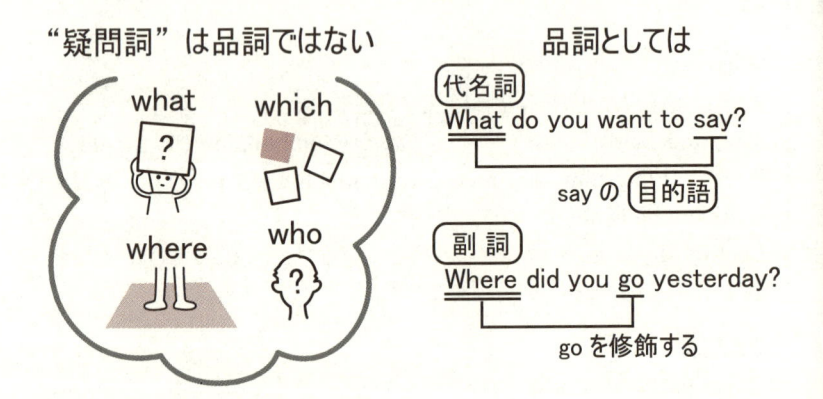

"疑問詞"は品詞ではない　　　　　品詞としては

what　which　　　（代名詞）
where　who　　　<u>What</u> do you want to say?
　　　　　　　　　　　　say の（目的語）

　　　　　　　　　　（副詞）
　　　　　　　　　<u>Where</u> did you go yesterday?
　　　　　　　　　　　　go を修飾する

0 動詞についての基本説明
Prologue II

1 英文は主語(S)と述語動詞(V)で始まる — P.16

2 自動詞と他動詞 — P.16
1 基本事項
2 動作動詞 I
3 動作動詞 II（他動詞⇒自動詞）
4 状態動詞

3 文型とは動詞の使い方のこと — P.22
1 SV、SVC、SVO
2 SVO_1O_2 と SVOC
3 SVA と SVOA

0 動詞についての基本説明

Prologue Ⅱ

第1章では、動詞の型について学んでいきます。その前に、動詞とはどういうものか、基本を説明しておきましょう。

1 英文は主語(S)と述語動詞(V)で始まる

原則的に、文には**主語（S）**と**述語動詞（V）**があります。**主語（S）は、話題の中心としてとりあげられている部分で、基本的に名詞・代名詞**（あるいは全体として名詞としてとらえられるもの）**です。一方、主語（S）の動作や状態を表す動詞を述語動詞（V）**といいます。

英文は、基本的にこの2つを組み合わせた **SV** という語順で始まり、**V** によってその後に続く情報の順が決まります。つまり、**V が文の骨格を決定する**のです。

2 自動詞と他動詞

1 基本事項

動詞は、**自動詞**と**他動詞**の2つに分類されます。

Focus 01

❶自動詞
それ自体で一応意味が完結する。
例）walk（歩く）⇒「何を」「何に」などの情報はなくても意味が通じる

❷他動詞
「何を」「何に」「誰を」「誰に」などという情報が加えられないと、意味が完結しない。
例）hit（叩く）⇒「何を」「誰を」という情報が不可欠だと感じてしまう

> ★❗ この「何を」「誰を」にあたる要素を**目的語（O）**という。**O は名詞・代名詞。**（あるいはかたまり［句・節］として名詞の働きをするもの。）

　文の意味をつかむためには、文中で動詞がどのように使われているかを見抜かなければなりません。**ほとんどの動詞は、自動詞としても他動詞としても使うことができます。**動詞ごとに「これは自動詞、あれは他動詞」というように覚え込もうとするのではなく、文の形を見て柔軟に反応できるような学習をしましょう。

```
He   hit   his sister.
─    ─    ─────────
S    V        O
```
目的語があるから **hit** は他動詞！

（彼は妹を叩いた。）

　基本的に、英語は相手（聞き手・読み手）が必要とする情報を、左から右に並べていきます。ですから、読み手としては左から順に読み、次に知りたい情報がくるものだという習慣を身につけていくと自然に読めるようになるのです。

$$\underset{彼は}{\text{He}} \;\rightarrow\; \underset{叩いた}{\text{hit}} \;\rightarrow\; \underset{妹を}{\text{his sister.}}$$

左　　コツン　　誰を？　　　　右へ

　このように意識して例文を繰り返し読んでいくと、適切な順序で情報を伝えられ正しい英文を作れるようになります。

Focus 02

❶自動詞
目的語（対象）なし。
❷他動詞
目的語（対象）あり。
❸目的語（O）
述語動詞（V）直後の名詞。

> ! 主語（S）と同じでない限り目的語（O）とする。Sと同じである場合は補語（C）と判定（C⇒ P.27）。

もう少し詳しく見てみましょう。

2 動作動詞 I

動作を表す動詞のことを動作動詞とよびます。動作動詞が他動詞として使われる場合、主語がほかのもの（動作対象＝目的語）に働きかけて影響を及ぼします。

He hit his sister. の例文で説明すると、hitされて his sister は痛みを感じたわけです。また、**動作動詞の直後の名詞は原則的に目的語（O）です。**

先に述べたように、自動詞と他動詞は、はっきり分けられるものではありません。**ほとんどの動作動詞は本来他動詞であり、その多くは自動詞になることもある、**と考えるとわかりやすいでしょう。

3 動作動詞 Ⅱ（他動詞⇒自動詞）

　働きかける対象が主語（S）と同じものである場合、Sがほかの対象ではなく、S自身に働きかけることになってしまうので、目的語（O）が消えて自動詞になると考えます。

　run を他動詞で使うと、run O「～を走らせる、動かしていく」（⇒運営・経営する）という意味になります。

　しかしOがSと同じ、つまり働きかける対象が自分である場合には、Oが消えて、run「自分を走らせる」⇒「走る」（自動詞）となるわけです。

　このように考える方が、自動詞「走る」と他動詞「～を運営・経営する」というように別物としてバラバラに覚えるよりも、run という動詞の全体像がとらえられますね。まあ、使用頻度としては run の場合、自動詞の方が多いのですが。

　最初に自動詞の例としてあげた walk「歩く」は、自動詞として使われることが圧倒的に多いので自動詞と考えて差し支えありません。しかし、walk my dog というフレーズだとどうでしょうか。

　動作動詞の直後の名詞は O なので、この walk は他動詞として使われていることになり、my dog を動作の対象として働きかけていますね。そう考えると、walk my dog は VO となり、「犬を散歩させる」意味だと判断できるようにしましょう。

▶ walk O の O が消えたのが自動詞で、使用頻度としては自動詞が圧倒的に高い、というように考えると run と同様のプロセスになる。

さらに、他動詞であっても働きかける対象が漠然としている「もの」や「ひと」である場合には、明記せず自動詞として使うこともあります。

① **He tried to steal a watch.**（彼は時計を盗もうとした。）
② **It is wrong to steal.**（盗みを働くのは悪いことだ。）

①では steal は他動詞として使われていますが、②では対象が「何かは明確には言わないが、なんらかのもの」というように漠然としているので明記せず、自動詞として使われています。

Focus 03

【動作動詞】
❶他動詞が基本
❷自動詞になる場合もある
目的語（O）が主語（S）と同じ、あるいは O が漠然とした対象だと、O を明記せず自動詞になる。

4 状態動詞

　状態を表す動詞を**状態動詞**とよびます。状態動詞は動作動詞と異なり、対象に働きかける要素はありません。**意味を完結させるのに必要な情報が述語動詞（V）の対象となる名詞であれば、他動詞として使われる**のだと考えればよいでしょう。

　たとえば、状態動詞として **resemble**「似ている」があげられますが、He resembles「彼は似ている」では意味が完結しません。「誰に」（対象ですね）似ているのかという情報は不可欠です。ですから他動詞として He resembles his mother.（**SVO**）「彼は母親に似ている。」、これで意味が完結するわけです。

　また、「彼は母親に似ている。」とあるように、目的語（**O**）の訳は「〜を」になるとは限りません。「〜を」だから目的語、というように日本語訳から英語の構造をとらえようとしないでください。

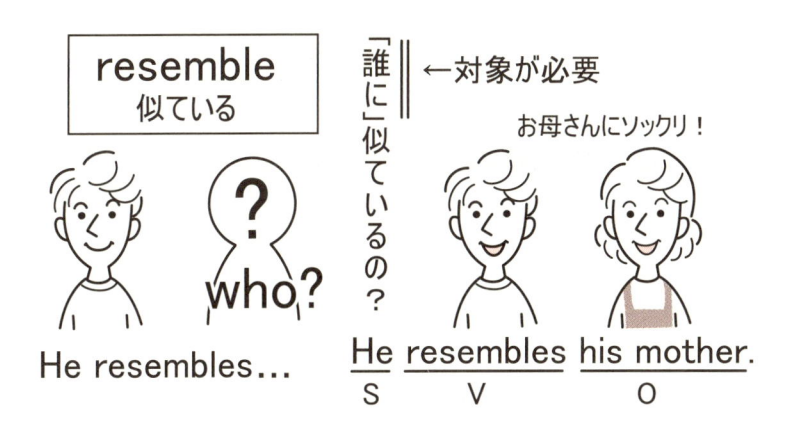

```
resemble
似ている
```

He resembles...

「誰に」似ているの？　←対象が必要

お母さんにソックリ！

He resembles his mother.
 S   V   O

　もう1つ、状態動詞の例として **live**「住んでいる」をとりあげましょう。He lives「彼は住んでいる」ではどうでしょうか。やはり意味が完結しませんし、どんな情報も伝えていませんね。誰だってどこかには住んでいますから。ですから、「どこに」という情報が必要です。この場合、He lives Tokyo. ではなく、**He lives <u>in Tokyo</u>.** と表現します。

> ❗ 「住む」という行為は、行為の対象を持たない。in を用いるのは、東京は「住む」対象ではなく、東京という空間の中で生活しているから（⇒ P.331）。

(×) He lives Tokyo.　　(○) <u>He</u> <u>lives</u> <u>in Tokyo.</u>
　　　　　　　　　　　　　　S　　V　　修飾語

　in Tokyo は**前置詞句**（前置詞＋名詞のかたまり）です。前置詞句は名詞として働くのではなく**修飾語として働く**ので、**He lives in Tokyo.** は**SV＋修飾語**、live は自動詞なのです。

Focus 04

【状態動詞の場合】
❶他動詞
述語動詞（V）にとって不可欠な情報が<u>名詞である</u>。
❷自動詞
V にとって不可欠な情報があっても<u>名詞ではない</u>。

> ❗ ただし、V の後の名詞が S と同じ（SVC）場合も自動詞（⇒ P.33,34）。

③ 文型とは動詞の使い方のこと

1 SV、SVC、SVO

　文型という言葉をよく耳にすると思いますが、実際には文の型というより**述語動詞がどのように使われているか**ということなのです。
　今述べてきたように、動詞の使い方を大きく分類すると、自動詞か他動詞かの２つに分かれますね。もっと細かく分類すると、自動詞は **SV**（＋修飾語）と **SVC**（S＝C）の２パターン、他動詞は **SVO** が基本なので、自動詞と合わせて３パターンになります。

|自動詞| I run.　　　　　　　　　⇒　SV（＋修飾語）
　　　　Genius is patience.　　⇒　SVC
|他動詞| He hit his sister.　　　⇒　SVO

2 SVO₁O₂ と SVOC

さらに、**SVO** という基本に **O₁** として行為の方向性を加えると、**SVO₁O₂**（**O₂** は本来の **O**）となります。

```
I gave（私はあげた）  ← 完結していないから意味が通じない
  ↓
I gave a watch.（私は時計をあげた。）
S  V    O
  ↓
I gave him a watch.（私は彼に時計をあげた。）
S  V   O₁   O₂
```

I gave「私はあげた」だと「何を」がなければ意味が通じません。そこで必要な情報を加えると I gave a watch. (**SVO**) になります。これで「私は時計をあげた。」となりますが、さらに「誰に」という情報を加えると I gave him a watch. となるわけです。

次に、**SVO** の **O** にあたる部分を **SV** 的要素を使って説明する場合、**SVOC** という形になります。

```
I helped（私は手伝った）  ← 完結していないから意味が通じない
  ↓
I helped her.（私は彼女を手伝った。）
S   V    O
  ↓
I helped her walk.（私は彼女が歩くのを手伝った。）
S   V    O   C           (S)   (V)
         (S) — (V)
```

I helped「私は手伝った」では意味が通じませんね。「誰を」という情報を足すと、I helped her.「私は彼女を手伝った。」(**SVO**) となります。さらに彼女が何をするのを手伝ったのかという情報を加えると、I helped her walk.「私は彼女が歩くのを手伝った。」となるわけです。この「彼女が歩く」という部分全

体は大きな O のように働いていて、その中に SV が入り込んでいるととらえることができます。

これで、SV（＋修飾語）、SVC、SVO、SVO₁O₂、SVOC の5パターンに分類できましたね。ここで終えずに、さらに細分化してみましょう。

3 SVA と SVOA

| SVA | He lives in Tokyo.（彼は東京に住んでいる。） |
| SVOA | I put the book on the table.（私はテーブルに本を置いた。） |

先程、SV（＋修飾語）と述べましたが、厳密には SV と SVA になります。**A は意味上不可欠な副詞**です。SVO も、SVO と SVOA に分類されます。

さらに分類することもできますが、このあたりまで分類しておけば、文を読み書きする土台としては十分でしょう。

Focus 05

❶自動詞 $\begin{cases} \text{SV / SVA} \\ \text{SVC} \end{cases}$

❷他動詞 $\begin{cases} \text{SVO / SVOA} \\ \Rightarrow \text{SVO}_1\text{O}_2 \\ \Rightarrow \text{SVOC} \end{cases}$

これから、動詞の使い方のパターンについて1つずつ説明していきますが、分類することが目的なのではなく、あくまでも動詞がどう使われているかを認識することによって文意をつかむこと、同じような使い方をする動詞をまとめておくことで動詞の使い方を覚えやすくすることが目的です。1つ1つの動詞の用法をバラバラに覚えるよりは、似たような使い方をする動詞をザックリとまとめて覚える方が能率的ですよね。

TOPIC 01 主語・目的語・補語って？

■主語(S)

日本語では、なんの違和感もなく主語のない文を受け入れています。次の一連の会話には一度も主語が現れませんが、抵抗なく理解できますね。

「ワイン飲む？」「飲まない。禁酒中」「ボルドーの年代物だよ」「飲む」

このように、日本語では互いに了解できている話題の中心は、明確に主語として発話しなくてもかまいません、いや、発話しない方が自然だといえますね。一方、英文だとこれらの文にはすべて主語が必要です。先程の会話では、それぞれ you, I, it, I と主語が入ります。

このような違いがあると理解した上で、「ここはどこですか。」という文を英語にしてみましょう。主語は何になると思いますか。日本語では「ここは」が主語として使われていますね。けれども英語だと、状況次第で "Where am I?" や "Where are we?" となります。「自分（たち）」が今いる場所を知りたいと考えているわけです。

このように、英語と日本語では主語の扱いに大きな違いがあります。多くの例文にふれて意識的に主語を設定できるようにし、その後、無意識に主語が口から出るようになっていくことを目指しましょう。

■主語は必ず名詞？

基本的に主語は名詞です。ただし口語的表現では、主語とみなせる位置に空間や時間を表す副詞(句)を置くことがあります。

Behind the door is the safest place to avoid her gaze.
（ドアの後ろは彼女に凝視されずに済むには最も安全な場所だ。）

behind the door を「ドアの後ろという場所」と解釈すれば、主語とみなすことができます。本来的には There is ～ と同様に、**MVS**（**M**＝修飾語）なのですが、前から **SVC** ととらえても伝達上支障はありません。むしろ、ドアの後ろ＝最も安全な場所というようにとらえる方が、自然な流れで情報を受け取れます。（この場合、is は＝を表す語と考える（⇒ P.33, 34）。）

■目的語（O）

「目的語」という日本語は、どうも学習者を混乱させるようです。eat chicken「鶏肉を食べる」ならば、chicken は目的語だと言われても違和感はありませんが、resemble my father「父親に似ている」だと、my father が目的語、ん？　となってしまいますね。さらに、前置詞の目的語、なんて言われると「何それ？　in this room では this room が in の目的語？　はあ？」と思ってしまいます。

日本語で言うところの「目的語」は、**実は英語の object を訳したもの**です。object には「目的」だけでなく、「対象」という意味もあります。「対象」はもっと簡単に言うと「相手」のことです。「恋愛対象は？」と聞くのと、「恋愛する相手は？」は同じことですよね。

「目的」というより・・・対象！　なるほど

他動詞は、単独では意味が完結せず、ほかのもの（人）＝相手が不可欠なものと定義しました。その相手（対象）のことを、object とよんでいるわけです。ところが、object を「目的語」と訳してしまったから、意味不明な事態が起きてしまったのです。「対象語」とでも訳しておけば、日本人学習者の苦労は少なかったことでしょう。

「前置詞の目的語」というのも、すっきり理解できますね。前置詞は後ろに相手（名詞）を必要とします。その相手（対象）のことを、前置詞の目的語といっているのです。

■補語（C）

「補語」という日本語も厄介ですね。これも「説明を補う語」ととらえてしまうと、目的語（O）と区別がつかなくなってしまいます。

たとえば、**I resemble my mother.** という文では、「私は似ている」⇒「誰に」⇒「母親に」という具合に my mother は説明を補っているように思えますが、my mother は O です。では、補語（C）をどう定義しておけば理解しやすいのでしょう。

実は補語とは何か、ということは簡単には定義できないのです。次章「動詞の型」の SVC と SVOC の項目を読んで、パターンを知り例文に慣れるというのが一番良い手なのですが、とりあえず定義してみましょう。

補語とは「**動詞の力を借りて S あるいは O の状態か、動作を説明する**」ものです。次の例文を見てみましょう。

① **He is a high school student.**（彼は高校生だ。）
   S   V   C

② **The girl is pretty.**（その女の子は可愛い。）
   S   V   C

③ **a pretty girl**　（可愛い女の子）

①②はともに **SVC** です。①は V (is) を媒介として、S (He) ＝ C (a high school student)（C は S の状態）となっています。②は、pretty が V (is) を媒介として S (The girl) を説明しているので補語になります。

一方、③の pretty は girl を説明していますが、動詞を媒介としていないので補語ではありません。

SVOC の例もとりあげておきましょう。

He made his sisters happy.（彼は妹たちを幸せにした。）
 S   V   O   C

V (made) を媒介として O (his sisters) ＝ C (happy)（C は O の

状態)となって、「彼は妹たち＝幸せな状態を作った」⇒「彼は妹たちを幸せにした」となります。

TOPIC 02 動作動詞と状態動詞って？

この章の説明中に、動作動詞・状態動詞についてふれましたね。

動作を表す動詞のことを動作動詞とよびましたが、動作動詞は原則的に「**始まりと終わりがある1回1回の動きを表す動詞**」のことです。eat「食べる」、cut「切る」、hit「叩く」などをイメージしてください。

一方、状態動詞は状態を表す動詞のことですが、「**一度始まったら一定期間続き、突然終わることはない状態を表す動詞**」を指します。

しかし、あらゆる動詞が動作動詞か状態動詞かはっきり分かれるかというと、そういうわけではありません。たとえば、have は「持っている」という意味の場合は状態動詞ですが、「経験する」「食べる」では動作動詞です。どういう context(文脈・前後関係)で使われているかを考慮する必要があります。

また、動作動詞は常に進行形にできますが、状態動詞は一般的状態ではなくその時だけの状態、あるいは変化を表す場合にしか進行形にはできません(⇒ P.69)。

① I have a brother. ←進行形にできない
　（私には弟がいる。）

② I am having a good time here in Japan. ←進行形にできる
　（私はここ日本で楽しい時を過ごしています。）

③ I resemble my mother. ←進行形にできない
　（私は母に似ています。）

④ He is resembling his father more and more.
　（彼はますます父親に似てきている。）

　　↑resemble は状態動詞だが、進行形にすることで変化を表している

では、rain「雨が降る」は動作動詞でしょうか、状態動詞でしょうか。正解は、動作動詞です。

「動作」という言葉の印象からすると、rain という動作はないように思えますよね。そりゃそうです。しかし、rain はある時に降り始め、ある時に終わるものですよね。ですから、上の定義に従って動作動詞としてとらえられ、**It is raining now.**「今は雨が降っている。」という進行形の文が成立するのです。

●本書の表記・マークの見方●

! ……注意を促すマークです。

▶ ……ワンポイントアドバイスのマークです。

★ ……その内容が入試に頻出であることを示すマークです。

012 ……基本例文の番号です。

🔊 ……このマークがついている基本例文は、音声が付録 CD に収録されています。

赤字 ……特に重要な語や、説明の中で要点となる語を赤字で掲載しています。重要語は赤シートで隠して覚えましょう。

太字 ……重要な説明を太字で示しています。

1 動詞の型
Verb Patterns

1 動詞の型 — P.32
1. SV(+A)型
2. SVC型
3. SVO(+A)型
4. SVO₁O₂型
5. SVOC型

2 動詞の型への意識 ⇒ 文意の理解 — P.46
1. prove
2. make
3. leave

1 動詞の型
Verb Patterns

1 動詞の型

Core point

ここでは、**SV（+A）型、SVC 型、SVO（+A）型、SVO₁O₂ 型、SVOC 型**の5つをとりあげます。本章を読む前に、必ず **0**「動詞についての基本説明」の内容を理解しておいてください。

Guideline

1 SV(+A)型

S になるのは名詞(相当語句)、**V** は動詞(句)、**A** は意味上必要不可欠な副詞(句)を表します。副詞(句)は文の成分とされないことが多いのですが、必要不可欠なものに関しては、文の成分として扱うようにした方が実際の運用に役立ちます。意味上必要不可欠ではない副詞(句)は (**M**) と表します。

> 001 **Our train will arrive soon.**
>   S   V   (M)
> (私たちの乗る列車はまもなく到着します。)
>
> 002 **A journey of a thousand miles must begin with a single step.**
>   S   V   (M)
> (千里の道も一歩から始まる。)

たとえば He lived. では非文法的ですが、He lived in Chicago. ならば正しい文でしたね (⇒ P.21)。ですから in Chicago は **A** と考えます。

SV（+A）型の **V** は、自動詞として使われていると0章で学びました。そのような動詞の基本的な説明はすでにしましたので、ここでは能動受動態とよばれる表現をとりあげましょう。能動受動態とは、**形は能動態でありながら受動の意味に用いられる動詞**のことです。

This book sells well.
(この本はよく売れる。)

　この例文での sell は、能動態の「売る」ではなく受動態の「売られる」の意味を持っています。このような動詞は、ほかには read や cut などがあり、一般的な傾向を表します。能動受動態は、well や easily などの様態を表す副詞(様態副詞)とともに使われます。(主語が本来持つ性質が発揮できるかできないかを表す場合に使う表現です。)

① **This knife cuts well.** (このナイフはよく切れる。)
　　　　　　様態副詞

② **This wine drinks like water.** (このワインは水のように飲める。)
　　　　　　　　様態副詞

2　SVC 型

---

[003] **Genius is patience.**
　　　　S　　V　　C
　　(天才とは忍耐力である。)

[004] **Paul remained silent.**
　　　　S　　　V　　　C
　　(ポールは黙っていた。)

[005] **The boy became a scientist.**
　　　　S　　　V　　　C
　　(その少年は科学者になった。)

[006] **The dish tastes very good.** 🔊
　　　　S　　　V　　　C
　　(この料理はとてもおいしいです。)

[007] **He looks young for his age.** 🔊
　　　S　　V　　C
　　(彼は年のわりに若く見える。)

[008] **He died young.** 🔊
　　　S　　V　　C
　　(彼は若くして亡くなった。)

1　動詞の型

SVC 型では、基本的に **S = C（補語）**が成立します。**C** になるのは形容詞か名詞(のかたまり)です。**V** は be 動詞が基本ですが、少し意味を加えた表現となる動詞を整理しておきましょう。

Focus 06

❶状態 「〜である、〜のままである」
be, continue, keep, remain, hold, stay など。

❷状態の変化 「〜になる」
become, get, grow, turn, come, go, fall, prove など。

❸感覚 「〜の感じがする」
feel, smell, taste など。

❹外見 「〜に見える」「〜に聞こえる」
appear, look, seem, sound など。

これらの動詞の直後に形容詞がきていて **S = C** が成立するならば、**SVC** だと判定することができます。

① **She kept silent.**（彼女は静かにしていた。／彼女は沈黙を守った。）
② **She kept her promise.**（彼女は約束を守った。）

①は she = silent（形容詞）が成立するので **SVC**、②は she ≠ her promise なので **SVO** です。
また、go, come, return, die, be born, get といった **S の移動を表す動詞**は「**S = C の状態で V する**」という表現が可能です。

She came home a famous singer.
（彼女は有名な歌手になって帰国した。）

3 SVO(+A)型

> 009 **We all desire peace.**
>   S V   O
> （私たちは皆平和を望む。）
>
> 010 **Kate laid her baggage on the floor.**
>   S   V   O   A
> （ケイトは荷物を床の上に置いた。）
>
> 011 **I think that Jane will come tomorrow.**
> S V   O
> （私はジェーンが明日来ると思う。）
>
> ❗ 011 の文では、that 節が全体として名詞節で O となっている。

　O は名詞(句・節)、A は必要不可欠な副詞(句)です。**1** SV(+A)型でもふれたように、副詞を修飾語句として文の成分から完全に排除してしまうのは、英語の運用において問題が生じる可能性があります。たとえば、leave という動詞を「置き忘れる」という意味で使う場合、場所を表す副詞(句)を伴う必要があります。

I left my purse <u>on the train</u>.
（私は財布を電車に置き忘れた。）

この文では、on the train がそれにあたりますね。I left my purse. 「私は財布を置き忘れた。」という文は非文法的なのです。

▶ leave O behind「O を置き忘れる」という動詞句でも、behind という副詞が用いられている。

4 SVO₁O₂ 型

基本的に「**O₁** に **O₂** を〜する」という意味になります。

> 012 **Experience teaches us many things.** 🔊
>   S   V   O₁   O₂
> (経験は我々に多くのことを教えてくれる。)
>
> 013 **Ann made Henry an apple pie.** 🔊
>   S   V   O₁   O₂
> (アンはヘンリーにアップルパイを作ってあげた。)

V の後に名詞が連続している場合、2つの名詞が＝でつなぐことができる場合は SVOC、そうでない場合は SVO₁O₂ と判断できます。SVO₁O₂ は、SVO に動作の向かう方向性を **O₁** として加えた形です。

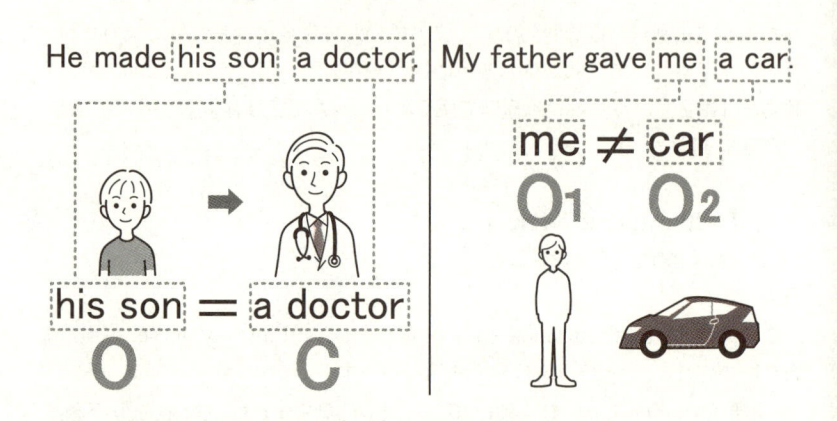

He made his son a doctor. | My father gave me a car.
his son = a doctor | me ≠ car
  O   C | O₁   O₂

また、SVO₁O₂ は SVO₂＋前置詞＋O₁ に変形することができます。（SVO[＋M] の形。M は必要不可欠とはいえない副詞[句・節]。）

　　Ann made Henry an apple pie.
　　 S   V   O₁   O₂

⇒ **Ann made an apple pie for Henry.**
　 S   V   O₂   前置詞   O₁ (for Henry は修飾語)

Focus 07

❶ SVO₁O₂ ⇒ SVO（+M）の変形

a) to をとる動詞

give, lend, bring, owe, send, show, teach, tell など。

▶ to をとる動詞は、もともと行為の相手を想定できる動詞。
例)「送る」「与える」「教える」⇒「誰に」

b) for をとる動詞

make, cook, get, buy, choose, find など。

▶ for をとる動詞は、本来動作の方向（相手）を想定しない。
例) buy「買う」⇒渡す相手がいなくても「買う」ことはできる／ make「作る」⇒「誰のために」を強調したければ文末に for 〜を加える（for は利益を表す前置詞）

❗ to と for の両方が使える動詞もある。（少しだけニュアンスが変わる。）
① **She brought this chair to me.**
② **She brought this chair for me.**
①は「私のところに」という意味で到達点を表すのに対し、②は「（ほかならぬ）私のために」という意味を表す。

c) of をとる動詞

ask, beg など。

▶ of は of 〜「〜をとりだす」というイメージだが、この形になる動詞はわずかなので覚えてしまおう。

❷変形ができない動詞の例

・save 「人に時間や金を省いてやる」
・spare 「人に苦労や迷惑をかけないようにする」
・cost 「人に金などを代価として払わせる」

変形した場合の伝達情報の違いにも注目しましょう。

  John gave his wife a diamond ring.
  （ジョンは妻にダイヤモンドの指輪をあげた。）
 ⇒ **John gave the diamond ring to his wife.**
  （ジョンはそのダイヤモンドの指輪を妻にあげた。）

変形前と後では、重点が置かれている部分が異なります。上の文は a diamond ring（妻に何をあげたか）が伝達の中心事項となっているのに対し、下の文は to his wife（そのダイヤモンドの指輪を誰にあげたか）が伝達の中心事項となっています。

これは、**SVO_1O_2 では O_2 に焦点が、SVO_2 to O_1 に変形すると to O_1 に焦点が当たる**からです（⇒ TOPIC 03 P.39）。

このように考えると、次の例もわかるでしょう。入試でも出題されています。

 ① Jane gave him it.   （×）
 ② **Jane gave it to him.** （○）
 ③ **Jane gave him this/that.** （○）

繰り返しますが、SVO_1O_2 の場合は O_2 に焦点が置かれ、SVO_2 to O_1 の場合は to O_1 に焦点が置かれます。①がなぜ×なのかというと、it は話題の中心事項となっているものを指す代名詞なので、**原則的に焦点とはならないから**です。this や that は「これ」「あれ」と指し示す場合、聞き手にとって焦点となりますね。

to him は him 自体は代名詞ですが「ほかの人にでなく、彼に」という意味で焦点になります。

このように、単に文の書きかえを機械的に覚えるのではなく、なぜ変形するのかを知ることが重要です。**表現の形が異なる文が全く同じ内容を伝えている、ということはありえない**のです。何を伝達したいのかが文の形を決定しているのだとわかって、初めて文法の知識が使えるものとして生きてくるのです。

TOPIC 03　情報構造

　人に情報を伝達する場合、突然相手の知らないことを言って相手を困惑させるよりも、相手の了解していそうなことから始める方が相手は「うんうん、それで？」というようにこちらの話を聞こうとしてくれるものです。それから相手が知らないであろうこと、こちらが伝えたいことを提示すると伝達効率が高まります。もちろん、延々と前置きで知っていることばかり話されるとそれはそれで早く伝えたいこと言えよ、っていう感じになってしまいますが……。

　受話者（聞き手、読み手）が知っていそうなことを旧情報（すでに話題に出ていることや常識的にわかっていること）、**受話者が知らないと想定されること**（つまり相手に伝えたいこと）**を新情報**とよびます。

　先に述べたことをこの用語で言い直すと、**情報は一般的に旧情報から新情報へと流れる**ということになります。このことを英作文（伝達したいこと、つまり重点情報を焦点が置かれる位置に置くようにする）や、英文読解（重点情報を意識することは文意の把握に有効）の際に意識しておくことは重要です。

　頻出例として、**場所副詞＋ＶＳ**という倒置をとりあげてみましょう。

　これは、場所副詞を文頭に置くことで聞き手（読み手）に視点を与え、伝えたい情報として主語を文末に置く、という倒置です。

Down came his father.
（彼の父が降りてきた。）

　down にすでに視点があって、「降りてきたのが誰かと思ったら彼の父親だった」という感じになります。映画などで1階の部屋（down）がスクリーンに映っており、足音が聞こえて、誰がきたかと思ったら彼の父親が映される、というのをイメージしてみてください。倒置する理由が実感できますよね（倒置⇒ P.375）。

　また、

At his house began my happy life.
（彼の家で私の幸せな生活が始まった。）

この文の場合、おそらく「彼の家」は前に書かれていた、つまり旧情報なのだろうと考えられます。

　これまで述べてきたことを把握できれば、**代名詞1語が主語である場合、そこには焦点が置かれないので倒置が起こらない**ことも理解できるでしょう。

【倒置が起こらない例】
① **Down <u>he</u> came.**（彼が降りてきた。）
② **In this room <u>he</u> began to talk about his ex-wife.**
　（この部屋で彼は以前の妻のことを話し始めたのです。）

　❗ in this room は旧情報。

5 SVOC 型

SVOC 型は、基本的に **OC** 部分で1つの意味のかたまりを形成しています。このかたまりは、大きな **O** と考えるとわかりやすくなります。**OC** 部分には、**主語＋述語の関係**があります。

a) O ＝ C(の状態)にする(作為動詞)

014 **This news made her sad.** 🔊
　　　　　　　　　　O　　C
（このニュースは彼女を悲しませた。）

015 **I'm sorry to have kept you waiting so long.** 🔊
　　　　　　　　　　　　　O　　　C
（長くお待たせしてすみません。）

make, keep, leave, call, name, elect, choose, set などの動詞があげられます。**C は名詞か形容詞**です。**SVOC** をとる動詞として分類されていない動作動詞も、この形をとることができます。（015 は文の骨格は **SVC**、to 内部の keep が **VOC** の形をとっています。）

She pushed the door open.（形容詞）
（彼女はドアを押して開けた。）

また次の例のように、C は VO の結果、O が変化した性質や状態を表すものもあります。

He painted the house white.（彼は家を白く塗った。）
　　　　　O　　　　C

b) O = C(である)とわかる、思う(認識動詞)

> 016 **I believe him (to be) honest.** 🔊
> 　　　　　　O　　　　　　C
> （彼は誠実だと私は信じている。）
>
> 017 **I consider what he said of no importance.** 🔊
> 　　　　　　　　O　　　　　　C（この of no importance は形容詞句）
> （彼が言ったことは重要でないと思う。）

think, believe, find, know, suppose, consider, imagine, expect などです。C は名詞か形容詞、to be ～になることもあります。また、似たような意味を持つ動詞でも、以下のものは O = C ではなく O to be ～の語順になります（to be ～ = C）。

　例) suspect, guess, understand, know など

c) O が C(する)ことを望む、命令する(要求・命令などを表す動詞)

> 018 **I want him to go there alone.** 🔊
> 　　　　　O　　C
> （私は彼が 1 人でそこに行くことを望んでいる。）
>
> 019 **My parents always tell me to study harder.** 🔊
> 　　　　　　　　　　　　O　　C
> （両親はいつも私にもっと一生懸命勉強しろと言うんだ。）

want, tell, expect, wish, force, oblige などの動詞です。C は原則的に to + 原形になります。

1 動詞の型

1 動詞の型 ①動詞の型 ❺ SVOC型

d) O が C(する)のを見る、聞く、感じる(知覚動詞)

020 **I saw an old person enter the building.** 🔊
　　　　　　O　　　　　　　C
（1人の老人がその建物に入るのが見えた。）

021 **I smelled something burning.** 🔊
　　　　　　　O　　　　　C
（何かが焦げているにおいがした。）

022 **In the distance, I heard my name called.** 🔊
　　　　　　　　　　　　　O　　　　C
（自分の名前が遠くでよばれるのが聞こえた。）

see, watch, hear, feel, smell, observe, perceive などの**五感で知覚すること
を表す動詞**があげられます。ほかに look at「見る」、listen to「聞く」などが
あります。C は原形、現在分詞、過去分詞のいずれかになります。

Focus 08

❶ C が原形
O が C する。（動作のはじめから終わりまで。）
❷ C が現在分詞
O が C している。（動作の途中の一時点。）
❸ C が過去分詞
O が C される。

❶〜❸を、020 〜 022 と照らし合わせてみよう。

e) OにCさせる（使役動詞とよばれることが多い）

023 **Mary made me leave her room.**
    　　　　　　O　　C
(メアリーは私を自分の部屋から出ていかせた。)

024 **I couldn't make myself understood in English.**
    　　　　　　　　　O　　　　C
(英語で意思を伝えることができなかった。)

025 **Let sleeping dogs lie.**
    　　　　　O　　　C
(眠っている犬は寝かせておけ。)

026 **My mother lets me watch television for an hour a day.**
    　　　　　　　　O　　C
(お母さんは1日1時間だけテレビを見させてくれる。)

027 **He got his friends to do the work.**
    　　　　　O　　　　C
(彼はその仕事を友人たちにやらせた。)

028 **You cannot get a tree to grow on bad soil.**
    　　　　　　　　O　　C
(木を悪い土壌で育たせることはできない。)

029 **I had my hair cut yesterday.**
    　　　　O　　　C
(昨日散髪をした。)

> I cut my hair yesterday. だと自分で髪を切ったことになる。

030 **I had my purse stolen during my stay in London.**
    　　　　O　　　　C
(ロンドン滞在中に財布を盗まれた。)

031 **I had Mr. Brown correct my composition last week.**
    　　　　O　　　　　C
(先週、ブラウン先生に作文を直してもらった。)

032 **In my childhood, I had a fire break out.**
    　　　　　　　　　　　　O　　　C
(子どもの頃、火事に見舞われたことがある。)

033 **I won't have you saying such a thing.**
    　　　　　　O　　C
(そんなことを君に言わせておくわけにはいかない。)

1 動詞の型 ① 動詞の型 ⑤ SVOC型

let, make, get, have などの動詞です。**Cは原形、to＋原形、現在分詞、過去分詞のいずれか**です。

Focus 09

❶ let O C
OがCするのを止めない（そうしたがっているからさせる・今の状態のままにしておく）⇒ Cは原形

❷ make O C
・OがCするように（力を加えて）させる　⇒ Cは原形
・OがCされるようにさせる　　　　　　⇒ Cは過去分詞
受動態だと **He was made to go there alone.**「彼は1人でそこに行かせられた。」という形になる。

❸ get O C
・OがCするようにしむける　　⇒ Cは to＋原形
・OがCされる状態に変化させる　⇒ Cは過去分詞

❹ have O C
使役動詞とよばれることの多い動詞の中で最頻出なのが have O C の形。
・OがCする　　⇒ Cは原形
・OがCされる　⇒ Cは過去分詞
・OがCしている　⇒ Cは現在分詞（「しているままにさせておく」という意味になる）

Cの形としてはこの3つだが、意味は2通り考えられる。

【have O C の意味】
a)「OCになるようにさせる／してもらう」
029「散髪をした」や 031「作文を直してもらった」が該当する。なお、この場合、行為者はそれをするのが当然の立場にある人になる。「散髪をした」ならば理髪店（美容院）で切ってもらったということになる。

b)「OC という事態が身に降りかかる」
030「財布を盗まれた」、032「火事が起こるという事態が自分に降りかかった」⇒「火事に見舞われた」

② 動詞の型への意識⇒文意の理解

Core point

動詞の型について学んだ後は、動詞の型を意識できるようにしていきましょう。動詞の型がわかれば、文意が理解できるようになります。ここに掲載した動詞は重要なものばかりですので、文例を見ながら動詞の型と文意がわかるか取り組んでみましょう。

Guideline

1 prove

001 **He proved his innocence.**
　　 S　　V　　　O
　　（彼は自分の無実を証明した。）

002 **He proved an honest man.**
　　 S　　V　　　C
　　（彼は誠実な人だとわかった。）

003 **He proved himself (to be) right.**
　　 S　　V　　　O　　　　C
　　（彼は自分が正しいことを証明した。）

2 make

004 **John made for the door.**
　　 S　　 V
　　（ジョンはドアの方に進んだ。）

005 **John made his son a chair.**
　　 S　　 V　　O₁　　O₂
　　（ジョンは息子に椅子を作ってやった。）

006 **John made his son a lawyer.**
　　 S　　 V　　O　　 C
　　（ジョンは息子を法律家にした。）

3 leave

007 <u>Tom</u> <u>left</u> <u>his office</u> in a hurry.
　　　S　　V　　　O
（トムは急いで事務所を出た。）

008 <u>Tom</u> <u>left</u> <u>his office</u> <u>messy</u>.
　　　S　　V　　　O　　　　C
（トムは事務所をちらかしたままにしておいた。）

009 <u>Tom</u> <u>left</u> <u>his office</u> <u>tired</u>.
　　　S　　V　　　O　　　(Sに対する) C
（トムは事務所を疲れて出た。）

010 <u>Tom</u> <u>left</u> <u>his son</u> <u>a great fortune</u>.
　　　S　　V　　O₁　　　　O₂
（トムは息子に莫大な財産を残した。）

011 <u>Tom</u> <u>left</u> <u>his son</u> <u>waiting</u> outside.
　　　S　　V　　O　　　　C
（トムは息子を外で待たせていた。）

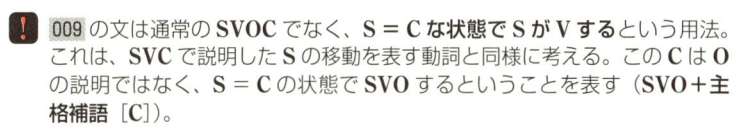

> 009 の文は通常の SVOC でなく、**S ＝ C な状態で S が V する**という用法。これは、SVC で説明した S の移動を表す動詞と同様に考える。この C は O の説明ではなく、S ＝ C の状態で SVO するということを表す（**SVO＋主格補語 [C]**）。

▶ COLUMN1

完璧主義者は第2言語習得が苦手

　英語を教えている中でよく出会うのが、「これは自動詞、それは他動詞、きちんと覚えよう」などと、すべてを区分けしてきちんと処理することが正しいと思い込んでいる学習者（時には指導者）です。しかし、言語は生き物。時代や地域、さらには使われる状況によって変化するものです。この章でも、自動詞や他動詞は常に区分けしきれるものではないと説明しました。また、今や、more rich（受験生は richer を使ってください）という比較表現もよく見かけますし、とりわけ違和感はありません。しかし、自分が習ったルール通りではない表現に出会って、それを受け入れられない完璧主義者だとそこで行き詰まってしまいます。

　会話の場合も同様です。完璧主義にとらわれず、少々のミスは気にせずに意思を伝えることが第一の目的だと考えましょう。もちろん、文法や語法の原則を身につけているのが前提です。それに基づいて、「あの時はこう表現すればよかった。」と検討し、次にはより適切な表現ができるよう、徐々に発話能力を高めていけばよいのです。

　まずはザックリと文法の原則を理解し例文に慣れることで体得していくという勉強法がベストなのです。「いい加減」というのは否定的に使われることが多い言葉ですが、英語学習においては「いい加減とは good な加減」なのだと考えて「いい加減」を目指しましょう。もちろん、文法ルールを知らなくても英語に慣れれば上達するといった言説は論外です。英語学習には土台（ベース⇒文法）が不可欠だからです。

② 動詞の識別と態

The use of verbs & Voice

1 動詞の識別 — P.50

1. say, tell, speak, talk の識別
2. borrow, use, hire, rent の識別
3. fit / become / suit / match / go with の識別
4. wear / put on / have on の識別
5. suspect, doubt の識別

2 態 — P.56

1. 態の基本例文
2. 態のポイント

2 動詞の識別と態

The use of verbs & Voice

1 動詞の識別

Core point

ここでは、日本語にすると同じように見えるけれども、英語では使い分けが必要になる動詞を扱います。たとえば、「合う」という日本語にあたる英語は、fit / become / suit / match / go with などがありますが（⇒ Focus12 P.53）、それらをどう使い分けるかという識別です。もちろん、英語の方が細かく区分されていて用法が複雑だというわけではありません。（たとえば、break 1 語に対して日本語では目的語に応じて「壊す・割る・破る……」などと使い分けます。）

この識別はそもそも文化の違いから生じるものであって、文化が異なる以上、英語と日本語が単語対単語でぴったり呼応するものではないということを意識しておきましょう。これは英作文においてもきわめて重要です。

Guideline

1 say, tell, speak, talk の識別

say, tell, speak, talk の識別を学びましょう。

Focus 10

❶ say 他

say O（O［伝達内容］を発言する）

人は O にとらない。（say to ＋人の形にする。）

❷ tell 他

tell O₁ O₂（O₁［人］に O₂［伝達内容］を伝える）

O₁ は原則的に必要。（例外：tell a lie/joke/story など。）

> ! tell that ～ のように O₁ がない場合は、「～だとわかる」という識別の意味になる。さらに命令動詞として SVOC の形で、tell ＋人＋ to ～「人に～するように言う」。say にはこの用法はない。

❸ **speak** 自他

(自動詞で使って)「言葉を発する」、「演説をする」。speak O になる O は、言葉・言語 (a word / Italian など) に限る。

❹ **talk** 自他

(自動詞で使って)「ものを言う」、「話し合う」、「おしゃべりをする」。talk O をとるのは、talk＋人＋into/out of 〜「人に〜する／しないように説得する」というイディオムか、talk sense/nonsense「もののわかった／筋道の通らぬ話をする」というイディオム。

> ! speak と talk の使い分けは **speak が一方向的、talk が双方向的**であることも考慮すること。speak の方が一方向性なので相手との距離を作ることになり、formal であるといえる。つまり、May I talk to you? よりも May I speak to you? の方が丁寧なイメージを与えることになる。

まとめると、次の通りです。

	O₁（人）	O₂（that 〜）	自動詞
say	×	○	×
tell	○	O₁O₂ で○	×
speak	×	×（ただし言葉・言語の場合は O）	○
talk	×	×	○

ただし、イディオムは別に覚えておく必要があります。

① **What do you say to -ing** 「〜しませんか」
② **not to say 〜** 「〜とは言わぬまでも」
③ **to say nothing of 〜** 「〜は言うまでもなく」
④ **that is to say** 「つまり」
⑤ **tell _ from 〜** 「〜から__を見分ける」
⑥ **not to speak of 〜** 「〜は言うまでもなく」
⑦ **speak ill of 〜** 「〜の悪口を言う」
⑧ **talking/speaking of 〜** 「〜と言えば」
⑨ **talk in one's sleep** 「寝言を言う」

2 borrow, use, hire, rent の識別

> [034] **You can borrow these books from the library for a week.**
> （これらの本は図書館から1週間借り出せます。）
>
> [035] **May I use your telephone?**
> （電話をお借りしてもいいですか。）
>
> [036] **We hired our neighbor's son to mow the lawn.**
> （隣の息子を雇って芝生を刈ってもらった。）
>
> [037] **I'm going to rent an apartment from him.**
> （彼からアパートを借りるつもりだ。）

borrow, use, hire, rent の識別は次の通りです。

Focus 11

❶ borrow
移動可能なものを一時的に無料で借りる。（図書館から本を借りる場合など。）「貸す」場合は **lend** を使う。

❷ use
その場で使う場合。（telephone, dictionary など。）

❸ hire
短期間有料で借りる。

❹ rent
一定の期間、有料で借りる、あるいは貸す。（土地・建物・部屋など。）

3 fit / become / suit / match / go with の識別

038 This key doesn't **fit** the lock.
（この鍵はその錠に合わない。）

039 Such behavior doesn't **become** you.
（そんな振る舞いは君らしくないよ。）

040 Black **suits** you quite well.
（黒が君にかなり似合うね。）

041 The shoes **match** this red skirt.
（その靴はこの赤いスカートにぴったり合う。）

042 This tie doesn't **go with** my coat.
（このネクタイは私のコートに合わない。）

043 Red wine **goes** well **with** meat.
（赤ワインは肉とよく合う。）

fit / become / suit / match / go with の識別は次の通りです。

Focus 12

❶ fit 「(サイズ・型) が〜にぴったり合う」

❷ become 「(衣服・言葉などが) (人) にふさわしい」
通例、否定文で使う（⇒ 039）。

❸ suit 「〜に似合う」
Black suits you quite well.（黒が君にかなり似合うね。）
⇒（you を主語にすると）You look nice in black.

❹ match 「S が O と調和する」
S と O のバランスをいうので、たとえば S ＝服　O ＝人は不可。

❺ go with 「S が O と調和する」
match とほぼ同じだが、match の方が S と O の関係が緊密。
たとえば、S が服、O がネクタイであればどちらでも使えるが、match の場合だと、はじめからセットとして作られているようなイメージが強い。

4 wear / put on / have on の識別

> [044] **What size dress does she wear?**
> （彼女は何サイズの服を着ているのですか。）
>
> [045] **She was wearing new shoes at the party.**
> （彼女はパーティーで新しい靴を履いていた。）
>
> [046] **He put on his hat and left the room.**
> （彼は帽子をかぶって部屋から出ていった。）
>
> [047] **He had a new hat on.**
> （彼は新しい帽子をかぶっていた。）

wear / put on / have on の識別について理解しましょう。

Focus 13

❶ wear
習慣的な着用。be wearing だと「身につけている」という一時的な状態。

❷ put on （on は副詞⇒ P.366）
通例「着る」「身につける」という動作。

❸ have on （on は副詞）
「着ている」という一時的な状態。

5 suspect, doubt の識別

> 048 **I suspect that he is guilty.**
> （彼は有罪だと思う。）
>
> 049 **He said someone had killed her, but I suspect him of the murder.**
> （彼は誰かが彼女を殺したと言ったが、私は彼こそが犯人ではないかと疑っている。）
>
> 050 **I doubt if he is guilty.**
> （彼が有罪だということは疑わしい。）
>
> 051 **He said he was a millionaire, but I doubt it.**
> （彼は自分は大金持ちだと言ったが、私はそうではないと思っている。）

suspect と doubt の識別も頭に入れておきましょう。

Focus 14

❶ suspect
「～という疑惑を抱く」（「～だ」と思っている）

❷ doubt
「～ということに対して疑念を抱く」（「～ではない」と思っている）

suspect
こいつが犯人かな？
I suspect that he is the criminal.

doubt
こいつが犯人と言われてるけど違うんじゃない？
君たち捨てられたの？なんてひどいことをするんだ よしよし
I doubt if he is the criminal.

2 態

Core point

　態とは、「**動作をする側の立場から表現するか、される側の立場から表現するか**」を表す用語です。受動態というのは、**動作をされる側の立場から表現する形**です。

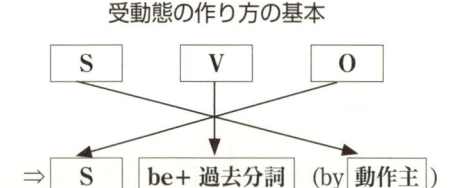

受動態の作り方の基本

S　V　O

⇒　S　be+ 過去分詞　(by 動作主)

【例】 The architect designed the stadium.
　　　（その建築家がそのスタジアムを設計した。）

　⇒ The stadium was designed by the architect.

TOPIC 04　受動態はどのような場合に用いられるか

■動作主を言いたくない場合

(1) 客観性を増す

　English is spoken in Canada. （カナダでは英語が話されている。）
　（⇒能動態：They speak English in Canada.）

　能動態で書くと、話者はカナダの人ではない（they には話者は含まれません）という話者のスタンスも伝わることになります。**受動態にすると事実だけを伝えている**ことになります。客観性を増した表現になります。

（2）動作主を知らない、言う必要がない

This kind of quarrel is seen everywhere.
（このような口論はいたるところで見られる。）

この文のように一般の人が動作主の場合、you を主語にして能動態にすることも多く見られます。（you は総称として一般の人を表せるのです。⇒ P.187）

⇒ **You see this kind of quarrel everywhere.**

この方がすっきりとした表現で口語的です。

（3）動作主を前面に出したくない（あるいは動作主の責任を回避したい）
たとえば、

Our engagement will have to be broken off.
（僕たちの婚約は破棄される必要があるだろう。）

と言うと、その責任は自分にないという印象を与えることになります。
同様に、

① **You've broken the glass!**（お前がガラスを割ったんだ！）
② **The glass has been broken.**（ガラスが割れてしまっている。）

①よりも②の方が、相手への責任追及を弱めた表現になります。
また、

③ **Your bill is not paid.**（未払いです。）
④ **You don't pay your bill.**（あなたは払っていません。）

③の方が、④の you を主語にするよりも穏やかな表現になります。

■**主語に一貫性を持たせる、あるいは前文からのつながりをスムーズにしたい場合**

① **When he arrived late at school, he was scolded.**
(学校に遅刻したときに彼はしかられた。)
　　⇐能動態：**When he arrived late at school, his teacher scolded him.**

能動態だと主語に一貫性がなく視点が定まらない文になってしまいます。

② **This is my favorite book. It was written by a famous writer.**
(これは私のお気に入りの本で、有名な作家が書いたものです。)
　　⇐能動態：**This is my favorite book. A famous writer wrote it.**

②も、能動態だと文のつながりが不自然です。英語には**旧情報**（given information）**から新情報**（new information）**へ**という原則がありましたね（⇒ TOPIC 03 P.39）。このルールに従うと、②の前文の新情報（my favorite book）を主語（it）にする方が自然な情報の流れになるのです。(ちなみに、これは絶対的なルールではありません。) こういった**受動態の主語**には、**必然的に代名詞や「the＋名詞」が多くなります**。

また、**受動態で by ～を書く場合**は、～部分は主語に影響を及ぼす行為主体となることに注意しましょう。

たとえば、

① **That shop was entered <u>by three boys</u>.**
② **That shop was entered <u>by thieves</u>.**
(その店は、泥棒に入られた。)

①は、three boys が入ることによって shop に影響が及ぶことはないであろうから不自然な文。②ならば、店に影響が及ぶので自然な文です。受動態と能動態の関係を単純に記号的な書きかえ作業で済ませている

と、このあたりでつまずくことになります。

さらに、**SVO** ならばなんでも受動態にできるというわけではなく、resemble「～に似ている」、lack「～を欠いている」、meet「～と会う」などは受動態と相性がよくありません。

TOPIC 05　by 以外の前置詞をとる受動態

相手に影響を与える行為主体というイメージがない名詞は by ～とならずにほかの前置詞をとります。

① **be surprised at ～**　「～を聞いて（知って／見て）驚く」
　　誰かが意図的に驚かしたのであれば be surprised by ～も可能
② **be interested in ～**　「～に興味を持っている」
③ **be covered with ～**　「～におおわれている」
④ **be filled with ～**　「～で満たされている」
⑤ **be made of ～**　　　「～から作られている（材質の変化なし）」
⑥ **be made from ～**　　「～から作られている（材質の変化あり）」
　例) **This desk is made of wood.**（この机は木製です。）
　　　Wine is made from grapes.（ワインはブドウから作られます。）
⑦ **be made up of ～**　　「～からできている」
　　　　　　　　　　　　　（構成要素［構成員］を述べるのに使う）
　例) **The U.S. Congress is made up of the House of Representatives and the Senate.**
　　（アメリカ議会は下院と上院から成る。）
⑧ **be known to ～**　　「～に知られている」
⑨ **be known for ～**　　「～で知られている」
⑩ **be known by ～**　　「～によってSがどういうものか判断できる」

TOPIC 06　行為主体を表すのに by を使う理由

　前置詞というのは１つの基本イメージを持ち、それが多岐に広がって用法が拡張されていきます（⇒ P.326）。
　受動態の行為主体は by と覚えるだけでなく、それが by の本来のイメージからどうつながっているかを知っておきましょう。**by の基本イメージは「隣接」**です。

Jack is now by the door.（今ジャックはドアの近くにいる。）

次に、
The door was broken.（そのドアは壊された。）
という文を考えてみます。その時その行為をした者は、その現場のすぐ近くにいた、と考えられますね。（遠隔操作やドローンは想定しないでください。）そういうことで行為主体を表す場合 by を使うわけです。

The door was broken by Jack.（そのドアはジャックに壊された。）

　さらに、by 以外の前置詞をとる表現も考慮に入れて、次の文を見てみましょう。

The glass was filled with red wine.
（そのグラスは赤ワインで満たされていた。）
The glass got filled with red wine by my son.
（そのグラスは私の息子によって赤ワインでいっぱいにされた。）
ここで「赤ワインで」ということがすでに了解されていることならば、

The glass got filled by my son.
（そのグラスをいっぱいにしたのは息子だ。）

というように行為者に焦点が当たることになります。
　be filled (　　) は熟語だから常に with を入れるというような、意味も考えないで反射的に解答するのは危険です。（with ならばグラスが息子で満杯、という意味不明な状況になってしまいます。）

Guideline

1 態の基本例文

[052] **Le Corbusier designed this chair.**
（ル・コルビュジエがこの椅子を設計した。）
⇒ **The chair was designed by Le Corbusier.**

[053] **Uncle George gave me a piece of advice.**
（ジョージおじさんは私に助言をくれた。）
⇒ **I was given a piece of advice by Uncle George.**
(**Uncle George gave a piece of advice to me.**
⇒ **A piece of advice was given to me by Uncle George.**)

[054] **Mr. and Mrs. Brown named the girl Alice.**
（ブラウン夫妻はその少女をアリスと名付けた。）
⇒ **The girl was named Alice by Mr. and Mrs. Brown.**

[055] **We must finish the work by the weekend.**
（私たちは週末までにその仕事を終えなければならない。）
⇒ **The work must be finished by the weekend.**

[056] **You must not use bad words in the classroom.**
（教室では汚い言葉を使ってはいけません。）
⇒ **Bad words must not be used in the classroom.**

[057] **When I came home, my mother was scolding my brother.**
（私が帰宅したとき、母は弟をしかっている最中だった。）
⇒ **When I came home, my brother was being scolded by my mother.**

▶ 弟はしょっちゅう父にしかられているのだけど、その時は母にしかられていた、というイメージになる。これは be scolded「しかられる」が進行形になっている。進行形は be -ing（⇒ P.73）をとるので受動態を進行形にする場合は -ing 部分に be scolded を入れて、be (being scolded) という形になる。

[058] **The Johnsons have invited me to dinner tomorrow.**
(ジョンソン家は明日の夕食に私を招待してくれている。)

⇒ **I have been invited to dinner tomorrow by the Johnsons.**

[059] **They asked me to make a speech at the conference.**
(彼らは私にその会議でスピーチをするように頼んだ。)

⇒ **I was asked to make a speech at the conference.**

> tell＋人＋to ～や ask＋人＋to ～ではこの形にできるが、want＋人＋to ～はこの形にできない。
> つまり、**The boss wants you to deliver this parcel.**「上司は君にこの小包を届けてもらいたがっている。」を You are wanted to ～にはできない。

[060] **We can rely on our teacher.**
(私たちは先生を信頼できる。)

⇒ **Our teacher can be relied on.** (⇒ Focus15 P.64)

[061] **My students paid no attention to my advice.**
(私の生徒たちは私の助言を全く気に留めなかった。)

⇒① **My advice was paid no attention to by my students.**
② **No attention was paid to my advice by my students.**
(⇒ Focus16 P.64)

[062] **Who will look after the baby tomorrow?**
(誰が明日その赤ちゃんの面倒を見るの？)

⇒ **By whom will the baby be looked after tomorrow?**

[063] **Do it at once.**
(すぐにそれをやりなさい。)

⇒ **Let it be done at once.**

064 **They speak German, French, Italian and Romansh in Switzerland.**
（スイスではドイツ語、フランス語、イタリア語、ロマンシュ語が話されている。）
⇒ **German, French, Italian and Romansh are spoken in Switzerland.**

065 **She made me go there against my will.**
（彼女は私の意志に反して私をそこに行かせた。）
⇒ **I was made to go there against my will (by her).**
(⇒ Focus16 P.64)
❗ make O C で C が原形の場合、受動態にすると to〜。

066 **They saw him enter the hotel with her.**
（彼らは彼が彼女とホテルに入るのを目にした。）
⇒ **He was seen to enter the hotel with her.**
(⇒ Focus16 P.64)
❗ 知覚動詞＋O C で C が原形の場合、受動態にすると to〜。

067 **I heard Jack quarreling with his wife.**
（ジャックが妻と口論しているのが聞こえた。）
⇒ **Jack was heard quarreling with his wife.**

知覚動詞の受動態では、066 は「彼」が、067 は「ジャック」が見られる、聞かれることを意識していなかったという印象を与えます。つまり、「見られてしまった」「聞かれてしまった」というニュアンスが加わるということになります。

He saw Jack stealing the diamond ring.
（彼はジャックがダイヤモンドの指輪を盗んでいるところを目にした。）
という文で「Jack が」を新情報として扱いたい場合、
⇒ **He saw the diamond ring being stolen by Jack.**
となります。

2 態のポイント

Focus 15

【句動詞の扱い】

❶自動詞＋前置詞、他動詞＋副詞

I was spoken to by a stranger.（私は見知らぬ人に話しかけられた。）

rely on / look at / speak to といった**句動詞（自動詞＋前置詞）**や、give up / bring up / call off といった**句動詞（他動詞＋副詞）**は1つの他動詞とみなして受動態を作ることができる。

❷他動詞＋名詞＋前置詞

In studying geography, we must make constant use of maps.
（地理の学習では、常に地図を使わなければいけない。）

⇒ **In studying geography, constant use must be made of maps.**

make use of / take advantage of / take notice of / take care of / make allowance for（**他動詞＋名詞＋前置詞**）も全体で1つの他動詞とみなして受動態を作ることができる。さらに、これらは**動詞の目的語部分を主語にした受動態を作ることもできる**。この場合、名詞には通常修飾語（great, no, little, much, every など）が伴われる。

Focus 16

【動作と状態】

❶ be＋過去分詞

|動作| **The door is closed at seven.**（そのドアは7時に閉められます。）

|状態| **The door is closed on Sundays.**（そのドアは日曜日には閉められている。）

be＋過去分詞の受動態は、「～される」「～されている」というように動作も状態も表すことができる。

❷ get＋過去分詞

be の代わりに get を使うと**動作を表す**。ただし動作動詞に限られ「～された状態に変化する」という意味合いになる。

例）get dressed「服を着る」／ get divorced「離婚する」／ get married「結婚する」／ get engaged「婚約する」／ get stolen「盗まれる」／ get broken「壊れる」／ get lost「道に迷う」／ get arrested「逮捕される」／ get closed「閉められる」

TOPIC 07 日本語から発想しないように！

「れる」「られる」⇒受動態、という短絡的発想は危険です。たとえば「私は財布を盗まれた。」I was stolen my purse. は×です。

I had my purse stolen.（○）

steal O は「O を（こっそり）盗む」という使い方で、steal me が成立しない以上、I was stolen は成立しないはずだからです。

! He is said to ～「彼は～だと言われている」などの例外はある。これは say him to ～とは言わないが、受動の形は成立する。

また、「毎年、彼らは水不足に悩まされる。」は、次のようになります。

Every year they suffer from a water shortage.

suffer は、「苦しむ」という自動詞（suffer from ～の形が多い）か、suffer O（O は痛み、苦しみ、つらい体験など）で使うからです。

COLUMN2

格について

　格と聞いてもピンとこない、という人も多いかもしれません。「格が違う」とか言われると「なんだ、レベルが違うということか」、と思ってしまうかもしれません。

　実は、普段私たちは意識していないかもしれませんが、日本語にも「格」は存在します。ただし、**助詞で格を表している点（格助詞）**が英語とは大きく異なります。たとえば、格助詞の「の」では、「彼のいたずら」（彼がいたずらをしたので主格）「法律の制定」（法律を制定することなので目的格）「私の車」（私が持っている車なので所有格）「京の都」（京都という都なので同格）といった具合です。助詞の威力は絶大で、そのおかげで日本語は語順を厳格にしなくても意味を伝えることができます。「私は・彼に・このことを・伝えた」だと「私は」「彼に」「このことを」の順を移動させても意味は正しく伝達されますね。

　古典ラテン語では、すべての名詞に格変化があり（英語は my father は主格でも目的格でも my father）、そのおかげで、文のどの位置にあっても「これは主格、これは目的格」と決定できます。語順の自由度が高いので、詩の場合は韻を踏むために主語が後ろに置かれることもあります。（また動詞も主語によって変化するので、その形で主語が決定できる場合は主語を書きません。）ですから、数多くの活用形を確実に覚えていなければ文を読むことはできないのです。

　一方、英語では格変化を覚えなければならない語は代名詞に限られ、動詞の型を核とする**語順ルールを知っていれば**内容をつかむことができます。シンプルな言語で助かりますよね。

3 時制と相
Tense & Aspect

1 時制と相Ⅰ（基本説明） P.68

2 時制と相Ⅱ（現在形・進行形・完了形） P.70

1. 現在単純形
2. 過去単純形
3. 現在進行形
4. 過去進行形
5. 助動詞＋be -ing
6. 現在完了形
7. 現在完了進行形
8. 過去完了形
9. 過去完了進行形
10. will have p.p.
11. 時制の一致

3 時制と相
Tense & Aspect

この章では、動詞に対して意識しておく事項として、**時制**（tense, 現在時制か過去時制か）と**相**（aspect, 進行形や完了形のように動詞の表す動作や様態を書き手がどう見ているかを表す）をとりあげます。

1 時制と相Ⅰ（基本説明）

Core point

時制や相は日本人にとって難しいとされていますが、その理由の1つは日本語訳で英語の形を決定しようとすることです。

たとえば「大学に入った後で」という内容を英語にしようとすると、「入った」という表現に引きずられて過去形にしたくなってしまいます。しかし、「大学に入った後で髪の色を変えよう。」だと、大学に入るのは未来のことで、「大学に入った後で勉強のコツを知った。」だと、大学に入ったのは過去のことだと判断できますね。

日本語では意図する時制が表現の形に反映されていない点が、英語と大きく異なっているのです。ですから日本語訳から英語の時制を決定しようとするのではなく、**英語のルールに従って時制を考えようとする習慣を作る**ことが必要になります。

相についても同様です。「〜した」という日本語は過去形にするか現在完了形にするかで伝達内容が変わってしまいます。

① I broke my favorite glass yesterday.
② I have broken my favorite glass.

①は「昨日お気に入りのグラスを割った。」とただ過去の事実を述べているだけですが、②だと「今はもうお気に入りのグラスを使うことができない。」

ということに焦点が当たります。

また、「〜ている」というのは**状態を表す場合現在形**、今その動作を行っている最中なのだということに視点があれば**現在進行形**を使います。

① She resembles her father.
（彼女は父親に似ている。）

② She is dancing in the kitchen.
（彼女は台所で踊っている。）

	昨日	現在
	①は過去の事実を述べているだけ	②は「今」に焦点が当たっている

①を進行形にして She is resembling her father more and more. にすると「彼女はますます、父親に似てきている。」という意味になり、②を現在形にすると「彼女はいつも台所で踊る習慣だ。」という意味になってしまいます。

つまり日本語から英語の形を決定するのではなく、**伝達しようとしている内容から英語の形を決定する必要がある**ということです。

時制には現在形と過去形、相には単純形、進行形、完了形、完了進行形があります。これらを組み合わせて動詞の形を決定するわけです。go を例として全体像を視覚化しておきます

		相			
		単純	進行	完了	完了進行
時制	現在	現在単純形 goes / go	現在進行形 is going / are going	現在完了形 has gone / have gone	現在完了進行形 has been going / have been going
	過去	過去単純形 went	過去進行形 was going / were going	過去完了形 had gone	過去完了進行形 had been going

2 時制と相Ⅱ(現在形・進行形・完了形)

Core point

　まず、**英語の時制には未来形がなく、現在形と過去形しかない**ということを知っておきましょう。**未来を表す表現は現在形（現在単純形・現在進行形）**を使います。助動詞 will などを加える場合も、will（現在形）か would（過去形）を使います。

　実は、時制は現在・過去という時間の問題だけではなく、**話者がその中に含まれていると感じているか（現在形）、自分とは距離があることだと感じているか（過去形）**ということを含むものなのです。つまり、時間そのものだけではなく**話者の心的態度が形に反映される**わけです。

　すると、過去形が敬語になりうることも、仮定法で現在のことを言うのに過去形を使うことも、あるいは過去のことであっても生き生きと目の前に描き出そうとする際には現在形を使うことも理解できるでしょう。たとえば、見た映画を説明するのに、He opens the door. And he finds his wife dead on the bed.「彼がドアを開くんだよ。すると妻がベッドで死んでいるんだ。」（そうすることで読者にその世界の中にいるような臨場感を与えられるわけです。）

①過去形：敬語に
　（距離をとる表現が敬意を表す）
　　How long <u>did</u> you plan to stay?
　　（どのくらいの滞在予定でしたか。）

②過去形：仮定法で現在のことを表す
　（現実との距離をとる）
　　If I <u>were</u> you, I would take his advice.
　　（もし私ならば彼の助言を受け入れるでしょうね。）

　日本のレストランで「ご注文はこれでよろしかったですか。」と言われて、「なんで過去形で聞くんだ。」と言うおじさんがいますが、英語感覚的には敬語なのです。若い人たちには無意識に英語感覚が身についているのかもしれませんね。

Guideline

1 現在単純形

現在単純形は、**現在の話者の立場から見て目の前の事実を表す時制**です。時間としては、今という一点ではなく、**前後にまたがる範囲を表します**。

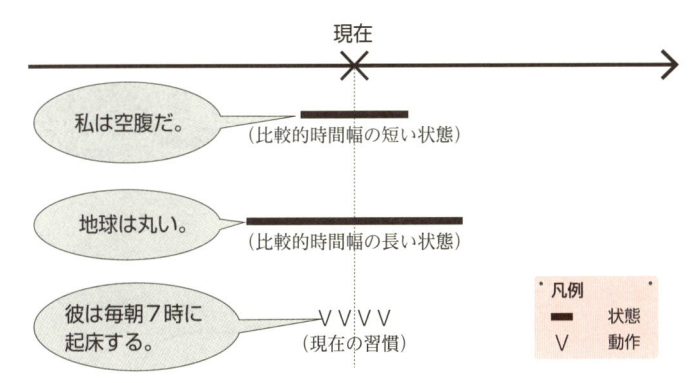

```
                        現在
─────────────────────────×─────────────────────────→
    私は空腹だ。         ━━━
                     (比較的時間幅の短い状態)

    地球は丸い。    ━━━━━━━━━━━━━━━━
                     (比較的時間幅の長い状態)

  彼は毎朝7時に       ∨ ∨ ∨ ∨
   起床する。          (現在の習慣)
```

* 凡例 *
━ 状態
∨ 動作

---

068 **I'm hungry.**
(私は空腹だ。)

069 **Gould is an excellent pianist.**
(グールドは卓越したピアニストである。)

070 **The earth is round, not flat.**
(地球は丸い、平板なものではないのだ。)

071 **He gets up at seven every morning.**
(彼は毎朝7時に起床する。)

072 **The earth moves around the sun.**
(地球は太陽のまわりを回っている。)

073 **The Prime Minister visits China next month.**
(首相は来月中国を訪問します。)

074 **I hear that he retired from business because of his wife's illness.**
(彼は妻の病気のために商売を辞めたと私は聞いています。)

状態動詞の現在形は068のように今の状態（比較的短い時間の幅）、069 070は、常に言えることを表します。

動作動詞の現在形は071のように現在の習慣や、072のように常に言えること、さらに073のように未来のことであるがほぼ確定的な（個人の意志によって変更されない）予定を表します。

また、074のような**伝達動詞（hear, say**など）では動作が行われたのは過去のことであっても、**目の前の話題としてとりあげる場合現在形を使います。**

未来のことだけど
ほぼ確定している予定

Our train leaves at ten.
（私たちの乗る電車は 10 時に出発する。）

The newspapers say that
there was a big earthquake in Chile last night.

チリで大地震！？

2 過去単純形

過去単純形は、**その内容を現在の話者の立場から切り離して伝達するときに使います。**

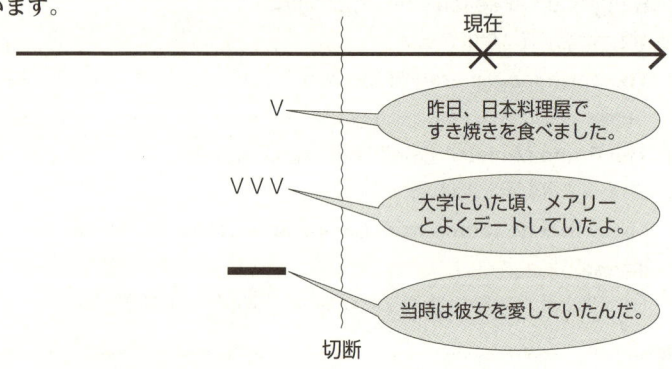

現在
×

V ── 昨日、日本料理屋で
      すき焼きを食べました。

V V V ── 大学にいた頃、メアリー
         とよくデートしていたよ。

── 当時は彼女を愛していたんだ。

切断

075 **I had** *sukiyaki* at a Japanese restaurant yesterday.
(昨日、日本料理屋ですき焼きを食べました。)

076 I often **went** out with Mary when I was at college.
(大学にいた頃、メアリーとよくデートしていたよ。)

077 I **loved** her in those days.
(当時は彼女を愛していたんだ。)

3 現在進行形

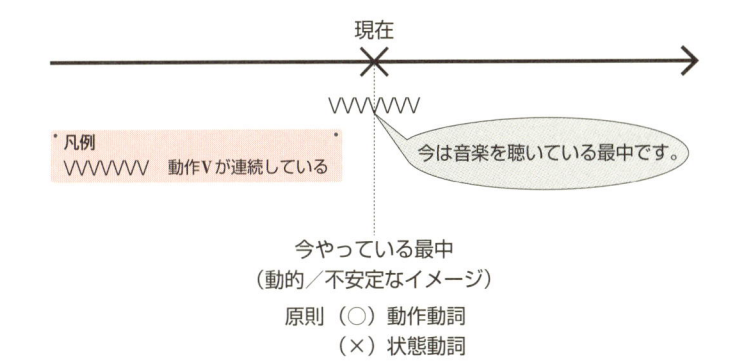

現在
×
∨∨∨∨∨∨

凡例
∨∨∨∨∨∨ 動作Vが連続している

今は音楽を聴いている最中です。

今やっている最中
（動的／不安定なイメージ）
原則　（○）動作動詞
　　　（×）状態動詞

a) 動作動詞の現在進行形（基本の形）

　現在進行形は **be＋現在分詞** の形になりますが、現在分詞は「～している最中でまだ終わっていない」という意味を持っています。ですから、現在進行形は「今している最中である」、「今変化中である」、「今まさにしようとしている」という**一時的状態を表す場合**に使います。動きがあることを表すので、原則的に動作動詞を使います。状態動詞は原則的に進行形にはできません。

> ❗ 進行形にしてしまいそうな動詞は次の通り。belong to / contain / know / own / understand など。ただし、smell などは**動作・状態両方の意味を持つので要注意**。（**SVO**「O のにおいをかぐ」では動作動詞なので進行形可、**SVC**「においがする」は状態動詞で進行形不可。）

b) 状態動詞の現在進行形（例外の形）

例外的に状態動詞を進行形にすることができるのは、次の2つです。

①**変化の過程を表す場合**：たとえば resemble O であっても、類似性が増加していくというように変化を表す場合は進行形可

He is resembling his father more and more.
（彼は父親にどんどん似てきている。）

②**動作動詞の要件を満たすと考えられる場合**：即座に開始・終了が可能と判断される一時的な状態

He is being kind for the moment.
（彼は、今は親切に振る舞っている。）

②の例文では、「親切に振る舞うこと」は即座に終了しうる一時的なこととして表現されていることになります。（つまり普段は kind な人間ではないということも暗示されるわけです。）

ですから、

You are being naughty now.
（今はいたずらっ子だぞ。）

と言えば、普段は良い子だと認めている表現になるので、You are naughty.「お前はいたずらっ子なのだ。（そういう奴なのだ。）」と言うよりも、良い注意の仕方だといえるでしょう。

要するに、**安定的な状態は進行形にならないが、移行しつつある状態とか一時的な状態であるとかいったような不安定的な状態（動的）は進行形になる**、と考えればよいわけです。

c) 現在進行形の基本例文

> 078 **I am listening to music now.**
> （今は音楽を聴いている最中です。）

| 079 | **They are dying because they have no food.** 🔊

(彼らは食べ物がないので死に瀕している。)

| 080 | **He is living in Nagoya. (≠He lives in Nagoya.)** 🔊

(彼は［今は一時的に］名古屋に住んでいる。)

| 081 | **Now, we are arriving in India.** 🔊

(さあ、インドに着くよ。)

| 082 | **She is always complaining about her husband's bad habits.** 🔊

(彼女は夫の悪い習慣［悪い癖］について文句を言ってばかりいる。)

> ★ be always[constantly/forever] -ing で「～ばかりしている」という反復的行動に対する非難（称賛の場合もある）の念をこめた表現。

078 のように、現在進行形なのに now をわざわざ表現している場合、「今は」がより強調されることになります。状況によっては「今は話しかけるな、ほかの時にしてくれ。」というニュアンスを伝えることにもなります。I am studying French now.「今はフランス語を勉強している最中だ。」では、文脈によっては、さっきまでは英語を勉強していたが、などという含みが想定されます。

081 のように**未来を表す**こともあります。その行為が行われるのは未来であっても、**現時点ですでに行為に向かっている（計画中・準備中である）場合**、現在進行形で表すことができます。

4 過去進行形

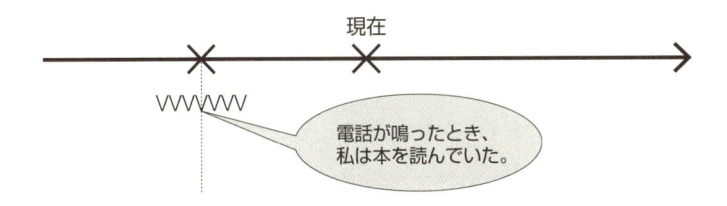

電話が鳴ったとき、私は本を読んでいた。

現在進行形の基準時を過去のある時に移した表現です。

[083] **I was reading** a book when the telephone rang.
(電話が鳴ったとき、私は本を読んでいた。)

[084] **I was leaving** for China when the typhoon came.
(台風が来たとき、私は中国に向けて発つところだった。)

5 助動詞＋be -ing

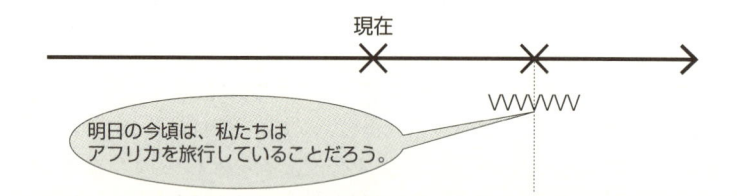

現在

明日の今頃は、私たちはアフリカを旅行していることだろう。

助動詞＋進行形は、進行形の意味と助動詞の意味が合わさったものと考えます。

will be -ing
「～している状態になるだろう」「～している状態にするつもりだ」
（⇒ P.137）。

[085] At this time tomorrow we **will be traveling** in Africa.
(明日の今頃は、私たちはアフリカを旅行していることだろう。)

[086] He **will still be working** in the office when we get to the airport.
(私たちが空港に着く頃、彼はまだオフィスで仕事をしていることだろう。)

may be -ing も同様に考えて、

He may be playing chess now.（彼は今はチェスをしている最中かもしれない。）
（⇒ P.150）

6 現在完了形

have＋過去分詞（p.p.） で表される形で、一番のポイントは、話者の視点が現在にある、つまり**現在のことを言うのに使う形**だということです。現在形との違いは、時制を数直線で考えるとわかりやすいです。

現在形 現在の前後にまたがる

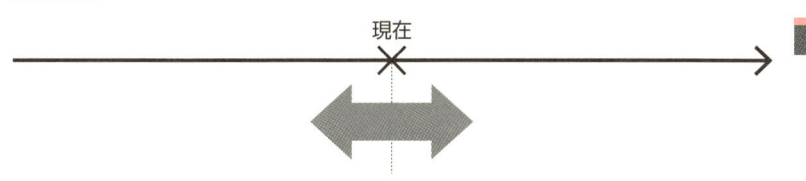

現在

現在完了形 現在までの時間をとらえている
図a（基本）

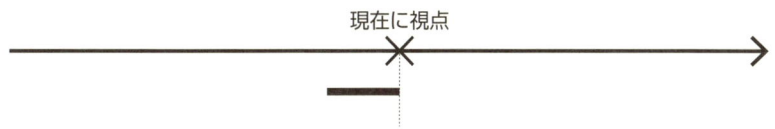

現在に視点

図b（4つの用法）

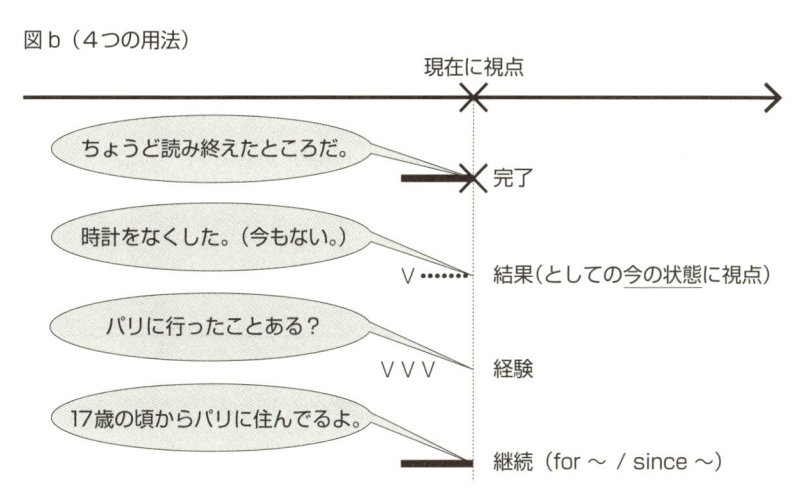

現在に視点

ちょうど読み終えたところだ。 ×完了

時計をなくした。（今もない。） V ······ 結果（としての<u>今の状態</u>に視点）

パリに行ったことある？ V V V 経験

17歳の頃からパリに住んでるよ。 継続（for ～ / since ～）

3 時制と相 2 時制と相Ⅱ（現在形・進行形・完了形） 6 現在完了形

完了・結果（としての今の状態に視点）・経験・継続という４つの用法に分けましたが、どの用法かを区別することが重要なわけではありません。**過去と現在を橋渡ししているのが現在完了の核心**だということを知っておきましょう。

要するに、図ａが現在完了形の核心であって、それをどう見るかによっておおまかに４つの用法に分かれるのだということです。

---

[087] **I have just finished** reading George Orwell's *1984*. 🔊
（ジョージ・オーウェルの『1984年』をちょうど読み終えたところです。）

[088] **I've lost** my watch.
（時計をなくした。）

[089] **I have gained** five kilograms this year. 🔊
（今年5キロ太った。）

[090] **I haven't yet decided** whether I will study abroad. 🔊
（留学するかどうか、まだ決めていません。）

[091] **Have you ever been** to Paris? 🔊
（パリに行ったことがありますか。）

[092] **I have been** to Paris three times. 🔊
（私は［今まで］3回、パリに行ったことがある。）

[093] **I have never forgotten** what my friends kindly did for me at college. 🔊
（大学で友人たちが私に親切にしてくれたことを忘れたことは一度もない。）

[094] **I have been** in Paris since I was seventeen. 🔊
（私は17歳の頃からパリに住んでいます。）

[095] **How long have** you **known** each other? 🔊
（君たちはいつから知り合いなの［知り合ってどのくらいになるの］？）

Focus 17

❶完了：[087]
過去のある時からやってきたことが「今終わった」というように、**ラインの終わりが意識されると**完了。

❷結果(としての今の状態に視点)：088 ～ 090

過去の行為とその結果である現在をつなぐのが結果。

a) **I've lost my watch.**（時計をなくした。）

　cf. 過去形　I lost my watch yesterday.　[通常過去を表す副詞を伴う]

過去形との違いは、「昨日時計をなくした。」というように過去形は昨日に視点があるのに対し、現在完了形では「時計をなくした状態が今にいたっており、今時計を持っていないのだ。」ということが意識されているという点。日本語訳ではどちらも「なくした」となるが、英語で表現する場合には区別をする必要がある。

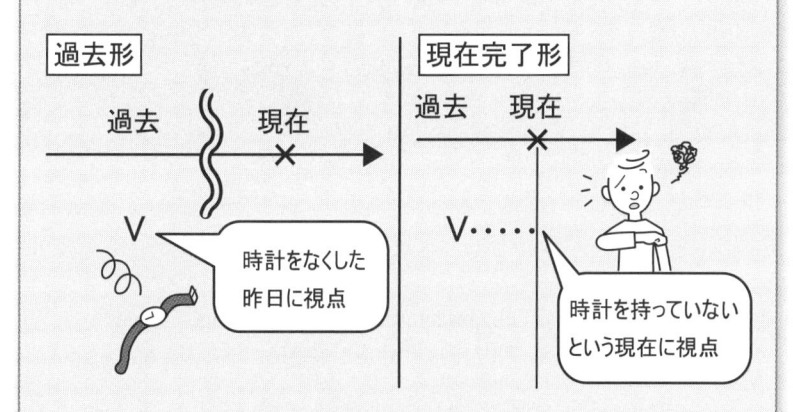

b) **I have gained 5 kilograms this year.**（今年5キロ太った。）

「体重が増えた」を過去形で表現すると現在と切り離された過去のことと思われるのに対し、現在完了形で表現すると「今、こんな体重なのだ」という今の状態が意識されることになる。過去形だと今の状態への意識はないことになる。

　!　「～した」⇒過去形と短絡的に判断しないように。

c) **I haven't yet decided whether I will study abroad.**
　（留学するかどうか、まだ決めていません。）

「まだ決定していない」現在の段階で未決定だという現在の状態を表している。

> ⚠ 「〜していない」という日本語の表現から現在形にしてしまわないように。

❸経験：091〜093
過去から今までの時間の幅の中での経験。
経験を表す表現では、通常、before, ever, never, often, once, twice などのような副詞を伴う。

❹継続：094 095
過去のある時に始まった状態が今まで続いているのが継続。ただし、この用法では時の副詞(句・節)が意識される必要がある。
継続を表す表現では通常 for 〜 ／ how long 〜 ／ since 〜 といった副詞(句・節)を伴う。

現在完了はあくまでも現在に視点があるので、過去を表す副詞句(節)と同時に使えない。

過去を表す副詞(句)の例：yesterday / the other day / 〜 ago / when
　　　　　　　　　　　　(接続詞)の中身が過去形の場合の主節

また、When 〜？の疑問文中では原則的に現在完了は使えない。現在完了は「今」に視点があるため、when という疑問詞とともに使うと「今っていつ？」という奇妙なことになってしまう。

　　When have you come to Japan?　　　（×）
　　When did you come to Japan?　　　（○）
　　（いつ日本に来たのですか。）

7 現在完了進行形

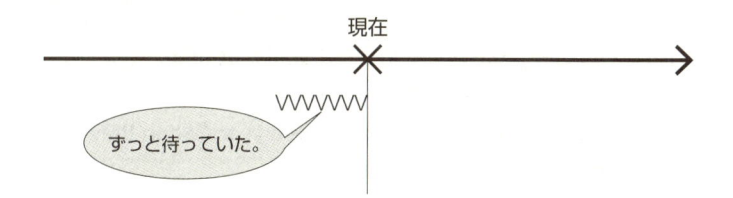

現在
ずっと待っていた。

have been -ing で表される形で「今までずっと進行状態だった」ということを示します。

> 096 **I have been waiting** for her to publish a new book for two years. 🔊
> (彼女が新刊を出すのを、この2年ずっと待っていました。)

8 過去完了形

had p.p. で表される形で、これは**現在完了を数直線上で左に移行したもの**と考えましょう。

ただし、過去の一定時への明確な意識がないと使えません。つまり原則的に「いつまでか」ということがはっきりと意識されている場合に使います。(想定可能であれば明示されない場合もあります。)

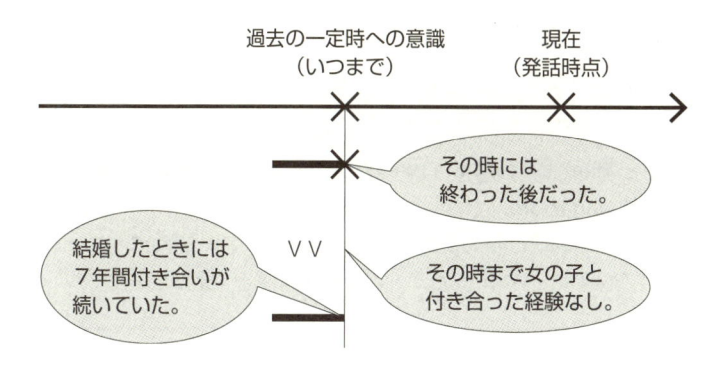

過去の一定時への意識　　現在
（いつまで）　　　　（発話時点）

その時には終わった後だった。

結婚したときには7年間付き合いが続いていた。

その時まで女の子と付き合った経験なし。

81

[097] **I had finally finished the work when he turned up.**
（彼が現れたとき、私はようやくその仕事を終えたところだった。）

[098] **He had never gone out with a girl until that time.**
（彼はその時まで女の子と付き合ったことがなかった。）

[099] **They had known each other for seven years when they got married.**
（彼らは知り合って7年経ってから結婚した。）

> had p.p. の形では、すでに出ている過去形動詞よりも前に起こったできごとを述べる場合に使う用法もある。
> 例）**I lost the watch my wife had bought for me.**
> 　　（私は妻が買ってくれた腕時計をなくしてしまった。）
> 　　had bought は lost よりも前のできごと。

> 願望や予定を表す動詞が過去完了形で用いられると、非実現が暗示される。
> 例）**I had wished to marry Jane.**
> 　　（ジェーンと結婚することを願っていたのだが。[ある時にその願いはあきらめた。]）
> 過去の一定時までの継続だと考えれば素直に理解できるはず。（たとえば、「あの時まで君のことを愛していた」という言葉から「あの時」以降は愛さなくなったのだなあと解釈できるよね。）

I had wished to marry Jane.
↑
願望や予定を表す動詞の 過去完了形

9 過去完了進行形

過去の一定時までの動作の継続を表します。

[100] **I had been playing the piano for two hours when he came into the living room.**
（彼が居間に入ってきたときには、私は2時間ピアノを弾いていた。[ピアノを弾き始め2時間経ったときに彼が居間に入ってきた。]）

過去進行形の文と比較してみましょう。

[過去完了進行形]

I had been playing the piano for two hours when he came into the living room.

(彼が居間に入ってきたときには、私は2時間ピアノを弾いていた。)

過去の一定時への意識（いつまで）　　現在（発話時点）

彼が居間に入ってきたときには、私は2時間ピアノを弾いていた。

⇕

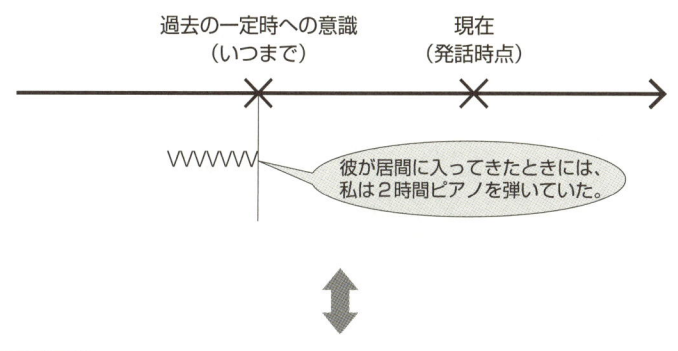

[過去進行形]

I was playing the piano when he came into the living room.

(彼が居間に入ってきたとき、私はピアノを弾いていた。)

現在

彼が居間に入ってきたとき、私はピアノを弾いていた。

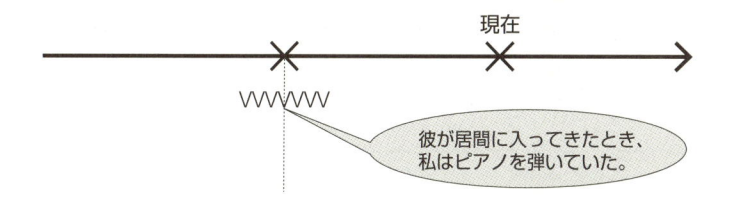

10 will have p.p.

これは、**現在完了を数直線上で右に移行したもの**。過去完了同様に未来の一定時への明確な意識が必要です。

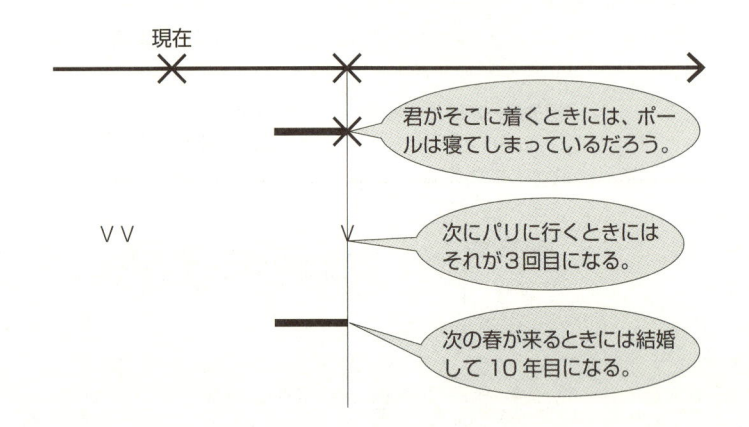

(図)
- 君がそこに着くときには、ポールは寝てしまっているだろう。
- 次にパリに行くときにはそれが3回目になる。
- 次の春が来るときには結婚して10年目になる。

> 101 **Paul will have gone to bed when you get there.** 🔊
> (君がそこに着くときには、ポールは寝てしまっているだろう。)
>
> 102 **I will have visited Paris three times when I visit there again.** 🔊
> (次にパリに行ったら3回目になる。)
>
> 103 **They will have been married for ten years when next spring comes.** 🔊
> (次の春が来たら彼らは結婚して10年になることになる。)

11 時制の一致

従属節中の動詞の時制は、**主節の動詞の時制との関係によって決まります**。つまり、主節動詞に視点を置き、その時から見てどういう関係にあるかによって決まるわけです。

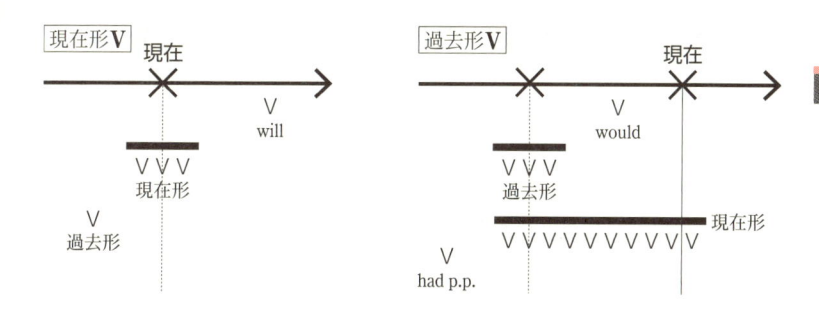

---

[104] **I am sure that he is innocent.**
（彼は無実だと私は確信している。）

[105] **I was sure that he was innocent.**
（彼は無実だと私は確信していた。）

[106] **I am sure that he will succeed.**
（彼が成功するであろうことを私は確信している。）

[107] **I was sure that he would succeed.**
（彼は成功するだろうと私は確信していた。）

[108] **I know that he committed suicide.**
（彼が自殺をしたということを私は知っている。）

[109] **I knew that he had committed suicide.**
（彼は自殺をしたのだということを私は知っていた。）

[110] **He said that he got up at seven every morning.**
（彼は、毎朝7時に起きると言っていた。）

111 **He said that he gets up at seven every morning.**

(彼は、毎朝7時に起きると言っていた。)

> ❗ 「言った」のは過去だが、彼が7時に起きるのは現在もそういう習慣なのだということを表している。

112 **He said that he would get up at seven the next morning.**

(彼は、明日の朝は7時に起きると言った。)

113 **He said that he will get up at seven tomorrow morning.**

(彼は、明日の朝は7時に起きると言った。)

> ❗ will を使っているのは、said した時点から見た明日は、現時点(この文を発話している時点)から見ても明日にあたるということを表している。つまり said したのは今日だということ。

114 **My father taught me that a jury consists of twelve persons.** 🔊

(父は、陪審員は12人で構成されていると教えてくれた。)

> ❗ consist が現在形なのは、taught した時点に限らず陪審員は常に12人の人で構成されているから。

115 **Mr. Brown taught me that in 1603 Tokugawa Ieyasu located the *bakufu* in Edo.** 🔊

(ブラウン先生は、1603年に徳川家康が江戸に幕府を置いたことを教えてくれた。)

> ❗ located を過去完了形にしないのは、歴史上の事実は過去のことに決まっているので、taught した時点よりも過去なのだということを表現する必要もないから。

TOPIC 08 　時・条件を表す副詞節中の動詞の形

　時・条件を表す副詞節中では、**未来のことを表すのに現在形、未来における完了のことを表すのに現在完了形**を使います。

■時・条件を表す副詞節中の現在形と現在完了形

① **When he comes**, we will start the party.
　（彼が来たらパーティーを始めよう。）

　①の文だと、話者は「彼が来る」ことが起こる時点に視点を置いて、パーティーの開始について語っていることになります。現在形の本質は、（過去形が話者との距離感を表すのと逆に）「話者がその中にいる」ということですから、現在形を使うのは自然なことと考えられるでしょう。
　「確認し終わったときに」というように、完了を意識する場合は現在完了形を使います。

② When I <u>have done</u> my homework, I will go swimming.
　（宿題をやり終わったら泳ぎに行こう。）

　未来のことなので現在形や完了形でなく will を使いたくなるかもしれませんが、will は法助動詞（⇒ P.137, 138）であり、**主語の意志か話者の主観的確信を表す**ことになります。すると will を入れると①の場合「彼が来るつもりがあるときに」（主語の意志）「彼が来ることを話し手が確信できるときに」ということになってしまい、意味が通じません。

③ I will go out **as soon as it stops** raining.
　（雨がやんだら私はすぐに出かけます。）
④ Bill will be glad **if he succeeds** in his business.
　（仕事がうまくいったらビルは喜ぶでしょう。）

If it is fine tomorrow, we will go on a hike in the mountain.
（明日晴れたら山歩きに行こう。）

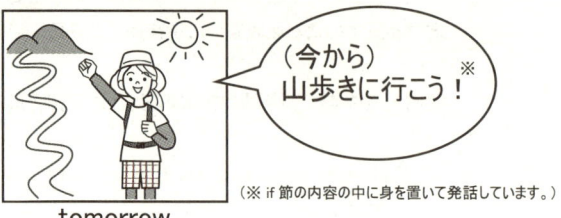

（今から）山歩きに行こう！※

tomorrow

（※ if 節の内容の中に身を置いて発話しています。）

　もちろん、when や if が名詞節を表している場合は、主節動詞が現在形であれば現在に視点があり、その視点から未来のことを考える場合には will を使うことになります。

⑤ **Tell me when she will return.**（彼女がいつ戻ってくるか教えて。）
⑥ **I wonder if she will return.**（彼女は戻ってくるのかなあ。）

　もともと、⑤は When will she return? が、⑥は Will she return? がベースにあるのだから、will があるのは自然なことに見えるはずですね。

■ 主語の意志や主観的確信を表す will
　ただし、**will が主語の意志や主観的確信を表すのであれば、条件節中で使うことはできます。**
　後者（主観的確信を表す will）は入試問題にはほとんど出題されていませんが、実際にはよく見かける例です。

If I am late, I will call you.（遅れてしまったら電話する。）

⇅

If I will be late, I will call you.
（遅れると確信すればその時点で電話する。）

さらに例をあげると、

If it will lead to the release of my wife, I'll pay the ransom.
（妻の解放につながると確信できるなら、身の代金を払います。）

このような文は自然な文であり、現在形の感覚と will がわかっていれば素直に理解できることですが、入試の文法問題としては出題されないようです。

前者、つまり、**意志を表す will が条件節中で用いられる表現**は入試に出題されることもあります。

① **If you will succeed, you must study harder.**
（君が成功したいのなら、もっと熱心に勉強しなければならない。）
② **If he will listen to me, I will give him some advice.**
（彼が私の言うことを聞くつもりがあるのなら、助言してあげよう。）
③ **If you will wait a moment, I will draw a rough map.**
（少しお待ちいただけるのでしたら、おおまかな地図を描いて差し上げます。）

①に対して「もし君が成功したら」ならば、**If you succeed** となります。
さらに③では、相手の意志を問うというニュアンスになって、丁寧な依頼を表すこととなるのです。この場合、

If you'd sign here.（ここに署名をしていただければ［幸いです］。）

のように主節がない場合があり、これは定まった状況のもとで相手の承諾は当然という場合に使われます。

3 時制と相 ②時制と相Ⅱ（現在形・進行形・完了形） 11 時制の一致

TOPIC 09　未来を表す表現

　英語には未来形がないので、未来のことを表すためには現在形を使うしかありません。
　基本的には、次の表現方法があります。

> ①現在単純形　　　　②現在進行形　　　③be going to＋原形
> ④助動詞を使う場合　⑤be to＋原形

■現在単純形

　未来のことではあるが、確定的（もはや確定事実と言える）場合、現在形を使います。たとえば、公的予定や公共輸送機関の予定など、個人の意志による変更はなさそうな場合に用います。

① **The Prime Minister visits India next month.**
　（総理大臣は来月インドを訪問します。）

② **Our train leaves Osaka at seven.**
　（私たちの乗る列車は７時に大阪を出発します。）

> ▶ この用法では go, come, visit, return, leave, arrive, start, begin のような「移動」や「開始」を表す動詞が使われることが多い。

■現在進行形

　未来のことに向けて、「準備が進行中である」とか「気持ちの中ではすでに進行中」という場合には、現在進行形を使います。
　たとえば、スーパーで鶏肉を買ったお母さんが（お父さんでも同じことですが）、

① **We are having chicken for dinner tonight.**
　（今晩の夕食はチキンよ。）

あるいはもう準備を始めている場合に、

90

② **We are having a party next week.**
（来週はパーティーをするよ。）

▶ この用法は比較的個人的な予定を表すことが多い。

■ be going to＋原形

be going to＋原形は形の通り、「**to 以下の状態に向かって現在進行中**」という意味を表しますから、to 以下のことが未来なのは当然です。現在進行中であるということは、すでになんらかのきっかけがあったと考えられます。

① **It is going to rain.**（雨が降るだろう。）

▶ 現在雨雲が見えているという状態。

② **We are going to be late for class.**（授業に遅れちゃうよ。）

▶ 「今の状態のままだと遅れる」つまり、現在遅れる可能性が高い状況にいる。

さらに、be going to＋原形は**意図を表す**こともできます。何かきっかけがあって、気持ちの中でそちらに向かって進行中、ということになります。

③ **I am going to study abroad.**（私は留学するつもりです。）

be going to＋原形より、現在進行形の方が具体的にしっかり準備が整っているという印象があります。

■ 助動詞を使う場合（⇒ P.128）

ここでは、will だけとりあげておきます。**will は主観的な確信を表す**意味で使うので（⇒ TOPIC 08 P.87）、be going to＋原形や現在進行形と違ってきっかけがすでに存在している必要はありません。**根拠がなくてもよい**ということです。

The world will end in the near future.
(近い将来、世界は終わるだろう。)

また、意志を表す will も、あらかじめ心づもりができていなくても、つまりその場で思いついたことでも使うことができます。
ですから、たとえば手紙をポストに入れるように頼まれていた人が夕方に手紙を投函してくれたか聞かれた場面で、

I am going to post it on my way home.

と言えば、「もともと帰宅途中に投函するつもりだった」ということになりますが、

I'll post it on my way home.

と言うと、「聞かれて思い出した」、つまり「忘れていた」、ということが伝わってしまうわけです。

■ be to ＋原形
to 不定詞は「**〜の方へ向かう／〜に到達する**」というのが核心で、be 動詞は「**＝**」が核心になります。すると be to 〜 は「**S ＝〜の方向に向かっている状態**」であるということになります。

> 「これから〜する状態にある」⇒**予定を表す用法もある**

というのは自然にわかりますね。
　主語が 2 人称ならば、「**君は〜に向かう／到達する（べき）状態にあるのだぞ（〜することになっています）**」という感じになって義務・命令を表します。結果的に助動詞の will や should と同じような意味になりますが、この表現は法助動詞（⇒ P.128）を使っておらず、「実際にそうである」という意味の be 動詞を使っているので話者、文の主語の感情

は入らず、事実として〜に向かっているのだということを表しています。予定を表す場合も命令を表す場合も誰かの意志としてではなく客観的事実として提示しているということになるわけです。

① **The next FIFA World Cup is to take place in Russia.**
（次のサッカーワールドカップはロシアで開催されます。）

② **You are to show your ID card at the entrance.**
（入り口で ID カードを見せることになっています。）

be to ＋原形のほかの用法例もあげておきます。いずれにせよ、「to 〜 に向かっている状態である」ということは共通します。

Not a sound was to be heard.（可能）
（物音ひとつ聞こえなかった。）

この用法は通常否定文、to be ＋過去分詞の形で使われます。

can「〜しようと思えばできる」とは違って、意志があろうがなかろうが（実際に物音がしないのだから）聞こえる状態に到達することはありえなかったのだというニュアンスです。

I didn't know what was to happen to us.（運命）
（我々にどのようなことが起こるかわからなかった。）

運命といわれる表現ですが、will から主観性を抜いたものと考えればよいでしょう。

If you are to succeed, you must work harder.
（成功するためにはもっと一生懸命努力しなければならない。）

if 節中の will には話者の意志を表す用法がありますが（⇒ P.137,138）、if 節中の be to 〜はそこから主観性を抜いた表現です。「意志」と表記している参考書もありますが、話者の意志ではなく、状況的にそこに到達することが必要だ、すでにそこに向かっているのだというのが be to 〜です。if 節は「〜にたどり着くためには」⇒「〜するためには」と訳すのが適切です。この例文のように通常主節は should/must/have to 〜などがきます。

COLUMN3

音読の効用1

　音読について、今は学校でも指導されていることと思いますが、「音読しろ」と言われてその効用もわからぬままに「はい」と答える素直な学生も多いようです。私ならば、なぜ音読するのか、その効用は何なのか教師に質問するだろうなあ、と思います。

　そのように質問された場合に、きちんと答えようとする教師もいれば、「言われた通りただ音読をすればいいのだ」と半ば開き直る教師もいることでしょう。あるいは「その方法で自分は英語力がついた」とか、「それで英語力が伸びた生徒がいる」とか言う教師もいると思います。

　一般に教育に関して、人は自分の体験を語りたがります。そして、それを根拠にさまざまなことが言われがちです。特に日本では、教育に関する政策決定においても、エビデンスに基づいた見解より、いわゆる識者や政治家自身の個人的経験則、信条が優先されることが多いようです。しかし、もはやそのような傾向には終わりを告げる時期でしょう。多様な研究がなされ多くのエビデンスが提出されているのですから、それをベースにするべきです。

　音読に話を戻しましょう。**言語学習において音読は非常に効果的な学習法**です。なぜ効果的なのか、どのように練習すれば効果的なのか、ということをこれからのコラムで説明することにします。まず、「ただ大きな声を出して読む」だけでいいのですか、という質問を最近よく受けますが、それは段階によるというのが正しい答えです。初期段階では視覚情報（文字情報）を音声化することで精一杯でしょうから、それ以上のことをしようとしない方がよいです。それだけでも一定の効果は見込めますから。
（⇒ **COLUMN4** へ）

4 準動詞
Verbals

1 準動詞 ····· P.96
1 準動詞の名詞的用法
2 準動詞の形容詞的用法
3 準動詞の副詞的用法

4 準動詞
Verbals

1 準動詞

Core point

準動詞とは、**原形（不定詞）・to 不定詞・現在分詞・過去分詞・動名詞**をまとめてよぶ言葉です。動詞を述語動詞として使うのではなく、**文中で名詞や形容詞、副詞の働きをさせて使う場合**に準動詞の形をとります。準動詞の特徴は、**人称によって変化しないこと、それ自体は時制を持たず述語動詞に準ずること**があげられます。

原形（不定詞）は、SVOC の C として使われます。to 不定詞・現在分詞・過去分詞は SVOC の C として、さらには進行形（現在分詞）、受動態（過去分詞）として使われます。

この章で学習するのはそれ以外の用法で、以下の通りです。

> **to 不定詞**
> **名詞・形容詞・副詞**として使われる。
> **-ing 形**
> **名詞（動名詞）・形容詞（現在分詞）・副詞（現在分詞⇒分詞構文）**として使われる。
> **過去分詞**
> **形容詞**として使われる。（ただし、being が省略された分詞構文では、副詞として使われるとみなすことができる。）

それぞれの基本イメージは次の通りです。本章の基本例文と照らし合わせて確認しましょう。

Focus 18

【準動詞の基本イメージ】

❶ to 不定詞

原則として、「これから～に向かう」というイメージ。(実際にはまだ起こっていないというイメージ。)

もともと to は前置詞なので、前置詞 to の基本イメージ (～の方へ、～への到達、2つのことが向き合う) と重なる (⇒ P.339)。

❷ -ing 形

a) 動名詞「すること」

to 不定詞と違って、「実際にしている (した)」というイメージ。動詞的イメージはなく、「こと」という名詞であるとの意識が強い。

b) 現在分詞「～している状態」

実際にしているというイメージ。

❸ 過去分詞

a) 他動詞「～される (された) 状態」(受動)

実際にされている (された) というイメージ。

b) 自動詞「～し終えた状態」(完了)

実際にし終えたというイメージ。

Guideline

1 準動詞の名詞的用法

名詞として使うことができる準動詞の形は、to 不定詞と動名詞です。名詞ですから文の**主語、補語、動詞の目的語、前置詞の目的語 (これは動名詞のみ)** として使います。主語、目的語の位置に it を入れておいて、その内容を to 不定詞 (時に動名詞) で説明するという用法もあります。

to 不定詞と動名詞の基本イメージの違いを意識して、基本例文を見てみましょう。

a) 主語として使う場合

> 116 **To win the game is almost impossible.**
> （その試合に勝つのはほとんど不可能だ。）
>
> 117 **Winning the game is not always good.**
> （試合に勝つことは常に良いことだとは限らない。）

116 117 は主語として使われていますが、116 は実際にはまだ起こっていないことを表しているのに対して、117 は繰り返されること、一般的（特定の時間のことではないという意味）に行われていることを表しています。

116 **To win the game is almost impossible.**
　　└ 実際にはまだ起こっていないことを表しているから to 不定詞

117 **Winning the game is not always good.**
　　　└ 繰り返されること、一般的に行われていることを表している

b) 補語として使う場合

> 118 **One of his bad habits is biting his nails.**
> （彼の悪い癖の1つは爪を噛むことです。）
>
> 119 **Alice's wish is to be a nurse.**
> （アリスの希望は看護師になることです。）

118 119 は補語として使われていますが、118 で to 不定詞を使うのは不適切だとわかるでしょう。習慣は、いつも実際に行われていることだからです。また 119 で to 不定詞を使うのは、実際にまだ起こっていないことだからだとわかりますね。

118 **One of his bad habits is biting his nails.**
　　　　　　　　　　　　　└ 習慣だから to 不定詞を使うのは不適切

119 **Alice's wish is to be a nurse.**
　　　　　　　└ 実際にはまだ起こっていないことだから to 不定詞

c) it を後から説明するのに使う場合

> 120 **It is necessary to learn English.**
> （英語を習得することは必要です。）
>
> 121 **It is no use crying over spilt milk.**
> （こぼれたミルクのことを泣いても無駄だ。）⇒（覆水盆に返らず。）
>
> 122 **It is useless to try to persuade me to buy the watch.**
> （僕にその時計を買わせようとしても無駄だよ。）
>
> 123 **I found it difficult to read the book in an hour.**
> （1時間でその本を読むのは難しいとわかった。）

120～123 は先に it を主語、あるいは目的語の位置に置いておいて、その内容を to 不定詞、動名詞で説明している例です。

120 **It is necessary to learn English.**

英語を習得していない人に対して発する文であろうから、to 不定詞が適切です。

121 **It is no use crying over spilt milk.**

実際に泣いている人に対して「泣いていることには有効性はない」と伝えようとするために使われる文なので、動名詞が適切ということになります。ここでの no use は of no use の of が逸脱したものです。

また、これはことわざとして使われます。ことわざだと一般化されますから、やはり動名詞でないと不自然です。この表現は多用されるので、**It is no use -ing「～しても無駄である」**と覚えておいてもかまいません。

ところが、122 では「～しても無駄である」を **It is useless to ～** にしています。

It is useless to try to persuade me to buy the watch.

これは、相手がこれからしようとしていること（実際にはまだ起こっていないこと）だからです。また、まだ起こっていないことを no use というのは強す

ぎる表現なので、少しおさえた useless という語を使っています。

123 **I found it difficult to read the book in an hour.**

目的語の位置に it を置いておき、後から to 不定詞で説明しています。(この形で動名詞を使うことはまれです。) believe, find, make, think, suppose, consider などの動詞で使われる表現です。

d) (動詞・前置詞の)目的語として使う場合

> 124 **I promise not to tell the truth.**
> （真実は言わないと約束するよ。）
>
> 125 **I enjoyed talking with him in person.**
> （彼と直接話して楽しかった。）
>
> 126 **He started to understand what was happening.**
> （彼は何が起こっているのかを理解し始めた。）
>
> 127 **He is good at playing golf.**
> （彼はゴルフが得意だ。）

124〜126は、目的語として使われている例です。

124 **I promise not to tell the truth.**
        └─────────┘目的語

promise の対象は、**実際にはまだ起こっていないこと**なので to 不定詞が自然です。

125 **I enjoyed talking with him in person.**
        └─────────┘目的語

enjoy は、これからすることではなく、**実際にしていることを楽しむ**ので動名詞が自然だということになります。

126 **He started to understand what was happening.**
        └─────────┘目的語

startは、目的語が動作動詞の場合、動名詞もto不定詞も目的語にとり、意味に大きな差があるわけではありませんが、状態動詞が続く場合はto不定詞に限られます。実際に「すでに〜している」、というよりは「〜している状態に移行する」ということだからです。know, understand, realizeなどの認識を表す状態動詞では、動名詞にしてしまわないように気をつけましょう。

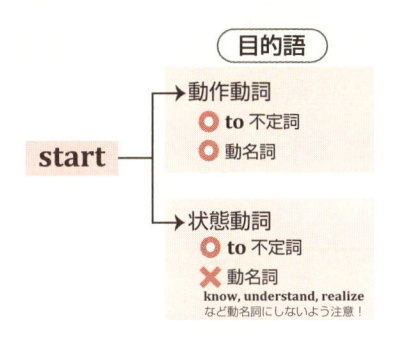

```
                    ┌─ 目的語 ─┐
          ┌→ 動作動詞
          │   ○ to 不定詞
          │   ○ 動名詞
  start ──┤
          │
          └→ 状態動詞
              ○ to 不定詞
              ✗ 動名詞
              know, understand, realize
              など動名詞にしないよう注意!
```

127 前置詞の at の後には to 不定詞を置くことはできず動名詞を置きます。

He is good at playing golf.
　　　　　　　　　↑（前置詞の後は動名詞）

　動詞によっては、①目的語として動名詞はとるが to 不定詞はとらないもの、② to 不定詞をとるが動名詞はとらないもの、③どちらもとるが意味の差は大きくないもの、④どちらもとり大きな意味の差が生じるものがあります。これは頻出事項です。

Focus 19

❶ 動名詞を目的語にとるが to 不定詞はとらない動詞
a) 対象となる行為（目的語）が動詞よりも過去に位置づけられる
finish / give up / stop / deny
たとえば finish 〜 (〜を終える) では、〜部分は finish 以前に実際に行われていた行為である。

▶ stop to 〜：この形も見かけるが、これは O が「今行っている行為」であり自明性が高いため、stop -ing to 〜「〜するために…することを中断する」の -ing 部分が省略されている。
「〜するために(今していることを)中断する⇒手を休めて(立ち止まって)〜する」となる。

101

b) 対象となる行為の実現に対して消極的な動詞

avoid / mind / escape / miss / put off

動名詞は過去指向性が高いのだが、過去指向とは後ろ向きなわけで、することに対して後ろ向きな意味となる動詞だと考えればよい。

> refuse to ～「～することを拒否する」は to 不定詞のみ目的語にとるが、これは「これから～しろという⇐の方向に対して⇒拒絶している」という対向イメージである（⇒❷参照）。

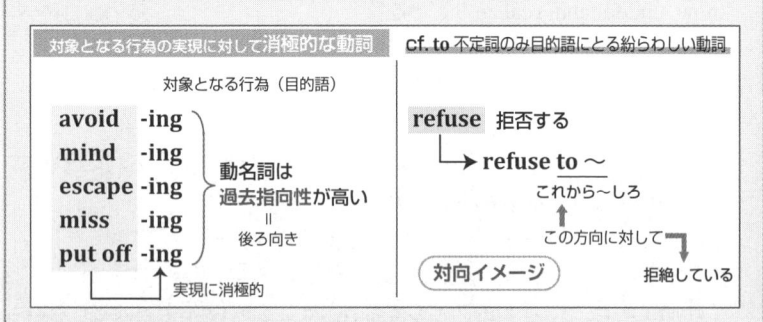

対象となる行為の実現に対して消極的な動詞	cf. to 不定詞のみ目的語にとる紛らわしい動詞
対象となる行為（目的語） **avoid** -ing **mind** -ing **escape** -ing 動名詞は過去指向性が高い＝後ろ向き **miss** -ing **put off** -ing 実現に消極的	**refuse** 拒否する → **refuse to ～** これから～しろ ↑ この方向に対して 拒絶している （対向イメージ）

c) 目の前に動的イメージを描ける動詞

practice, imagine, consider など

たとえば、imagine -ing は「～しているさまを想像する（実際に～しているさまを目の前に生き生きと描き出す）」。これは現在進行形の -ing（これは現在分詞だが）と似たイメージである。

❷ to 不定詞を目的語にとるが動名詞はとらない動詞

decide, determine, expect, hope, wish, wait, plan, refuse, hesitate, learn, manage, fail, pretend, happen など

基本的に、「**これから～する方向に向かって V する**」。

目的語は、**V（動作動詞）の時点でまだ実際に行われていないこと**。これから到達するイメージを考えれば、to 不定詞の**未来指向的なイメージ**がわかりやすい。

refuse や hesitate は「～することに対して拒絶（ためらい）を示す」というイメージ。happen to ～ は偶然の結果（話者の判断）。「**S は"～する"に到達する**」というイメージ。

❸ to 不定詞も動名詞も目的語にとる動詞

どちらも目的語にとる動詞は多いが、意味に大きな違いが表れないものは、それほど意識しなくてよい。**V** を基準時として、**to 不定詞は実際に行われていないこと**（未来指向）、**動名詞は実際に行われたこと**（過去指向）、と考えれば理解できる。

		to ~	-ing
remember	▶	「~しようとして覚えておく」「忘れずに~する」	「~したことを覚えている」
forget	▶	「~し忘れる」	「~したことを忘れる」
try	▶	「~しようと努力する」※ try 時点から見て、「~」は実際に起こってはいない。	「試しに~してみる」※試してみた時点で実際に~していることになる。
	例	I tried to open the window.(窓を開けようとした。)	I tried opening the window.(試しに窓を開けてみた。)
regret	▶	「遺憾ながら~する」(これから~しなければいけないのが残念だ。)	「~したことを後悔する」
	例	I regret to say that she is with cancer.(遺憾ながら彼女はがんにかかっていると申し上げねばなりません。)	I regret coming to such a party.(こんなパーティーに来たことを後悔している。)
go on*	▶	「次に続けて~する」※「~」という行為への移行。	「~し続ける」※これまで行っていた行為の継続。
	例	He went on to talk about another topic.(彼は続けてほかの話題について話した。)	He went on talking about the same topic.(彼は同じ話題を話し続けた。)

＊on は継続を表す副詞

2 準動詞の形容詞的用法

形容詞として使うことができる準動詞は、**to 不定詞**と**分詞（現在分詞・過去分詞）**です。それぞれ使い方を見てみましょう。いずれも、グレーのアミかけ部分が下線部分を修飾しています。

a) to 不定詞

> 128 **He has no <u>one</u> to tell him his faults.**
> （彼には欠点を教えてくれる人がいない。）
>
> 129 **He has many <u>problems</u> to solve.**
> （彼は解決すべき問題をたくさん抱えている。）
>   ≒ **He has many <u>problems</u> to be solved.**
>
> 130 **He has no <u>friends</u> to talk with.**
> （彼には一緒に話をする友人がいない。）
>
> 131 **He has a strong <u>desire</u> to be a great pianist.**
> （彼は偉大なピアニストになるという強い願望を持っている。）
>
> 132 **They have a <u>custom</u> not to work on Sundays.**
> （彼らには、日曜日には働かないという習慣がある。）

128 〜 132 は、to 不定詞が名詞を後ろから修飾（後置修飾）しています。

128 one と tell 〜 の関係が **SV** 的。

$$\text{He has no }\underset{S}{\underline{\text{one}}}\ \underset{V}{\text{to tell him his faults}}.$$

129 problems と solve の関係が **VO** 的。（solve problems で意味をなす。）

$$\text{He has many }\underset{O}{\underline{\text{problems}}}\ \underset{V}{\text{to solve}}.$$

130 friends と talk with の関係が **VO** 的。（talk with friends で意味をなす。）

$$\text{He has no }\underset{O}{\underline{\text{friends}}}\ \underset{V}{\text{to talk with}}.$$

この場合、日本語訳に with が感じられないので要注意です。

【類例】a chair to sit on（座るための椅子）

> money to buy this watch with 「この時計を買うためのお金」では、with は通常わざわざ言わない。道具や手段の名詞を修飾する場合に生じる前置詞削除です。

131 desire の内容＝ to ～。

He has a strong <u>desire</u> <u>to be a great pianist</u>.

132 custom の内容＝ not to ～。準動詞に対する否定語は直前に置きます。

They have a <u>custom</u> <u>not to work on Sundays</u>.

131 132 のように名詞の内容を to ～で説明する用法を同格といいます。同格の to 不定詞をとりやすい名詞には、time, way, place, way, reason など（これらは関係副詞の先行詞になる名詞）や right, duty, custom, chance, opportunity, idea, information など（「何をする機会？」と内容を知りたくなる名詞）があります。

b) 分詞(現在分詞・過去分詞)

133 **Barking dogs seldom bite.**
（吠える犬はめったに噛まない。）⇒（弱い犬はよく吠える。）

134 **The girl dancing on the stage is my girlfriend.**
（舞台で踊っている女の子は僕の彼女なんだ。）

135 **We have to carry injured soldiers to the hospital.**
（我々は負傷した兵士たちを病院まで搬送する必要がある。）

136 **There we saw a lot of soldiers injured in the battle.**
（私たちはそこで、戦闘で負傷した多くの兵士たちを目にした。）

137 **The person dying on the ground was a retired officer.**
（地面で死にかけていたのは退役将校だった。）

133 134、名詞修飾の分詞の位置は以下の通りです。

Focus 20

【名詞修飾の分詞の位置】

❶ 1 語⇒前置
前置が一般的。名詞を、どのような名詞であるか限定。

❷ 1 語⇒後置
現在(特定の時)の一時的な状態を説明するならば後置。

❸ 句
後置。(ただし、ly 副詞＋過去分詞は前置されやすい。freshly baked bread　焼き立てのパン)

133　**Barking dogs seldom bite.**

この場合、「今吠えている犬」ではなく、「犬の中でもよく吠えるタイプの犬」というように限定しているから前置しています。「その時吠えている状態にいる犬」と言いたければ、

　　Look at the dog barking. (その吠えている犬を見てよ。)

というように、後置することになります。

【現在分詞の意味】
① 「〜している」(状態)
② 「〜している」(動作の進行)
③ 「〜する」(習慣的動作)

⚠ なんでも「〜している」と訳さないようにしよう。(習慣的動作は状態とみなす。)

A bus coming from this direction goes to the city center.
(こちらの方角から来るバスは [どれでも] シティーセンターに行きますよ。)

この場合、coming 〜は which comes 〜と書きかえることができ、**進行ではなく習慣的動作を表しています**。「来つつあるバス」ならば、どのバスか限定できるので the bus になり、a bus にはならないはずですね。

|134| **The <u>girl</u> <mark>dancing on the stage</mark> is my girlfriend.**
進行的で The girl who is dancing ～と書きかえられます。

|135||136|は、**過去分詞が受動的に名詞を修飾**しています。
|135| **We have to carry <mark>injured</mark> <u>soldiers</u> to the hospital.**
兵士の中でも負傷した者というように限定しているので前置。
|136| **There we saw a lot of <u>soldiers</u> <mark>injured in the battle</mark>.**
句なので後置。

さらに過去分詞の例をあげると、a car used「今使用中の車」、a used car「中古車」、a person concerned「関係者」などがあります。
concerned や involved が 1 語であっても通常後置されるのは、「関係している」「巻き込まれている」というのは「何か特定のことに一時的に関わっている状態」という意味が必然的に含まれるからです。
また、基本例文には入れませんでしたが、「～されている最中」という受動で進行的な場合、the stadium being built in the area「この地域に建設されつつあるスタジアム」というように、being＋過去分詞で形容詞句を作ります。

|137| **The <u>person</u> <mark>dying on the ground</mark> was a <mark>retired</mark> <u>officer</u>.**
過去分詞の形容詞的用法は、**もとの動詞が他動詞の場合（が圧倒的に多い）は受動的**になりますが、**自動詞の場合は完了的**になります。ここでは「退役した将校」という意味になります。

【自動詞の例】
① **fallen leaves**　　　　「落ち葉」
② **escaped prisoners**　　「脱獄囚」
③ **the risen sun**　　　　「昇った太陽」
　▶ the <u>rising</u> sun ならば「昇りつつある太陽」という意味になる。

この用法は後置修飾で使われている場合（ほとんどの場合 go や come など変化を表す動詞）、誤読しやすいので要注意です。

① **He left me in a room suddenly gone cold.**
(彼は私を、急に寒くなった部屋に置き去りにした。)
⇒ He left me in a room which had gone cold suddenly. と同義。

② **He is an actor turned politician.**
(彼は政治家に転身した俳優だ。)
⇒ He is an actor who has turned politician. と同義。

③ **This is a dream come true.**
(これは実現した夢だ。)
⇒ This is a dream which has come true. と同義。

ちなみに、これらの動詞は **be＋過去分詞**で完了を表すこともできます。

He is gone. (彼は行ってしまった。)
⇒ He has gone. と同義。

TOPIC 10　感情を表す動詞の分詞形(現在分詞か過去分詞か)

以下の動詞は「人を〜という感情にさせる」という意味の動詞です。「誰か(文脈上あきらかな人か一般の人)を〜という感情にさせる」という意味では現在分詞、「誰かが〜という感情になる」という意味では過去分詞を使います。

exciting → excite → excited

基本的に感情というのは外から働きかけられて生じるものなのだと考えれば、感情を持つのは働きかけられた結果であるから受動、としっくりくるでしょう。

> 【感情を表す動詞】
> ① **amuse** 「〜を面白がらせる」
> ② **amaze** 「〜を驚嘆させる」
> ③ **bore** 「〜を退屈させる」
>   - He is boring.（彼は退屈な奴だ。）
>   ↳ 彼が一緒にいる人を退屈させる
>   - He is bored.（彼は退屈している。）
>   ↳ 彼が退屈している
> ④ **disappoint** 「〜を失望させる」
> ⑤ **discourage** 「〜をがっかりさせる」
> ⑥ **excite** 「〜を興奮させる」
> ⑦ **relieve** 「〜をほっとさせる」
> ⑧ **satisfy** 「〜を満足させる」
> ⑨ **surprise** 「〜を驚かせる」など
>   - a surprising news（驚くべきニュース）
>   ↳ ニュースが人々を驚かせる
>   - surprised students（びっくりしている学生たち）
>   ↳ 学生たちが驚いている

TOPIC 11　疑問詞＋to 不定詞

疑問詞＋to 不定詞は**全体で名詞**として働き、**(動詞・前置詞の) 目的語として使われる**ことが多いです。

a chair to sit on「座るための椅子」(to 不定詞の形容詞的用法) の to を S can に置きかえることができるのと同様に、what to do「何をするべきか」の to は S should と置きかえられます。

> ① to 不定詞の形容詞的用法
> **a chair to sit on**
>   ↳ S can sit on
> ②疑問詞＋to 不定詞
> **what to do**
>   ↳ S should do

意識の流れとしては、疑問詞⇒疑問の対象は？⇒ to 不定詞で説明というように、**左から右へ情報が追加されていくという流れ**に従って情報を受け取れるようになりましょう。

① **Will you tell me what to do next?**
（次に何をすべきか教えて。）

② **I don't know which way to go.**
（どちらの道を行くべきかわからない。）

③ **I don't know who to rely on.**
（誰に頼ればいいのかわからない。）

④ **Do you know where to buy the tickets?**
（どこでチケットを買えばよいのかわかりますか。）

⑤ **You should teach your children how to behave in public.**
（子どもに人前での振る舞い方を教えるべきです。）

また、疑問詞ではありませんが whether も同様の使い方ができます。

I cannot decide whether to accept his proposal of marriage.
（彼からのプロポーズを受け入れるべきかどうか決心がつかない。）

3 準動詞の副詞的用法

　副詞的に使う準動詞は、**to 不定詞**と**分詞構文**（**現在分詞**）です。to 不定詞の副詞的用法は意味がいくつかに分かれますが、用法をこまごまと覚えるよりも、**原則的に前に述べたことに必要な説明を加えるのに使う**と考えて、例文に慣れる方がよいでしょう。ここでは to 不定詞と分詞構文に分けて説明します。

a) to 不定詞

138　**He came to Stanford to be an entrepreneur like Steve Jobs.**
（彼はスティーブ・ジョブズのような起業家になるためにスタンフォード大学に来たのです。）

139　**I went to the airport in order to see my girlfriend off.**
（私は彼女を見送るために空港に行きました。）

140　**I kept silent so as not to wake my baby.**
（赤ん坊を起こさないように私は黙っていた。）

141　**She grew up to be a famous artist.**
（彼女は成長して有名なアーティストになった。）

142　**Jane awoke the next morning to find herself on the bed.**
（ジェーンは翌朝目覚めるとベッドの上にいた。）

143　**Ted did his best to win the championship.**
（テッドは優勝するために全力を尽くした。／テッドは全力を尽くして優勝した。）

144　**I am glad to see you.**
（あなたに会えて嬉しいです。）

145　**Bob must be crazy to run about naked.**
（裸で走り回るとは、ボブは気が狂っているにちがいない。）

146　**English is difficult to master.**
（英語は習得するのが難しい。）

147　**This lake is dangerous to swim in.**
（この湖は泳ぐには危険だ。）

4 準動詞 1 準動詞 3 準動詞の副詞的用法

> 148 **He was kind enough to carry my baggage.** 🔊
>
> （彼は親切にも私の荷物を運んでくれた。）
>
> ≒ **He was so kind as to carry my baggage.**
>
> 149 **I am too busy to help you.**
>
> （あまりにも忙しすぎて、あなたを手伝うことができない。）
>
> 150 **This bag is too heavy to lift.**
>
> （このバッグは持ちあげるには重すぎる。）
>
> 151 **To tell the truth, I don't like her dress.** 🔊
>
> （正直に言うと、私は彼女の服が好きではない。）

to 不定詞の副詞的用法は、**前に書かれた情報に対して、聞き手が知りたいと思うであろう情報を付け加える**のに使います。たとえば「私は嬉しい」と発話すると、相手は「何があったのかな」と思いますよね。そこで「君に会えたから」という情報を加える、というのに to 不定詞を使って、I am glad to see you. という文ができあがるわけです。

I am glad to see you. の受け取り方

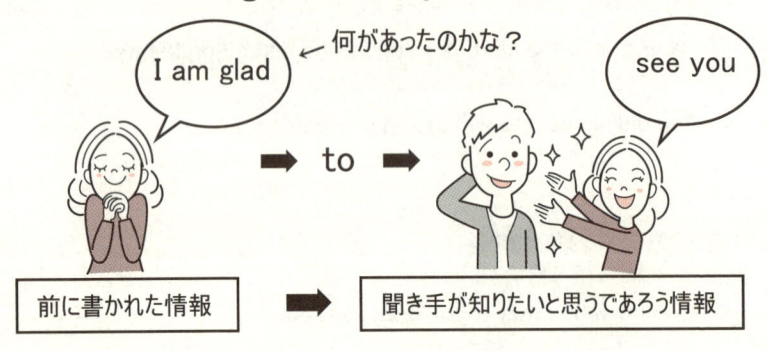

```
I am glad  ← 何があったのかな？ →  see you
           →   to   →
前に書かれた情報  →  聞き手が知りたいと思うであろう情報
```

　情報を左から右へ受け取ることを練習すると、副詞的用法の中の何という用法か、という文法用語による分類をせずに、**to が出てきた時点で必要な情報が追加される**のだと感じて、情報をダイレクトに頭に入れていくことができます。

■目的
[138]　He came to Stanford to be an entrepreneur like Steve Jobs.

「彼はスタンフォード大学に来た」 ⇒ 何のために ⇒ 「起業家になるために」という意識の流れです。

[139]　I went to the airport in order to see my girlfriend off.
[140]　I kept silent so as not to wake my baby.

in order to ～ や so as to ～ は、はっきりと目的を表します。なお、**準動詞の否定語は直前に置きます**。

■結果
[141]　She grew up to be a famous artist.
[142]　Jane awoke the next morning to find herself on a bed.

[141]は「彼女は成長した」 ⇒ それでどうなった ⇒ 「有名なアーティストになった」という意識の流れです。

grow up や[142]の awake「目を覚ます」などのように、主語の意志によって自由に行うことができないような行為の場合、目的性はありえません。ですから、to 不定詞が続いている場合は結果の付け足しだと判断します。

結果を表す表現としては（少し文語的ですが）、only to ～「結局～しただけだった」、never to ～「そして～することはなかった」を覚えておきましょう。

例）He went to her office only to find her absent.
　　（彼は彼女の会社に行ったが、彼女は不在だった。）

ところが[143]のような場合は、目的ととることも結果ととることも可能なので、文脈で判断することになります。結果を表す用法では述語動詞は過去形で、to 不定詞は実際に起こったことを表します。

■必要な情報の付け足し

144 **I am glad to see you.**

145 **Bob must be crazy to run about naked.**

144 は感情の原因、145 は判断の根拠を表しますが、いずれも必要な情報を付け足しています。

「ボブは気が狂っているにちがいない」 ⇒ なぜそう思う ⇒ 「裸で走り回っているから」という意識の流れです。時間的には主節動詞よりも過去に属しますが、判断した ⇒ 何を根拠に、というように左から右に必要な情報を展開しているのです。

146 **English is difficult to master.**

147 **This lake is dangerous to swim in.**

146 は「英語は難しい」 ⇒ どうするのに難しいか ⇒ 「習得するには」、147 は「この湖は危険だ」 ⇒ どうするのに危険か ⇒ 「泳ぐには」という意識の流れで、形容詞 difficult, dangerous に説明を加えています。この構文には注意が必要です（⇒ **Focus21** P.116）。

■結合

148 **He was kind enough to carry my baggage.**

enough to ～という結合です。enough「十分に」は、「どうするのに十分か」という説明を必要とする言葉なので、前に書かれていないならば後ろに to 不定詞で付け加えることになります。

149 **I am too busy to help you.**

150 **This bag is too heavy to lift.**

149 150 は too ＿ to ～という結合です。これも、too「あまりにも＿すぎる」に、「どうするのに＿すぎるのか」「＿すぎるからどうなったのか」という説明を to 不定詞で加えています。

149 150 の構造がどう違うのかというと、149 は I と to help が **SV** 的な関係であるのに対して、150 は this bag と to lift が **VO** 的な関係にあるということです。(つまり lift から this bag につながります。)

> ❗ このパターンでは、たとえば This room is too hot to study in.「この部屋は勉強するには暑すぎる。」の最後の in が必要。(study in this room にしないとつながらない。)

I am too busy to help you. ── SV 的な関係

This bag is too heavy to lift. ── VO 的な関係 → lift this bag / V O

■独立不定詞

151 **To tell the truth, I don't like her dress.**

これは<u>独立不定詞</u>という用法ですが、イディオムとして覚えてしまいましょう。もちろん「実を言えば」と後で内容を述べることになるので、to 不定詞の性質である「まだ実際に起こっていない、これから向かう」に合致していることは確認しておきましょう。

次も独立不定詞の用法です。イディオムとして覚えておきましょう。

【独立不定詞】

① to begin with 「まずはじめに」
② to be frank (with you) 「率直に言って」
③ to do ~ justice 「~を公平に評価すると」
④ to make matters worse 「さらに悪いことには」
⑤ to say the least of it 「控えめに言っても」
⑥ to tell the truth 「実を言えば」
⑦ so to speak 「いわば」
⑧ strange to say 「奇妙なことに」

▶ 判断の形容詞＋to say はこの表現に限らない。
needless to say「言うまでもなく」 **lucky to say**「幸運なことに」

⑨ not to mention ~ 「~は言うまでもなく」
　≒ not to speak of ~
　≒ to say nothing of ~
⑩ to be sure 「たしかに」
⑪ to put it differently 「別の言い方をすれば」
⑫ to sum up 「要約すれば」
⑬ to make a long story short 「手短に言うと」
　≒ **to be brief**

Focus 21

【to 不定詞が示す状況（行為）についての話者の判断、評価を表す表現】
次の形容詞については、2通りの構文が使える。

❶状況の難易度や安全性についての話者の判断を表す形容詞

easy, difficult, hard, impossible, tough, dangerous など

❷状況に対する話者の感情的反応、評価を表す形容詞

boring, exciting など

　It is difficult to learn English. （it = to ~）
　（英語は習得困難だ。）

　English is difficult to learn.
　（英語を習得するのは難しい。）

English が旧情報の場合、あるいは English について述べようとする場合は下の表現を使う。この表現では、learn と English が **VO** 的関係であることに要注意。147 で最後に in が必要なのは、150 の説明中の例文と同様に swim this lake では **VO** 的関係が成立せず、swim in this lake にしないとつながらないからである。

例) **It is exciting to carry out the project.**
（そのプロジェクトを実行するのはワクワクする。）

This project is exciting to carry out.
（このプロジェクトは実行するのにワクワクするようなものだ。）

b) 分詞構文

分詞が副詞句として使われているものを、分詞構文とよびます。副詞節を作る接続詞を使わずに副詞句にすることで、**臨場感を出したり、ルーズに説明を付け加えたりする**ことができます。

接続詞を使う必要がない状況で使う構文なので、解釈の際はあえて意味を区分しようとしないで、自然な文の流れになるようにつないでおくのが適切です。

【分詞構文の作り方】
When I opened the door, I found a strange girl.
（ドアを開けると見知らぬ女の子がいた。）
⇒ **Opening the door, I found a strange girl.**

分詞構文にすることで、文が短くなりますね。そうすると一度に情報が入ってくるので、動作の連続性が臨場感を持って描き出されることになります。このように、**左から右への動作の連続性、あるいは同時性を描き出すのに使う**分詞構文は、**物語などできごとをありありと描き出すのによく使われます**。別の用法としては、**文尾にルーズに説明を追加するとき**にも使われます。

152 **Reading the book, Jim learned a lot of useful things.**
（その本を読んでジムは多くの役に立つことを学んだ。）

153 **Having a cold, I didn't go to school.**
（風邪をひいていたので私は学校に行かなかった。）

154 **Not knowing what to do**, he asked his mentor for advice.
(どうすべきかわからず、彼は師に助言を求めた。)

155 **Not being rich**, he couldn't attend the meeting.
(金持ちではなかったので、彼はその会合に出席できなかった。)

156 **Turning to the left**, you will see the church.
(左に曲がるとその教会が見えます。)

157 **Seen from the moon**, the earth looks like a ball.
(月から見ると地球はボールのように見える。)

158 Some pretty girls are walking down the street **talking to each other**.
(数人の可愛い女の子が話をしながら道を歩いている。)

159 The music, **played by the old pianist**, sounds marvelous.
(その音楽は、その老ピアニストが演奏すると素晴らしいものになる。)

160 James arrived too late, **making his friends angry**.
(ジェームズはとても遅れてやってきて、友人たちを怒らせてしまった。)

161 The storm hit our island, **causing great damage**.
(その嵐は私たちの島を襲い、大きな被害を引き起こした。)

162 The speaker went on and on, the audience **getting more and more bored**.
(講演者は延々と話し続け、聴衆たちはどんどんうんざりしていった。)

163 **The problem (being) solved**, his theory will leave nothing to be desired.
(その問題が解決できれば、彼の理論は申し分のないものになるだろう。)

164 **Frankly speaking**, I think his lecture is boring.
(率直に言えば、彼の講義は退屈だと思う。)

165 **Though swimming in a pool**, I felt like I was in the ocean.
(プールで泳いでいたのに、海にいるような気がした。)

Focus 22

❶状態動詞の分詞構文: 153

Having a cold, I didn't go to school.

状態動詞でも分詞構文を作ることは可能。

❷準動詞の否定語: 154 155

Not being rich, he couldn't attend the meeting.

準動詞の否定語は直前に置く。155 は接続詞を使うと As he was not rich ～ になるが、否定語は直前なので Being not rich ～ にはならない。

❸過去分詞の分詞構文: 157

Seen from the moon, the earth looks like a ball.

過去分詞を使う分詞構文もある。基本的に、**主節の主語が分詞の主語にあたる**ので、the earth が主語ならば「見られる」ことになるので過去分詞を使っている。

> ！ 日本語訳では「見ると」になるので、-ing にしてしまわないように。
> 例）Compared with his brother, he is rather foolish.（兄と比べると彼は結構バカだ。）

❹分詞構文での追加説明: 158

Some pretty girls are walking down the street talking to each other.

どういう状態で歩いていたのかを、分詞構文で追加説明している。

❺文中の分詞構文: 159

The music, played by the old pianist, sounds marvelous.

文中に分詞構文が置かれることもある。

❻文末に結果を付け加える: 160 161

James arrived too late, making his friends angry.

160 161 では、文末に結果を付け加えている。時間の流れは基本的に左から右、あるいは同時なので、結果を付け加えるのは**文末に限られる**。

❼接続詞を加えた表現: 165

Though swimming in a pool, I felt like I was in the ocean.

つながりを明確に表したい場合、接続詞を加えることもある。

■主節と主語が異なる場合

主節の主語と分詞構文の主語が異なる場合は、分詞の前に主格で主語を書きます。

162 **The speaker** went on and on, **the audience** **getting more and more bored**.（the speaker ≠ the audience）

163 **The problem (being) solved**, **his theory** will leave nothing to be desired.（the problem ≠ his theory）

分詞構文においては、**being はしばしば省略**されます。

164 **Frankly speaking**, I think his lecture is boring.

分詞構文の主語と主節の主語が異なっていても、分詞構文の主語が一般の人にあたる慣用的表現では、主語を書きません。これは慣用的独立分詞構文といいますが、イディオム的に覚えてしまいましょう。

【慣用的独立分詞構文】
① **generally speaking**　　　　　「一般的に言えば」
② **roughly speaking**　　　　　　「おおざっぱに言えば」
　▶（見方、観点などを表す副詞）-ly + speaking は「～的に言えば」。
③ **talking/speaking of ～**　　　「～と言えば」
④ **judging from ～**　　　　　　「～から判断すると」
⑤ **seeing that ～**　　　　　　　「～であるところを見ると、～なのだから」
⑥ **taking ～ into consideration**　「～を考慮に入れると」
⑦ **supposing that ～**　　　　　「～だとすれば」
⑧ **providing/provided that ～**　「～という前提で」
⑨ **granting/granted that ～**　　「～だとしても」
⑩ **considering ～**　　　　　　　「～を考慮に入れると、～のわりには」

TOPIC 12　準動詞の意味上の主語

準動詞は動詞の変化形である以上、主語があるはずですが、それを文の主語とは区別して準動詞の意味上の主語といいます。しかし、以下の場合、意味上の主語は明示されません。

■意味上の主語が省略される場合
（1）すでに主語が登場している

準動詞以前にその主語が書かれており、構文上、準動詞の主語が明確な場合、準動詞の主語は省略されます。

①I want to go there.（私はそこに行きたい。）

①の to 不定詞の意味上の主語は I、文の主語としてすでに I が書かれているので、to 不定詞に対する主語は省略されています。

② I want you to go there.（私は、あなたにそこに行ってほしい。）

②の to 不定詞の意味上の主語は you、SVOC の形で O の部分にすでに you が書かれているので、to 不定詞に対する主語は省略されています。

（2）文脈からあきらかな場合
Her dream is to become a dancer.
（彼女の夢はダンサーになることだ。）

become の主語は she に決まっていますね。

（3）一般の人が主語で、「誰が」を特定する必要がない場合

Seeing is believing.
（見ることは信じることである。）⇒（百聞は一見に如かず。）

■ 準動詞の意味上の主語が書かれる場合
(1) 動名詞⇒所有格、もしくは目的格

Do you mind my smoking in this room?
(この部屋でタバコを吸ってもいいですか。)

↕

[比較] **Do you mind opening the window?**
(窓を開けてくれませんか。)

上の文では、smoking の意味上の主語 I を所有格で表しています。一方、下の文では意味上の主語が書かれていません。書くならば your opening という形になるはずですが、文の主語と一致しているので省略します。

(2) to 不定詞⇒ for ～

ただし「It is +『人の性質』かつ『行為への判断』を表す形容詞＋ to 不定詞」の構文では「It is ＋形容詞＋ of ＋人＋ to 不定詞」で表します。

It is kind of you to say such a thing.
(こんなことを言ってくれるなんて君は親切だなあ。)
≒ **You are kind to say such a thing.**

(3) 分詞⇒主格

ただし、**分詞に意味上の主語を置く形は、独立分詞構文**とよばれています。

TOPIC 13　準動詞の完了形

　主節動詞よりも以前のこと、主節動詞の時までの経験や継続を表す必要がある場合には完了形を使います。

① **Having met him before**, I recognized him at once.
　（以前に会ったことがあったので、すぐに彼だとわかった。）

② I am proud of **having won the prize**.
　（私はその賞を取ったことを誇りに思っている。）

③ He seems **to have been poor** when he was young.
　（彼は若い頃は貧しかったように思われる。）

特に必要がなければ、基本形のままでかまいません。

④ I am glad **to hear that you passed the exam**.
　（君がその試験に合格したと聞いて私は嬉しい。）

　to hear は主節動詞 am（現在形）よりも前のことですが、決まった形の表現なのでわざわざ完了形にして明示する必要はありません。もちろん forget -ing なども、動名詞の方が forget よりも過去になりますが、完了形にする必要はありません。

TOPIC 14　with _ 〜 の形の副詞句

　_ is 〜 という情報を主節に付け加えるのに使います。_部分には名詞、〜部分には形容詞、分詞、名詞（名詞の場合 with _ being 〜 が普通　⇒　下の例文⑤）が入ります。

　この表現も、情報を加えているだけなので意味は曖昧で、「〜ながら」「〜なので」「〜ならば」「〜なのに」（文頭の場合は理由が普通）、さらには文末で「その結果〜」と結果を加えたりできます。分詞構文と同様に、状況次第で自然な意味になるように解釈しましょう。

① **I can play the piano with my eyes closed.**
　（僕は目をつぶったままでピアノが弾けるよ。）
② **He was walking with a pipe in his mouth.**
　（彼はパイプを口にくわえて歩いていた。）
③ **Some people sleep with their eyes open.**
　（目を開けたまま眠る人もいる。）
④ **The teacher left the room with his students standing there.**
　（先生は、生徒たちをそこに立たせたまま部屋を出ていった。）
⑤ **I will not marry you with your salary being what it is.**
　（あなたの給料が今のままならば、私はあなたとは結婚しない。）

> ! with -ing の形では使わないこと。
> She worked with listening to music.　（×）
> She worked listening to music.　（○）

TOPIC 15　不定詞の不定って何？

「不定詞」とは変な言葉に感じますよね。不定といいながらも形は決まっている（原形や to ～）のですから。では、何が定まっていないから不定というのでしょう。

次の例文①～⑥のように、英語の述語動詞は、主語の人称、主語の数、時制によって形が決まります。

① **I want to go to the movies.**
　（私はその映画を見に行きたい。）
② **He wants to go to the movies.**
　（彼はその映画を見に行きたがっている。）
③ **They want to go to the movies.**
　（彼らはその映画を見に行きたがっている。）
④ **I wanted to go to the movies.**
　（私はその映画を見に行きたかった。）

⑤ **He wanted to go to the movies.**
（彼はその映画を見に行きたかった。）
⑥ **They wanted to go to the movies.**
（彼らはその映画を見に行きたかった。）

　上のいずれの場合も to go の形は変わりません。（じゃあ定まっているじゃないか、と思わないように。）
　述語動詞が決定する要素（主語の人称・時制など）により形が決まるのに対し、不定詞は**それらの要素によって形が決定されない（選ばれない）**から不定とよぶのです。原形（不定詞）も同様です。

⑦ **I will make him go there.**
（私は彼をそこに行かせるつもりだ。）
⑧ **I made him go there.**
（私は彼をそこに行かせた。）
⑨ **He makes me go there in such cases.**
（そういう場合、彼は私をそこに行かせる。）
⑩ **They make me go there in such cases.**
（そういう場合、彼らは私をそこに行かせる。）

▶ COLUMN4

音読の効用2

　前回のコラムは「ただ大きな声で音読する」だけでも効果はある、ということで終えました。その理由を説明しましょう。

　繰り返しになりますが、初期段階では、「**正しい音声を何度か聴いた後で、テキストの英文を大きな声を出して発音する**」というだけでかまいません。（本書の基本例文の音声を使って練習してみてください。）書き言葉の処理システムを使う入力（＝正しい音声を聴く）と、聴覚言語システムを活用する出力（＝大きな声を出して発音する）から成る音読は、**複数の脳領域を同時に使い活性化させる**効用があります。

　正しい音声を真似て繰り返し音読すると、言語のリズムがつかめるようになります。日本語と英語ではリズム感が異なります。日本語は音節型のリズムなのですが、英語ではストレス（強勢）とストレスのあいだの時間間隔が、そのあいだに含まれる音韻の数に関わらず一定なのです。ですから一定の長さ、強さで発音されるのではありません。また、日本語は基本周波数の最高値と最低値の幅が小さい、つまりイントネーションの変化が基本的に乏しいのですが、英語はイントネーションの変化が激しい言語です。

　こういう点に気をつけて音を出す練習をすると、リスニング力が上がります。基本的に、**発音できない音は聞き取ることができません**。実験結果によって、こうした音声の変化がリスニングの意味理解に大きく影響することもわかっています。

　そういうわけで、「正しい音声を真似て大きな声で音読する」だけでも効果はあるのです。しかし、その段階にとどまっているのはもったいない。次の段階の音読にはさらに大きな効果があるのです。（⇒ **COLUMN5** へ）

5 助動詞と仮定法
Auxiliary verbs & Subjunctive mood

1 助動詞 — P.128
1 法助動詞の基本説明
2 法助動詞の基本例文

2 仮定法 — P.156
1 仮定法の基本形
2 仮定法の基本例文

5 助動詞と仮定法
Auxiliary verbs & Subjunctive mood

この章では、**助動詞**（主に**法助動詞**とよばれるもの）と**仮定法**を扱います。法というのは英語では mood といい、「事柄についての話し手のとらえ方を表す動詞の形」のことです。

法助動詞（modal verb）というのは事柄に対する**書き手の気持ちや判断（確信・疑惑・願望・意志・義務など）を加えて表現する用法**で、これを加えることで、単なる事実の記述（客観的記述）ではなくなります。また、助動詞の後には動詞の原形がきます。

仮定法は「事柄を現実世界の外部に置くという話し手のとらえ方」（mood）が表現された形です。この表現は if がポイントなのではなく、法助動詞がポイントになる表現なので、助動詞と併せて1つの章にまとめます。

1 助動詞

Core point

助動詞には、法助動詞とそれ以外の助動詞（be, have, do）がありますが、ここでは主に法助動詞をとりあげます。

法助動詞は**感情伝達に大きな影響を及ぼす**ので、実際に英語で意思の疎通をする際には（とりわけ会話においては）、非常に重要です。

たとえば、部下にコピーを頼むのに、「コピーを取っておいてもらえますか。」「コピーしてね。」「コピーしろよ、さもなければ……」では、伝達内容は同じであっても、伝わり方が全く異なり、場合によっては人間関係に影響を及ぼしかねませんね。助動詞はそのような違いを生むものなのです。伝わり方の違いをしっかり理解して、適切に使えるようになりましょう。

> コピー取っておいてもらえますか
> Could you...?

> コピーしてね
> Will you...?

> コピーしろよ、さもなければ…
> You had better...

助動詞1つで伝わり方が違う

　まずは、法助動詞の概要をおさえましょう。法助動詞はそれぞれ基本イメージを持っており、それが大きく2つの用法に表れます。2つの用法とは、以下の通りです。

【法助動詞の2つの用法】
A 能力・義務・許可など**主語の行為**について述べる。
B 事柄の可能性、必然性について**話者の判断**を述べる。

　法助動詞の説明をするにあたり、この2つの用法（A, B）が繰り返し出てきます。Aは主語の行為、Bは話者の判断です。しっかりと覚えておいてください。
　さて、1つ1つの助動詞を個別に見ていく前に全体を概観しておきましょう。ここでは、法助動詞の中でも主な5つ（should を加えると6つ）の助動詞の基本を扱います。

5 助動詞と仮定法 ①助動詞 ■法助動詞の基本説明

Guideline

用例が多くなりますが、まずは各助動詞を通して読み、おおまかなイメージをつかんでから、再度1つ1つの用法を確認するようにしましょう。

1 法助動詞の基本説明

各法助動詞の基本的原義と、基本となる2つの用法を見ていきましょう。

a) will

will は「意志」という意味の名詞としても使われますが、助動詞 will には「**意志の強い力**」が根本イメージとしてあります。

> 【助動詞 will の意味】
> A (主語の行為について述べる用法)
> 主語の意志「**〜するつもりだ**」。
> B (話者の判断を述べる用法)
> 未来のことについての話者の主観的確信 (⇒習性や習慣の用法につながる)「**きっと〜だろう**」。

will は非常に使用頻度が高い助動詞なので、**口語では強度が弱くなって、今思いついたことを表すこともあります**。その場合、will の強度を弱めるということもあって、省略形 ('ll) を使うことが多いようです。

① **I'll visit his house.**（彼の家を訪問しよう。）

▶ 強い意志ではなく、今思いついたこと。

② **He'll come to our house tomorrow.**（彼は明日うちに来るだろう。）

▶ 今思ったことで、強い確信を持っているというわけではない。

b) shall

「罪・負債」を語源的意味に持つ shall は、「**何かすることを負っている**」（義務や必要性）の意味で、そこには**権威による強制、逆らえない運命のようなイメージ**が含まれます。

> 【助動詞 shall の意味】
> A (主語の行為について述べる用法)
> 主語の意志(決意)、義務(規定⇒法律や契約文書など)「**〜するつもりだ**」。
> 疑問文だと相手の意志を問うことから提案の意味にもなる。
> B (話者の判断を述べる用法)
> 必然性(予言)「**〜することになる**」。
> 例) Ask, and it shall be given to you. (求めよ、さらば与えられん。)

ただし、今日の英語では、契約文書や憲法などで使われる以外は、定型表現 Shall I 〜?「〜しましょうか。」、Shall we 〜?「〜しませんか。」で使われることがほとんどです。

c) should

shall の過去形です。shall を過去形にすることで、**現実と距離を置きます**(⇒ P.70)。

一般に、**助動詞の過去形は過去のことを表すというよりも、距離感を作ることで敬語にしたり、ソフトなもの言いにしたりすることが多い**のです。ですから、should は shall と比べて A では話者が感じる義務感が弱く、B では事柄への確信度が低いということになります。実際には、shall の使用頻度が低いので、should を独立した助動詞として扱ってもよいくらいです。should は **must よりも義務感が弱く、事柄への確信度が低いもの**と考えるとよいでしょう。

> 【助動詞 should の意味】
> A (主語の行為について述べる用法)
> 主語の義務「**〜するべきだ**」。
> B (話者の判断を述べる用法)
> 事柄について話者が必然性を感じている「**〜はずだ**」。

d) must

mustはもともと「定められる」「強いられる」という意味で、**非常に強い圧力を感じさせる助動詞**です。

> 【助動詞 must の意味】
> A (主語の行為について述べる用法)
> 主語の義務「〜しなければならない」。(「何がなんでも」というくらい強い。)
> B (話者の判断を述べる用法)
> 話者が必然性を感じている(そのように判断するしかないという圧力を受けている)「〜にちがいない」。
>
> ▶ 判断の根拠が目の前にあって「そう判断する以外にはありえない」というくらい強い。

「〜しなければならない」というのは外から強い圧力を受けて義務感を感じているのですが、自分の中から強い圧力がこみあげてきて「〜しなければ気が収まらない。」という用法もあります。

例) **My daughter must always have her own way.**

(私の娘はいつも自分の思い通りにしないと気が済まないんだ。)

これを「〜しなければならない」と解釈してしまうと全くの誤訳になりますから要注意です。

e) can

canは語源的には「知っていた」ということを意味しており、「〜の方法を知っていた」⇒「〜しようと思えばできる」という意味になり、**基本イメージは潜在的可能性**です。

【助動詞 can の意味】
A（主語の行為について述べる用法）
主語の潜在的能力「～しようと思えばできる」。

▶ 状況によって「～しようと思えばできる」という場合には許可の意味になる。
例） I can run very fast.（僕はすごく速く走れるよ。）
　　You can smoke in this area.（このエリアではタバコを吸ってもよい。）

B（話者の判断を述べる用法）
話者が可能性を感じている「～と判断することも可能だ」⇒「～という可能性もある」。

f) may

may は「力」を意味する名詞の might（may の過去形と同じ形）と語源が同じで、「力を持つ」という原義です。「～する力を持つ」⇒「～してもよい」（許可）、「～と判断してもよい」⇒「～かもしれない」（可能性）という意味になります。基本イメージは許可です。

【助動詞 may の意味】
A（主語の行為について述べる用法）
主語の行為に対する許可「～してもよい」。
B（話者の判断を述べる用法）
事柄について話者が可能性を感じている（そう考えることも許される、ということから⇒）「～かもしれない」。（can よりも具体性がある。）

▶ 50 パーセントくらいの推量。

基本的用法をまとめると、以下のようになります。

	A	B
will	～するつもりだ（主語［S］の意志）	きっと～だろう
shall	～するつもりだ（S の意志／義務）	～することになる
should	～するべきだ（S の義務）	～はずだ
must	～しなければならない（S の義務）	～にちがいない
can	～しようと思えばできる／ ～してもよい（S の潜在的能力／許可）	～という可能性もある
may	～してもよい（S の行為を許可）	～かもしれない

Focus 23

【法助動詞と似た意味の表現】

次の❶〜❹において、前者は法助動詞であり、後者は似た意味を表すが法助動詞、あるいは助動詞ではなく、話し手の気持ちは入り込まない。**法助動詞を使うと話し手の主観が入る**のだという共通点をつかもう。

❶ will と be going to 〜

	意味	違い
will	〜するつもりだ／〜だろう	主観的表現
be going to 〜		前もって現実的な計画がある／今の状況から判断すると現実的にそうなりそうだ

a) 表現の違い

どちらも「〜するつもりだ」「きっと〜だろう」という意味を持つが、**will が主観的表現**であるのに対して、**be going to 〜 は助動詞ではなく**、「今〜に向かいつつある」。**前もって現実的な計画があり「〜するつもりだ」、あるいは今その兆しが見えていて現実的に「〜しそうだ」**ということを表す。たとえば、今雲行きが悪く、今にも雨になりそうならば、It is going to rain. と言う。

b) I'll 〜 と I'm going to 〜 のニュアンスの違い

I'll 〜	「**〜するよ**」（今思いついた感じ）
I am going to 〜	「（事前に計画していて）**〜するつもりである**」

❷ should と ought to ～（ought to ～ は法助動詞）/ had better ～（助動詞ではないが助動詞と同様に扱ってよい）

	意味	違い
should	～べきだ／～はずだ	感情的
ought to ～		理性的
had better ～	～した方がよい	（さもなければ……という響きがある）

a) should と ought to ～ との違い

どちらも法助動詞で ought to ～ も「～べきだ」「～はずだ」という意味だが、**should が非常に感情的**であるのに対し、**ought to は理性的**である。（会話で You should ～ と言うと説教っぽく響くことも多いが、ought to ～ と言うと理屈っぽく響くことも多い。）

例）**If you are to write a review on this film, you ought to read its original novel.**

（この映画の映画評を書くならば、その原作を読むべきだ。）

He ought to be at the office now. He left home at eight.

（彼は今頃は会社にいるはずだ。8時に家を出たのだから。）

b) had better ～ との違い

had better ～ は「～した方がよい」という訳になるが、「さもなければ……」という響きがある（had best ～ も同様）。

例）**You had better listen to your parents.**

（親の言うことは聞いておいた方がいいよ［さもないと後悔することになるよ］。）

You had better not try to cheat me.

（俺をだまそうなどとしない方がいいぜ。）

❸ must と have to ～（have to ～は助動詞ではない）

	意味	違い
must	～しなければならない	「何がなんでも」という重圧・切迫感がある
have to ～	～しなければならない（～するべき状態を持っている）	外的要因から生じる必要性

have to ～ も「～しなければならない」という訳になることがあるが、これは「～するべき」状態（必要性）を今持っている、ということである。（ちなみに「～した」状態を今持っているのが、現在完了形 [have＋過去分詞]。）

have は積極的な動作ではないので、have to ～は「**外的な事情によって～する必要が生じている**」という事実を表しているということになる。その点で、重圧・切迫感を感じている must とは大きく異なる。また、**must は重圧を表すので過去形はない**（過去のことに対しては強い重圧を感じないから）が、have to ～は過去形にすると had to ～である。「過去のある時に～する必要性があった」ということを表す。

❹ can と be able to ～（be able to ～は助動詞ではない）

	意味	違い
can	～できる	潜在的な能力
be able to ～		具体性が高い

「～できる」には be able to ～という表現もあるが、**can が潜在的な能力、「方法を知っているからやろうと思えば～できる」を表すのに対して、be able to ～は「～する能力が実際にある」**（具体的な一回性のことに対して）ということを表す。

❺ need, dare

	意味	使い方
need	need＋原形「～する必要がある」	通常　疑問文・否定文で
dare	dare＋原形「思い切って～する」	通常　否定文で

これらは助動詞として使うことができる。

need＋原形で「～する必要がある」、dare＋原形で「思い切って～する」「あえて～する」という意味になる。need は助動詞としては通常、疑問文、否定文で、dare は通常、否定文で使われる。

2 法助動詞の基本例文

a) will

> 166 **I will pass the exam next time.**
> (次は試験に合格するぞ。)
>
> 167 **He won't ride a roller coaster.**
> (彼はジェットコースターにどうしても乗ろうとしない。)
>
> 168 **"I've left my wallet at home."**
> (「財布を家に忘れてきてしまった。」)
>
> **"Don't worry. I'll lend you some money."**
> (「心配するなよ。いくらか貸してあげるよ。」)
>
> 169 **Will you help me with my homework?**
> (宿題を手伝ってくれませんか。)
>
> 170 **The door will not open.**
> (そのドアはどうしても開かない。)
>
> 171 **The Hanshin Tigers will win the championship this year.**
> (阪神タイガース、今年は絶対優勝するよ。)
>
> 172 **Accidents will happen.**
> (事故は起こるものだ。)
>
> 173 **Boys will be boys.**
> (男の子ってそういうものだよ。)
>
> 174 **My neighbors will often argue all night.**
> (隣人はよく夜通し言い争っている。)
>
> 175 **Our family would often go to the movies on Sundays.**
> (うちの家族は日曜日にはよく映画に行っていたものでした。)

166〜170 は A の用法、171〜175 は B の用法です。さまざまな用法に区別して暗記するよりも、一連の流れとして理解しましょう。

> 【助動詞 will の意味】
> A (主語の行為について述べる用法)
> 主語の意志「**〜するつもりだ**」。
> B (話者の判断を述べる用法)
> 未来のことについての話者の主観的確信 (⇒習性や習慣の用法につながる)「**きっと〜だろう**」。

■ A の用法（主語の意志）

166 と 167 は強い意志を表しています。

168 はその時に思いついた感じです。

169 は相手（主語は you です）の意志を聞くことで、「〜するつもりがある？」⇒「〜してくれない？」という依頼を表す表現になっています。Would you 〜にする方が、少しだけ丁寧な響きになります。

170 はものに意志があるかのような表現です。167 と同じような意味になっていますね。この表現は、否定文で用いて「どうしても〜しない」と、頑固・執着を表します。would を用いた場合、「どうしても〜しなかった」（過去）という意味になります。

■ B の用法（話者の主観的確信）

171 は主観的確信を表しています。客観的な根拠やエビデンスがなくても、主観的に確信することはできますね。

172 と 173 は習性を表しています。「それが習性であるならば次もそうなるだろう、そういうことをするだろう、と確信が持てる」というように考えましょう。173 はよく見かける表現ですが、「男の子は男の子になるだろう。」では意味不明ですね。「男の子というのはそういうことをするものだ。」という意味です。

174 と 175 は習慣を表しています。172 173 と同様に、「それが習慣であるならばしょっちゅうそうしているのだろう、と確信できる」というように考えましょう。この用法は **will＋頻度を表す副詞** (sometimes / often / always / every week など) という形で使われます。would＋頻度を表す副詞では、**過去の習慣（反復的行為）を回想している**感じになります。

b) shall

> 176 **You shall not steal.**
> （汝、盗むなかれ。）※モーセ「十戒」
>
> 177 **The Emperor shall be the symbol of the State and of the unity of the people, ...**
> （天皇は、日本国の象徴であり、日本国民統合の象徴であって……）※日本国憲法の英訳
>
> 178 **The seller shall deliver the goods to the buyer within twenty days after completion of this Agreement.**
> （売り手は本契約書［同意書］の完成後 20 日以内に買い手に商品を届けること。）※契約書
>
> 179 **I shall never forget your kindness.**
> （あなたの親切は決して忘れません。）
>
> 180 **Shall I bring some wine?**
> （ワインを少し持ってきましょうか。）
>
> 181 **Shall we dance?**
> （ダンスをしませんか。）
>
> 182 **We shall all die.**
> （私たちは皆死ぬことになっているのです。）
>
> 183 **You shall regret saying such a thing to me.**
> （そんなことを私に言ったことを君は絶対に後悔することになるぞ。）

176 〜 181 は A の用法、182 と 183 は B の用法と考えられます。

> 【助動詞 shall の意味】
> A （主語の行為について述べる用法）
> 主語の意志（決意）、義務（規定⇒法律や契約文書など）「〜するつもりだ」。疑問文だと相手の意志を問うことから提案の意味にもなる。
> B （話者の判断を述べる用法）
> 必然性（予言）「〜することになる」。
> 例）Ask, and it shall be given to you.（求めよ、さらば与えられん。）

■ Aの用法（主語の意志、義務）

176 は主語の**義務**を表し、神（権威者）が決めたことだという強い義務で、話し手や主語の意志には左右されないという響きがあります。

177 と 178 は、**法律**や**契約**では個人の意志に左右されてはいけないので **shall** がよく使われます。日常会話であまり使わないからといって shall の用法をないがしろにする傾向がありますが、それは不適切な態度です。

179 は、will not 〜よりも強い義務感を感じている**意志**を表しています。

180 の Shall I 〜?「〜しましょうか。」は、**もともとは聞き手を高いところ（権威ある立場）に想定して意志を聞く表現**でした。（⇐「私が〜する、それはあなた様の意志ですか。」）しかし、使用頻度が増して日常的な定型表現となっています。

181 の Shall we 〜?「〜しませんか。」も、同様に**相手の意志**を聞く定型表現です。

しかし、こちらは少し強い響きが残っていて、「〜することになっていますよね？」と丁寧に勧誘しながら、**相手の同意を当然のものと思っている**というニュアンスが感じられます。

Let's 〜「〜しようよ」は、相手の意志を聞くのではない分だけ、一方的でくだけた表現です。ですから、Let's 〜, shall we?「〜しましょう、ね、いいですよね？」という表現はありますが、Shall we 〜, let's. という表現はありません。**後ろ側が相手の意志を確認する表現になる**はずだからです。

■ Bの用法（必然性）

182 と 183 は「〜することになるだろう」という表現ですが、話者の主観的判断ではなく、**権威者（神）の意志**であるからそうなることに決まっているのだ、という響きがあります。

たとえば、183 を will で表現することもできますが、will に置きかえても伝達内容は変わらないものの、will だと**話者の主観的確信**ですから、**相手にとって脅威ではありません**。shall だと「後悔することになる、これは私の意志どころではなく、神の意志によってそうなると決まっているのだ」という響きになり、**相手に脅威を感じさせる**ことになります。

will と置きかえられる shall の会話での使用頻度は低いのですが、めったに使

われないからこそ使われたときのインパクトが大きい、ということで**決め台詞などで使われます**。I will return. よりも I shall return.（マッカーサーの言葉として有名です）の方が、話者の意志ではなく天命であるという強い響きがありますね。

c) should

> 184 **You should have respect for older people.** 🔊
> （年長者には敬意を払うべきです。）
>
> 185 **You should not walk around this town alone.** 🔊
> （1人でこの街を歩き回るべきではない。）
>
> 186 **There should be better ways to do the task.** 🔊
> （その作業をするには、もっと良いやり方があるはずだ。）

184 と 185 は A の用法、186 は B の用法です。

> 【助動詞 should の意味】
> A （主語の行為について述べる用法）
> 主語の義務「〜するべきだ」。
> B （話者の判断を述べる用法）
> 事柄について話者が必然性を感じている「〜はずだ」。

should は、ほかの用法として次のような表現もあります。

187 **I should say** there were 200 students in the hall.
（ホールには 200 人の生徒がいたと言えるでしょう。）

188 **Who should say** such a thing to him?
（誰が彼にそんなことを言えるだろうか。）

187 の I should say ~（≒ I dare say ~）は「~だろう」という意味で、**断定を避けて控えめに表現する**ときに使います（イギリス英語）。

188 のような**疑問詞を含む疑問文中での should** は、**意外性・驚き・苛立ち**などの感情を表します。

① **Why should** he attend the meeting?
（一体なんだって彼はその会合に出席するのだろうか。）

② **Who should** come in **but** the person we were talking about?
（私たちが話題としていた人以外の誰が入ってきただろうか、全くびっくりだった。）⇒（入ってきたのは驚いたことに、私たちが話題としていたまさに当人だった。）

▶ but は「~以外の」という意味の前置詞。

Focus 24

【that 節中の should】
❶感情や判断の対象となる that 節中の should
188 と同様に、should は話し手の感情（驚きなど）を表す。
a) that 節中が主節動詞と同じ時を表す場合
It's a pity **that** she **should** have to leave this school.
（彼女がこの学校を去らなければならないなんて残念だ。）
訳に表す必要はないが、「彼女がこの学校を去らなければならないなんてなあ。」という話し手の感情が強く表れた表現である。

▶ It's a pity that she has to leave this school. という表現と伝達内容は変わらない。話し手の感情が強く反映されているか否かという違いがあるだけである。

b) that 節中が主節動詞よりも過去のことを表す場合

that 節中の内容が主節動詞よりも過去であることを明示する場合、should have＋過去分詞の形を使う。

It is strange that they should have failed in the exam.
(彼らがその試験に失敗したなんて不思議なことだ。)

もちろん、It is strange that they failed in the exam. と表現しても伝達内容は変わらない。

❷主張・要求・提案・命令・決定などの対象となる that 節中の should

demand, request, insist, propose, suggest, order, decide などの O となる that 節（decision, insistence, order, suggestion などと同格の that 節も含む）中では、原形を使う。(これらの動詞や名詞を暗記する必要はなく、説明を読んで類似性をつかめばよい。)

that 節中の動詞が原形となる主節動詞	demand, request, insist, propose, suggest, order, decide など
that 節が同格となる名詞も、that 節中の動詞は原形	demand, request, insistence, proposition, suggestion, order, decision など

形式的に should を加えて should＋原形にすることもある（イギリス英語）。この場合の should は、she be などという不自然な形を整える目的で加えているだけなので「～べき」という訳出はしない。

例）**The teacher demanded that his students should be silent in class.**（その先生は生徒たちに授業中静かにしているように要求した。）

この形は It is essential / necessary / proper that ～などでも表れるが、考え方はすべて共通。

要するに、この原形（should＋原形）については、主節動詞の時点では**現実ではないことを、実現に向ける力**（変化させる力）が生じている場合に使う形なのである。（上記表現がすべてこの中に入ることを確認すること。）

命令文で原形を使うのと似たことが that 節中で起こっていると考えればよい。（命令文は、まだ現実には起こっていないことを命令することによって実現に向けようとしているもの。）

たとえば Come here.「こっちへ来い。」は、命令することによって、ま

だこっちにいない人に変化を要求している。(命令法という。)
次の例文も同様に実現への力が働いている。

例) **Kay demanded that** her salary (should) **be** raised.
(ケイは給料を上げるようにと要求した。)

It is necessary that he **should attend** the meeting.
(彼はその会合に出席する必要がある。)

【should＋原形】
(主張などの対象となる that 節中の should)

Kay demanded that her salary (should) be raised.

要求している時は、まだ給料アップは現実ではない。
⇒demand することによって実現に向ける力が働いている。

▶ 命令文で原形を使うのと似ている。(そもそも原形は、**事実として確定していないことを表す形**だからである。)

❗ したがって、He insisted that he (should) go there alone. 「彼はそこに１人で行くと言い張った。」と He insisted that he was innocent. 「彼は、自分は無実であると主張した。」は、同じ insist that 〜であっても**従属節内の動詞の形は異なる**。
後者は、「(有罪なのに) 無実にしろ」と主張しているのではなく、「無実である」という事実を主張しているからである。
「しゅちょう、ようきゅう、めいれい、ていあん……」などという呪文を唱えて無理やり丸暗記し、insist は主張⇒原形、と即断してしまうような学習法は危険である。

d) must

> 189 **You must pay back the money soon.** 🔊
> （そのお金はすぐに返さなければいけません。）
>
> 190 **I must be going.** 🔊
> （そろそろお暇（いとま）しなければいけません。）
>
> 191 **Children must not stay up late.** 🔊
> （子どもは遅くまで起きていてはいけません。）
>
> 192 **You must come to our place next time.** 🔊
> （次回はぜひ、うちにいらしてね。）
>
> 193 **This watch must be your brother's.** 🔊
> （この時計は君の兄のものにちがいない。）
>
> 194 **You must be joking.** 🔊
> （ご冗談でしょう。）

189〜192 は A の用法、193 と 194 は B の用法です。

> 【助動詞 must の意味】
> A（主語の行為について述べる用法）
> 主語の義務「〜しなければならない」。（「何がなんでも」というくらい強い。）
> B（話者の判断を述べる用法）
> 話者が必然性を感じている（そのように判断するしかないという圧力を受けている）「〜にちがいない」。
>
> ▶ 判断の根拠が目の前にあって「そう判断する以外にはありえない」というくらい強い。

■ A の用法（主語の義務）

189 は「何がなんでも〜しろ」という強い義務感を表しています。**should を使う場合よりも圧倒的に相手への強制力が強い表現です。**

190 の進行形は変化を表していて、「行く状態」に変化しなければならないという意味になります。I must go. よりも丁寧な感じがあります。must を使っ

て、「どうしても行かなきゃいけない」と表現することで、これは「相手ともっと一緒にいたいのだけど仕方がないのだ」というような気持ちを伝え、失礼がないようにしています。

191 の **must not** は 禁止 を表します。「～しない」ことが義務だ、というわけです。

192 の you must はとても 強い強制力 を持つ表現ですが、仲の良い人どうしのあいだでは、「必ず～してね」という意味で使うことがあります。この表現を使うのは女性である場合が圧倒的に多く、この場合 must は強く発音されます。

■ B の用法（必然性）

193 は「確たる根拠があって～としか判断できない」、「証拠が判断を強制する」というとらえ方をすればよいでしょう。

194 の進行形は「～している最中」という状態を表します。「君は冗談を言っているにちがいない、そうとしか判断しようがない」という表現で頻繁に使われます。

> ⚠ must の後ろには基本的に、A の用法では動作が、B の用法では状態が置かれる。

e) can

---

195 **Jane can speak Chinese well.**
（ジェーンは中国語を上手に話すことができます。）

196 **We cannot fly in the sky.**
（私たちは空を飛ぶことはできません。）

197 **You can smoke in this area.** 🔊
（このエリアではタバコを吸ってもいいですよ。）⇒（このエリアでは喫煙できます。）

198 **Can I use your dictionary?** 🔊
（辞書を借りてもいいですか。）

199 **Could I have your address?** 🔊
（ご住所を伺ってもよろしいでしょうか。）

|200| **Could you go to the party with me?** 🔊
（私と一緒にパーティーに行っていただけませんか。）

|201| **Driving a car can be dangerous.** 🔊
（車を運転すると危険なこともある。）

|202| **His story cannot be true.** 🔊
（彼の話が本当のはずがない。）

|203| **Can the rumor be true?** 🔊
（その噂一体本当なの？）

|204| **Where can he be?** 🔊
（彼は一体どこにいるのだ？）

|195|〜|200| は A の用法、|201|〜|204| は B の用法です。

【助動詞 can の意味】
A （主語の行為について述べる用法）
主語の潜在的能力「〜しようと思えばできる」。

▶ 状況によって「〜しようと思えばできる」という場合には許可の意味になる。
例）I can run very fast.（僕はすごく速く走れるよ。）
You can smoke in this area.（このエリアではタバコを吸ってもよい。）

B （話者の判断を述べる用法）
話者が可能性を感じている「〜と判断することも可能だ」⇒「〜という可能性もある」。

■ A の用法（主語の潜在的能力）

|195| と |196| は主語の能力を表します。can はあくまでも潜在的能力を表すので、|195| の場合、今ここで具体的に中国語を話すというイメージはありません。

|197|〜|200| は許可を表します。|199| と |200| は過去形を使っていますが、これは距離を置いて表現をソフトにするためです。

答えるときは Sure. などと答えますが、|199| で Yes, you could. |200| で Yes, I could. と答えることはできません。答えを婉曲（遠回し）に伝えても意味はないからです。|200| で Yes, I could. にしてしまうと「あなたが私と一緒にパーティーに行こうと思うならば、行くことも可能ではあるだろうけど……」という

ような伝わり方（答えていない！）になってしまいます。

■ B の用法（可能性）

201 は可能性があることを、202 は可能性がゼロであることを表しています。

203 は可能性があるのかと聞く表現ですが、この表現では話し手は、可能性がないのではないかと考えています。

204 は「彼がどこにいる可能性が残っているのだ？」という感じです。あちこち探した後に「もう彼がいる可能性があるところはどこにもないじゃないか。」というような反語的な表現となっています。訳出としては「一体」としておけば気持ちは伝わります。

Focus 25

【助動詞の過去形】
基本的に、助動詞の基本用法のBにあたる用法の過去形が過去を表すことはない。（must の過去形は存在しない。）
Aの用法では**助動詞を過去形にすることによって仮定法的になり、婉曲表現となる。**（表現をソフトにすると考えておこう。）

❶ A の用法の過去形
Aの用法では過去を表すことができるが、**would や could は仮定法的な用法の方が多い。**（would 〜「〜だろう」、could 〜「〜できるだろう」。）

❷ could の A の用法
特に could の A の用法については要注意。
過去の一回性のできごとを表す場合、肯定文で、could 〜 は「〜できた」とはならない。

> 「〜できた」⇒ could 〜 は危険！

can「〜しようと思えばできる」（潜在的能力）
⇒それを過去にすると「〜しようと思えばできた」
すると、**過去における一回性の具体的行為の場合、非実現を暗示することになる。**（実現されなかったことがイメージされる。）
たとえば、「昨晩宿題をしようと思えばできたんだよ。」と言われると、「なぜしなかったのか。」と問いただしたくなるだろう。「能力があって実際に

〜できた」は was able to 〜 を使って表現するようにしよう。

He could fix the car last night.

修理しようと思ったらできたんだけどね

He was able to fix the car last night.

例) **He could finish the task last night.**　　　⇒非実現の暗示
（彼は昨晩その仕事を終えようと思えば終えることができた。）

I could catch the last train yesterday.　　　⇒非実現の暗示
（昨日最終電車に乗ろうと思えば乗れた。）

He could swim well when he was young.
（彼は若いときには上手に泳ごうと思えば泳げた。）

> I could swim well when I was a child.（子どもの頃は上手に泳げた。）
> この場合、子どもの頃には上手に泳ぐ能力があって、また実際に泳げていたのだろうと判断できる（上手に泳ごうと思えば泳げた⇒そうする能力があった）。
> 「その車を修理する」のとは違って「上手に泳ぐ」は具体的な一回性の行為ではないので非実現は暗示されない。「やろうと思えばできる」から考えれば判断できるだろう。

上の例文はすべて、過去のことを表していると示すために過去副詞(節)を文末に置いている。

ただし、後続の動詞が see; hear; taste; smell; understand; remember; guess など有意志的な動詞（意図的に行う動作）ではない場合は1回性の事柄についても could は「〜することができた」という意味で用いることができる。「やろうと思えば」という要素が除外される動詞だからだ。

I could see a meteor shower last night.
（昨夜は流星群を見ることができた。）

(単純に saw を使うよりも、時間をかけて見ていたイメージ。)
これらの動作に対して be able to は使えない。能力の有無を問う動作ではないからである。

f) may

[205] "May I have a seat?"
(「座ってもよろしいですか。」)

"Sure. Please have this seat."
(「もちろんです。こちらにおかけください。」)

[206] "May I go out now, mom?"
(「ママ、もう出かけてもいい？」)

"Yes, you may, if you have finished your homework."
(「ええ、いいわよ、宿題が終わったのならね。」)

[207] You may not smoke in this area.
(このエリアでは禁煙です。)

[208] May you have a long and happy marriage!
(末永くお幸せな結婚生活を送られますように！)

[209] He may or may not be guilty.
(彼は有罪かもしれないし、そうでないかもしれない。)

[210] She isn't in the office; she may be having coffee in the cafe.
(彼女は会社にいない。カフェでコーヒーを飲んでいるのかもしれない。)

[211] You may not like her, but you have to admit that she is good at her job.
(彼女のことは気に入らないかもしれないが、仕事ができることは認める必要がある。)

[212] Whatever he may say, I will not give up the plan.
(彼がなんと言おうとも、私はその計画をあきらめるつもりはない。)

[205]～[208] は A の用法、[209]～[212] は B の用法です。

> 【助動詞 may の意味】
>
> A（主語の行為について述べる用法）
>
> 主語の行為に対する許可「〜してもよい」。
>
> B（話者の判断を述べる用法）
>
> 事柄について話者が可能性を感じている（そう考えることも許される、ということから⇒）「〜かもしれない」。（can よりも具体性がある。）
>
> ▶ 50 パーセントくらいの推量。

■ A の用法（許可）

 205 と 206 の May I 〜？に対して、形だけで考えると返答は Yes, you may. となるはずですが、そうできる場合とできない場合があります。**助動詞は気持ちを伝える表現**なので、理屈通りにはいかない面があるのです。May I 〜？は**相手に許可を求める表現**ですが、この形によって「〜してもよろしいでしょうか。」と少し丁寧な表現となっています。それに対して Yes, you may. は、**上から目線で許可を与える表現**です。

　ですから、本当に相手に許可を与える場合には使えますが、そうでない場合に使うと、たとえば「ここに座ってもよろしいでしょうか。」、「よかろう、座ることを許可しよう。」というようになって、人間関係を壊すことになってしまいます。Might I smoke here? であれば、よりソフトに聞く表現です。これに対しては、Yes, you might. とは言わず、Yes, you may. と答えます。（もちろん、上から許可を与えることができる場面での話ですが。）might で答えられないのは can / could の場合と同じことですね。

　 207 の may not 〜は、A の用法では「禁止」を表します。must not 〜も禁止でしたが、**許可も義務も否定すると禁止になる**、というのはわかりにくいところです。may not 〜は「〜することが許可されていない」⇒禁止、must not 〜は「〜しないことが義務である」⇒禁止となっていて、実は not が打ち消している部分が異なっているのです。

208 は祈願とよばれる用法ですが、これは**助動詞を文頭に置くことで命令形に似た形になっています**。「神様、～することを許可してください」ということから「～できますように」という祈願の形になります。使用は、かなり決まった表現に限定されます。

■ B の用法（可能性）
209 と 210 のように判断を表す場合、「～と判断することも許される」⇒「～かもしれない」となります。**50 パーセントくらいの可能性**だと、話し手が判断している表現です。ですから may or may not ～という表現も可能になります。**might だと控えめにする分だけ、may よりも可能性が低いと話し手が判断している**ように伝わります。

He **may or may not** be guilty.
　　└ 50 パーセントくらいの可能性

211 と 212 は譲歩を表す表現です。「たしかに～であるかもしれないが」という意味になり、逆接的に主節につながります。

You **may** not like her, ...
　　└ 譲歩

! may の場合も must 同様、後ろには基本的に、A の用法では動作、B の用法では状態がくる。

TOPIC 16　may well などの慣用表現

■ may well
　well「十分に」が **may** を強めた用法です。
　(a) **許可**の may ⇒「十分～してもよい」⇒「～するのももっともだ」
　(b) **推量**の may ⇒「十分に～と考えられる」⇒「～だろう」

　　▶ may が 50 パーセントくらいの可能性で使われるのに対して、may well は **80 パーセントくらいの可能性**を感じているときに使われる。

① He **may well** be proud of his son.
　（彼が息子を誇りに思うのも、もっともだ。）

② This **may well** be the best answer.
　（これが最良の答えだろう。）

■ may/might as well _ as 〜

許可の may に as _ as 〜を加えた形です。

【may/might as well _ as 〜】
「〜するくらいなら十分同じくらい＿してもよい」
⇒「〜するくらいなら＿する方がましだ／〜するのは＿するようなものだ」

＿部分には"望ましくないのが自明"なことが入り、「〜しても無駄だ」がだいたいの伝達内容になります。

You might as well die as marry such a man.
（そんな男と結婚するくらいならば死んだ方がましだよ。）

■ may/might as well _

may/might as well _ as 〜の as 〜が省略されたものです。（〜部分は not だから省略。）

① You may as well give up calling her.
（彼女に電話するのはあきらめた方がいいよ。）

② You might as well buy me a ring.
（私に指輪を買ってくれた方がいいと思うなあ。）

▶「買うも買わないも変わりがないって言うなら買ってくれておいた方がいいと思うなあ。」という婉曲な言い方。

【may/might as well _】
「＿しないよりは＿する方がましだ」⇒「＿した方がよい」

▶ ただし積極的な理由があるわけではなく、「ほかにはましなことがないので＿した方がいい」といった消極的な理由しかない場合に使う。くだけた表現で「〜してもかまわない」という意味で使うこともある。

例）"Shall we go?"（行きましょうよ？）
"Might as well."（うん、まあ。）
▶ 気のない返事。

Focus 26

【助動詞＋have＋過去分詞】

この表現は、Aの用法とBの用法で2つのパターンに分かれる。ここではふれないが、should, would, might, could の場合、仮定法としてこの形を使うことができる（⇒ P.157）。

❶ Aの用法

You should have seen that show.

（あのショーを見るべきだったのに。）⇒（君にあのショーを見せてやりたかったなあ。）

He should not have attended the party.

（彼はあのパーティーに出席すべきじゃなかったのに。）

should have＋過去分詞、ought to have＋過去分詞、had better have＋過去分詞の形で、**非実現が暗示**される。should と ought to は have＋過去分詞で「～するべきだったのに（実際はしなかった）」、had better は「～した方がよかったのに（実際はしなかったから今のような事態が起こっている）」という意味になる。

さらに need not have＋過去分詞「～する必要はなかったのに」も知っておこう。

	A (主語の行為について 述べる用法)	have＋過去分詞
should	～するべきだ（**S の義務**）	～するべきだったのに
ought to		
had better	～した方がよい	～した方がよかったのに
need	～する必要がある （通常、否定文）	～する必要があったのに 否定文：～する必要はなかったのに

❷ Bの用法

過去の事柄について**現在の判断を述べる**のに使う。

He cannot have told a lie.（彼が嘘をついたはずはない。）

> 過去のある時に彼が嘘をついたかどうかについて、話し手は「可能性はゼロ」だと今の判断を述べている。

There must have been a serious accident.
(重大な事故があったにちがいない。)

should have＋過去分詞、must have＋過去分詞、cannot have＋過去分詞、may have＋過去分詞の形で、**過去のことについて話し手が話している時点での可能性を判断する表現**である。それぞれ「～したはずだ」、「～したにちがいない」、「～したはずがない」、「～したのかもしれない」という意味になる。

> **!** may と might
> ・may have＋過去分詞「～したのかもしれない」
>> ▶ 話し手は**50パーセントくらい可能性がある**と判断している。
>
> ・might have＋過去分詞「(たぶんそのようなことはないと思うが)、～したのかもしれない」
>> ▶ 話し手は**可能性がないと思いつつ危惧している**。
>> また、might have＋過去分詞で許可の意味の延長になることもある。
>> 例) **You knew the answer. You might have told me.**
>>   (君は答えを知っていたのか。僕に教えてくれてもよかっただろうに。)

	B (話者の判断を述べる用法)	have＋過去分詞
should	～はずだ	～したはずだ
must	～にちがいない	～したにちがいない
can	～という可能性もある	～した可能性もある 否定文：～したはずがない
may	～かもしれない	～したのかもしれない

2 仮定法

Core point

　仮定法は、**事実とは距離をとって、事実とは異なる状況を想定した上で気持ちや判断を述べる表現**です。仮定という言葉が誤解を生みやすいですが、日本語（古文）の反実仮想に近いもので、**仮想という方が適切**かもしれません。（事実を述べる法を叙実法、仮定法のことを叙想法とよぶこともあり、こちらの方が直説法、仮定法という表現よりはしっくりくるように思います。）

　「＿ならば～だろうに」という表現が基本で、＿部分（条件といいます）に、次の①～③が置かれます。

【＿部分（条件）】
①話し手が**現在事実ではない**と考えている内容
②**事実に反する過去**の内容
③**これから起きることはないだろう**と話し手が考えている内容

　条件節（if 節）では、**現在のことは現実との距離を表すために過去形、過去のことは過去（事実）との距離を表すために had＋過去分詞**を使います。1つずつ後ろに送って距離をとると考えれば、悩まずに形を選べます。主節の側でもやはり現実と距離を置くことになるので、will ではなく would を使うことになります。

　しかし、「＿ならば」の条件部分が明示されないことも多く、実際には if とい

う接続詞が使われていない仮定法が 80 パーセントくらいだといわれています。

Guideline

1 仮定法の基本形

【基本形の確認】

条件節	帰結節
① If _ 過去形 ［内容は現在（状態）／未来（動作）］	❶ would [could / might / should] ＋原形 ［内容は現在／未来］
② If _ had＋過去分詞 ［内容は過去］	❷ would [could / might / should] have＋過去分詞 ［内容は過去］
③ If _ should ~「ひょっとして」 ［内容は未来］ ※実現の可能性ゼロには使わない	
④ If _ were to ~「~することになれば」 ［内容は未来］ ※実現の可能性ゼロにも使う。主語が I や 3 人称単数でも were を用いる	

2 仮定法の基本例文

213 **If I were not so busy, I would help you.**
（もし僕がこれほど忙しくないならば君を手伝うだろうが。）

214 **If I were you, I would take a taxi.**
（私だったらタクシーを使うでしょうね。）

215 **If I had helped her, she would have succeeded.**
（もし僕が彼女を手伝っていたならば、彼女は成功しただろうに。）

216 **If you should fail, it would be desirable you should try again.**
（ひょっとして失敗することになっても、もう一度やってみる方がいいだろう。）

> 217 **If you were to live anywhere in the world, where would you like to live?** 🔊
> （世界のどこにでも住めるのだとしたら、どこに住みたいですか。）
>
> 218 **If the sun were to rise in the west, I would not do such a thing.** 🔊
> （太陽が西から昇るようなことになっても、私はそんなことはしないだろう。）
>
> 219 **If I had studied at college, I would have little difficulty now.** 🔊
> （大学時代に勉強していたならば、今頃ほとんど苦労はしていないだろうに。）

214 の表現は、相手に助言するときによく使われます。「自分ならば〜するだろう」という方が、「〜しろ」というよりも押しつけがましくない表現になります。**If I were in your place,「もしあなたの立場であれば」という方が If I were you というよりも丁寧な表現**です。

TOPIC 17 「〜がなければ」

イディオムとして、

> 現在 if it were not for 〜 「〜がなければ」
> if が省略された倒置形 ⇒ were it not for 〜
> 過去 if it had not been for 〜 「〜がなかったならば」
> if が省略された倒置形 ⇒ had it not been for 〜

ほかには、**but for** 〜 や、**without** 〜 で表すこともできます。

Focus 27

【if を省略した形】
仮定法の if 節では、if を省略した形が使われる場合もある。この場合、疑問文の形に倒置する。

❶ 213 の if を省略した形
If I were not so busy, ... ⇒ **Were I not** so busy, ...

❷ 214 の if を省略した形
If I were you, ... ⇒ **Were I** you, ...

❸ 215 の if を省略した形
If I had helped her, ... ⇒ **Had I** helped her, ...

❹ 216 の if を省略した形
If you should fail, ... ⇒ **Should you fail,** ...

TOPIC 18　if 節以外の条件の表し方

　仮定法では、主語、あるいは副詞(句・節)に条件が含まれることがあります。(if 節は副詞節の代表と考えておけばよいでしょう。)

① **A wise man** would not say such a thing.
（賢い人ならばそういうことは言わないだろう。）

② **They could have lived** here **happily.**
（ここならば彼らは幸せに暮らせただろうに。）

③ **To hear him speak French**, you would take him for a Frenchman.
（彼がフランス語を話すのを聞けば、あなたは彼をフランス人だと思うでしょう。）

④ The same thing, happening in wartime, would amount to great disaster.
（同じことが戦争中に起きれば大惨事になるだろう。）

また、**特に条件が文中に明記されない場合もあります**。その場合はコンテクスト（文脈＝前後関係やお互いの了解事項など）で判断できると考えられているので、あえて条件を考える必要はありません。助動詞 would, could, might などから、仮定法っぽいと気づけばよいでしょう。

Focus 28

【wish と as if】

❶ wish ＋仮定法

S **wish** S′ V′ 「S′ が V′ すればいいのになあと S が願望する」

V′ の形に注意。以下のように V を基準時として、V′ が時間軸上どこに位置するかで形を決定すればよい。

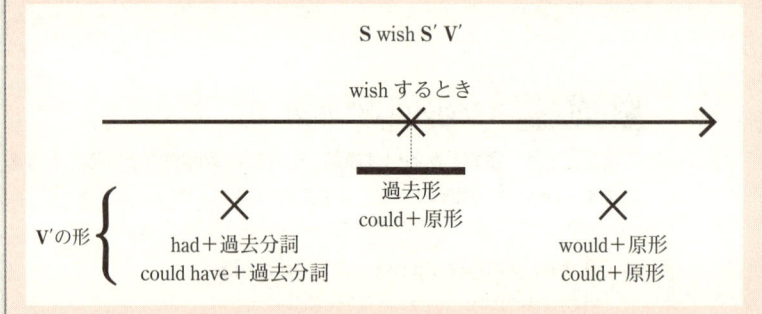

S wish S′ V′

wish するとき

V′ の形：
- had ＋過去分詞 / could have ＋過去分詞（wish するときより前）
- 過去形 / could ＋原形（wish するときと同時）
- would ＋原形 / could ＋原形（wish するときより後）

|過去形|

I wish I were as strong as he is!（彼ほど強ければいいのになあ！）

（＝ I am sorry [It is a pity] I am not as strong as he is.）

|could ＋原形|

I wish I could speak French.（フランス語が話せればいいのになあ。）

（＝ I am sorry [It is a pity] I cannot speak French.）

|could have ＋過去分詞|

I wish I could have talked to her.（彼女に話しかけることができていたらなあ。）

| would＋原形 |

I wish he would do his best.（彼が最善を尽くすことを願う。）

cf. I hope he will do his best.

| had＋過去分詞 |

I wish I had had time.（時間があったらよかったのになあ。）

（＝ I am sorry [It is a pity] I didn't have time.）

❷ as if＋仮定法

S V as if S′ V′「S′が V′するかのように S は V する」

> ⚠ wish 同様、V′の形に注意。wish と同じように、V を基準時として、V′が時間軸上どこに位置するかで形を決定すればよい。

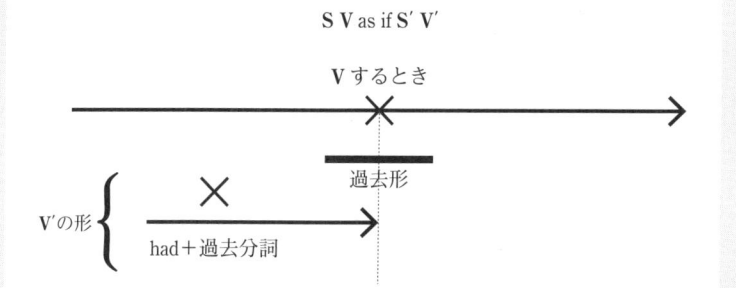

S V as if S′ V′

V するとき

過去形

V′の形 { had＋過去分詞 }

| 現在形（V）、過去形（V′） |

He looks as if he were ill.（彼はまるで病気のようだ。）

cf. It seems that he is ill.

| 過去形（V）、過去形（V′） |

He looked as if he were ill.（彼はまるで病気のようだった。）

cf. It seemed that he was ill.

| 現在形（V）、had＋過去分詞（V′） |

He looks as if he had been ill.（彼はまるで病気であったようだ。）

cf. It seems that he was/has been ill.

> 過去形（V）、had＋過去分詞（V'）
>
> **She talked as if she had seen it.**
> （彼女はそれを見たかのように話した。）／（彼女はそれを見たことがあるかのように話した。）
>
> **He looked as if he had been ill.**（彼はまるで病気であったようだった。）
> cf. It seemed that he had been ill.
>
> ▶ ただし、as if 内部が直接法になることも（informal では）普通である。

TOPIC 19 as if ～ の死角

■ as if の直後の to＋原形、分詞句、前置詞句

as if の直後に to＋原形、分詞句、前置詞句がくることがあります。to＋原形（a chair to sit on / what to do の to）は S would＋原形と同様の用法です（⇒ P.104, 269）。

if の後に S be あるいは主節の反復（SV）が省略されていると考えるとよいでしょう。

① **He opened his mouth as if to say something.**
　（彼は重要なことを言おうとするかのように口を開いた。）
　（⇐ as if he would say something）
　　（something ＝「重要なこと」「重要人物」という意味がある）

② **He disappeared as if by magic.**
　（魔法でも使ったかのように彼は姿を消した。）
　（⇐ as if he had disappeared by magic）

③ **She is behaving as if in her own home.**
　（彼女は自分自身の家にいるかのように振る舞っている。）
　（⇐ as if she were in her own home）

■ (It is not) as if ~ 「何も~というわけではない」

これは「~のようだが、そのように見えるだけで実際はそうではないよね」という表現で、**as if 内部は現実ではないということをクローズアップした表現**です。

① **(It's not) as if I cared.**（気にしているわけじゃありません。）

▶ そのように見えるだけで実際は違う。

② **As if you didn't know!**
（知っているくせに［知らないふりしちゃって］！）

COLUMN5

音読の効用3

第2段階の音読の仕方と効用について説明します。第1段階ではリスニングに有用でしたが、今度はリーディングに役立ちます。音読したものを内部に記憶させることで、**一度に処理できる情報を増やすことができる**からです。

まず、第2段階では読むスピードを上げてください。第1段階では文字と音韻の結び付きを強化し英語のリズムを体得することを目的としましたが、この段階では単語認知、さらには**いくつかの単語の集合の認知の自動化**を目指します。

素早く文字情報を理解するためには、一度に努力なく認知できる量を増やすことが重要です。一般に人が音声を一度に記憶できるのは、2秒で読める量とされています。すると、2秒でたくさんの語を読める方が一度に記憶できる量が増えることになります。つまり**単語を集合として認知できるようになる**わけです。（これは短期記憶であって長期記憶とは異なりますが、一時的に機能するメモリーのレベルを高めることは重要です。）正確さを失わず、速度を上げて音読できるようになりましょう。

この段階では、本書の基本例文くらいの長さのものをスラッシュで切るということはしないでください。短い文をいちいちスラッシュで切っているようでは、一度に情報を処理できる量を増やすことはできません。1行程度の文であれば、一気に発音できるようにしましょう。リーディングには、単語、単語のかたまりを認知し、文法ルールをあてはめ、コンテクスト（文脈）に適合させるという作業が伴いますが、これらを順に自動化していくとスムーズに読めるようになっていくのです。（⇒ **COLUMN6** へ）

6 名詞・冠詞・代名詞
Nouns, Articles, & Pronouns

1 名詞 — P.166
1 可算名詞と不可算名詞の基本
2 不可算名詞として扱われる名詞

2 冠詞 — P.177
1 the(定冠詞)+名詞
2 a/an(不定冠詞)+名詞
3 無冠詞
4 a/an(不定冠詞)と the(定冠詞)の用法

3 代名詞 — P.186
1 人称代名詞
2 it の用法
3 指示代名詞 this と that
4 不定代名詞

6 名詞・冠詞・代名詞
Nouns, Articles, & Pronouns

⊙ track 20~24
問題演習編
Practice 10~12

1 名詞

Core point

名詞を学習する際に英語と日本語で最も異なっている点は、英語には可算名詞と不可算名詞という概念があることです。

この区分は個々の名詞ごとに確定したものではなく、**名詞によっては、可算・不可算のどちらとして扱うかで伝達内容が変わってしまいます**。ですから、名詞ごとに可算か不可算かを暗記するのではなく、まずは可算・不可算とはどういうことなのかのイメージを理解しましょう。「数えられる」(可算)、「数えられない」(不可算) と言われても日本人にはなんのイメージもわきません。

基本となるのは下のイメージです。

A. 可算名詞

① 具体的な形がイメージできてそのイメージが相手と共有できる (「もの」や「ひと」)。
　例) desk, cat など
② はじめと終わりの区切りが明確にイメージできる (こと)。
　例) day, lesson など
③ それが複数ある状態がイメージできる。
　例) apples

B. 不可算名詞

① 具体的な形がイメージできない。
　例) air, tea, peace, love など
② それが複数ある状態がイメージできない。
　例) furniture「家に置かれた家具の集合」

	単数形	複数形
可算名詞	a/an, the, his などとともに使う （原則的に単独では使わない）	○
不可算名詞	a/an とともに使うことはできない	×

Guideline

1 可算名詞と不可算名詞の基本

可算名詞と不可算名詞の考え方の基本について説明します。

a) 具体的な形がイメージできるかどうか

> 220 **I want an apple.**
> （リンゴが欲しい。）
> 221 **Put apple in the salad.**
> （サラダにリンゴ入れてね。）

an apple と言われると、1つのリンゴの形が浮かびますね。それが可算名詞の基本です。（このように、**目に見える形あるものを表す名詞**を普通名詞といいます。）

しかし、サラダにリンゴを入れる場合、先程イメージしたリンゴの形（丸い）のままで入っているとは思えません。そんなサラダ、食べたくないですよね。

サラダに入っているリンゴの具体的な形はイメージできません。その場合、apple は不可算名詞として扱うことになる、これが不可算名詞の基本です。（**形が特定できないものを表す名詞**を物質名詞といいます。⇒P.172）。

Put apple in the salad. (サラダにリンゴ入れてね。)

という形で使います。**可算名詞ならば単独では使えません。**（an apple, apples, the apple などとなるはず。）

これが可算・不可算の一番の基本となります。**「数える」というよりは「具体的な形のイメージ」がポイント**です。

もう少し実例をあげて説明しましょう。room「空間」は、広がりはあっても区切りがない（形がイメージできない）ので不可算名詞です。しかし、空間を区切ってほかと区別できる形にすると room「部屋」になり、可算名詞です。

cow「牛」は可算、beef「牛肉」は不可算です。「牛肉」というだけでは形がイメージできませんね。

	可算名詞 （具体的な形がイメージできる）	**不可算名詞** （具体的な形がイメージできない）
	目に見える形ある「もの」 ＝普通名詞	形が特定できない「もの」 ＝物質名詞
apple		Put apple in the salad.
room	「部屋」 Room 1　Room 2　Room 3	「空間」
cow	cow「牛」	beef「牛肉」

ところが chicken は、「ニワトリ」「ヒヨコ」を表す場合は可算、「鶏肉」だと不可算で、同じ名詞を使います。

① **I had chicken last night.**（昨晩鶏肉を食べた。）
② **I had a chicken when I was young.**
（若い頃ニワトリ［ヒヨコ］を飼っていた。）

このように、可算で使われているか不可算で使われているかの判断が必要になります。

I ate a chicken last night. などと言うと、「1羽丸ごと食べた。」のかと思われてしまいます。フライドチキンを1つ、2つと言いたいのであれば、a piece of chicken / two pieces of chicken というように形を数えることになります。

▶ 形が不明瞭な場合：ひとかたまりを表す piece を使い、**piece を可算として扱う**ことで数を表す。

すると、うかつに I like dog. と言ってしまうと、dog が不可算で使われていることになるので「犬肉が好き。」と受け取られかねません。「犬が好き。」ならば I like dogs. にします。

b) はじめと終わりの区切りが明確にイメージできるかどうか

|222| **I took a rest after reading the first chapter.**
（第1章を読んだ後で休憩をとった。）

たとえば、take a rest「休憩をとる」では rest が可算名詞として扱われていますね。rest は具体的な形はイメージできませんが、**はじめと終わりの区切りが意識できる**からだと考えましょう。

ほかの要注意単語を次ページにとりあげておきます。

> ① **work**
> 「仕事」：不可算名詞（具体的な形がない）
> 「作品」：可算名詞（具体的な形をとったもの）
> ② **kindness**
> 「親切さ」：不可算名詞（具体的な形がない）
> **kindnesses**「さまざまな親切な行為」：可算名詞（具体的な行為［区切りがある］という形をとる）
> 例）**Thank you for your kindnesses.**
> 　　（いろいろ親切にしてくれてありがとう。）
> ③ **democracy**
> 「民主主義」：不可算名詞（具体的な形がない）
> **a democracy**「民主主義国」：可算名詞（具体的な形をとったもの）
> ④ **language, society, culture**
> 「言語」「社会」「文化」：不可算名詞（抽象的概念）
> 「日本語」「アメリカ社会」「フランス文化」など：可算名詞（具体的に固有の形をとる）

　また、**固有名詞**（土地や人の名前などを表す名詞）の扱いにも注意が必要です。大文字で書き始める固有名詞は、通常a/anを付けたり複数形にすることはありません。

　しかし、**I bought a Porsche yesterday.**「昨日ポルシェ（の車）を買った。」のように、「〜の製品、作品」と具体的な形をとるものを表す場合は、**可算名詞として扱うことができます**。

There are two Picassos and a Van Gogh in this gallery.
（この画廊にはピカソの作品が2点とゴッホの作品が1点ある。）

Focus 29

❶普通名詞
目に見えるものを表す名詞。具体的な形がイメージできる。
❷物質名詞
形が特定できないものを表す名詞。具体的な形がイメージできない。
❸固有名詞
土地や人の名前などを表す名詞。通常は a/an を付けたり複数形にすることはないが、具体的な形をとるものを表す場合は可算名詞として扱う。

TOPIC 20 単独で使う可算名詞

先に、可算名詞は原則的に単独では使わないと説明しましたが、**交通手段を表す場合**、たとえば by bus「バスによって」という表現では、bus が**単独で使われています**。

by bus
bus =「バスに乗ること」

これは、バスという乗り物（形がイメージできる⇒可算名詞）そのものではなく、「バスに乗ること」を表しているからだと考えられます。なぜなら、by は手段を表す前置詞で（⇒ P.346）、手段は「もの」ではなく「こと」だからです。しつこく表現すれば、by taking a bus ということになりますが、bus に対する目的は take「乗る」以外考えられません。だから省略してしまえるのです。

go to school「学校へ行く」の school が単独なのも、学校という建物そのものではなく、「勉強しに行くこと」、つまり school の目的である「勉強すること」が焦点になっているからです。「昔通っていた学校に行く」という場合ならば go to the school I used to attend となります。

go to church「教会に行く」や after school「放課後」（「学校という建物の後ろ」ではなく「授業の後」）、さらには at table「食事中で」や at sea「航海中で」も同様に考えられますね。

2 不可算名詞として扱われる名詞

次に、不可算名詞として扱われる名詞（物質名詞・抽象名詞・集合名詞）を知っておきましょう。

a) 物質名詞（具体的な形がイメージできないもの）

> bread「パン」、water「水」、soap「石鹸」、paper「紙」、wood「材木」、rain「雨」、air「空気」、money「お金」など

形を与えて、その形（形が不明瞭な場合は piece）を単数形や複数形にすることは可能です。いくつか例をあげておきましょう。

① **a loaf of bread**（パンのひとかたまり [上方を丸くして長方形に焼いた形]）
② **two slices of bread**（パン2枚）
③ **a glass of water**（グラス1杯の水）
　▶ 容器が形となっている。
④ **a cake of soap**（石鹸1つ）
⑤ **ten sheets of paper**（紙10枚）

単位を与えて数量化することもできます。
⑥ **three liters of water**（3リットルの水）

b) 抽象名詞（具体的な形のあるものではなく、ものの性質や状態を表す語）

> beauty「美、美しさ」、kindness「親切さ」、importance「重要性」など

c) 可算名詞と間違えやすい集合名詞

複数のものが集まった全体（集合体）を表す名詞を集合名詞といいます。可算名詞として扱う場合もありますが、以下のものは複数性がイメージできないので不可算名詞です。

> **baggage**（米）/ **luggage**（英）「（旅行の際の）手荷物」、
> **furniture**「家具」、**equipment**「装備」、**clothing**「衣類」、
> **jewelry**「宝石類」、**information**「情報」、**news**「知らせ」、
> **evidence**「証拠」、**advice**「助言」、**experience**「経験」、
> **machinery**「機械類」、**poetry**「詩（長く続く詩）」、**weather**

■ baggage（米）/ luggage（英）

スーツケースがたくさんあっても、その**全体を指す語なので複数がありえません**。試しに英英辞典を引いてみましょう。

Your baggage consists of the bags that you take with you when you travel.（『コウビルド英英辞典』、以下コウビルド）「baggage は旅行のときに持っていく bags から成る。」

suitcases and bags containing personal belongings packed for travelling（『オックスフォード英語辞典』、以下 OED）「旅行のために詰め込まれた個人の持ち物を入れた suitcases や bags」

suitcases and bags のことなので a はありえないだろうし、さらに複数形にはしないだろうと思えますね。英英辞典で見るとわかりやすくなることは意外に多いものです。

■ furniture

これも、英英辞典を見てみましょう。

Furniture consists of large objects such as tables, chairs, or beds that are used in a room for sitting or lying on or for putting things on or in.（コウビルド）「座ったり寝たり、ものを上に置いたり中に入れたりするために部屋の中で使われる、テー

ブルや椅子やベッドのような大きな objects（もの）から成る。」

the movable articles that are used to make a room or building suitable for living or working in, such as tables, chairs, or desks（OED）「部屋や建物を、生活したり仕事をしたりするのに適するようにするために使われる、テーブルや椅子や机のような動かすことのできる articles（もの）」

■ evidence

equipment, clothing, jewelry, information, news, evidence, advice, experience も同様に、**複数の事実や要素の総体を表す単語**なので不可算名詞なのです。

たとえば「証拠」という日本語を考えると、いかにも１つ、２つと数えられそうですが、英英辞典では *the available body of facts or information indicating whether a belief or proposition is true or valid*（OED）「ある考えや前提が正しいかどうかを示すのに利用できる事実や情報の集合」となっています。evidence はもはや日本語化していますが、「エビデンスを示せ」と言われて１つの fact だけをあげても evidence にはならないということですね。

■ machinery

これは machine「機械」（可算名詞）の集合体です。

■ poetry

これは poem「詩」（可算名詞）がつながってできているもの、ということです。

■ weather

これも不可算名詞です。「ある特定地域の特定時刻の天候状態」のことだからです。すると、複数性がないですよね。

【可算名詞と間違えやすい集合名詞の確認（advice を例に）】

(×) an advice
(○) **a piece of advice**

(×) many advices
(○) **much advice**

(×) some advices
(○) **some advice** （なんらかの助言）
> この場合、some は「いくつかの」ではない。

Focus 30

【注意すべき集合名詞の扱い（衆多名詞）】
family のように人が複数集まった集合体を表す名詞には、注意が必要。

❶単数形、複数形どちらも使えるもの

単数形 **My family is a large one.**
（私の家族は大家族です。）

一人ひとりではなく**家族という単位**でとらえている（family ＝赤の輪）ので、単数で扱っている。

複数形 **My family are all fond of animals.**
（私の家族は皆動物が好きです。）

一人ひとりのことに視点を合わせているので複数で扱っている。

There are 150 families in this village.

（この村には 150 世帯の家族がいる。）

family（＝赤の輪）がたくさんあるので families となっている。

> 同様の扱い方をする単語：class「組」、committee「委員会」、team「チーム」、crew「乗組員」、audience「聴衆」、crowd「群衆」、jury「陪審員」など

❷**単数形で使い、複数扱いをするもの**

people「人々」、police「警察」などは、単数形で使い、複数扱いをする。

The police are looking for the suspect.

(警察はその容疑者を捜している。)

▶ police officer は普通名詞。

ただし people は、「国民・民族」を表す場合、a people, peoples というように普通名詞として扱う。

例) **People tend to believe what many politicians say.**

(人々は多くの政治家が言うことを信じがちである。)

Various peoples live in South America.

(南米にはさまざまな民族が住んでいる。)

2 冠詞

Core point

冠詞は、**名詞の前に置いて、名詞をどういうものとして扱うかを示す働き**をします。**an** apple「1つの不特定のリンゴ」、**the** apple「その（相手にもわかっているはずの）リンゴ」ということです。冠詞は名詞を説明しているので、**品詞としては形容詞に分類することができます**。the（定冠詞）か a/an（不定冠詞）、あるいは冠詞のない無冠詞になるのか、それぞれの働き方を学んでいきましょう。

Guideline

1 the（定冠詞）＋名詞

> 223 **Can we meet at the coffee shop near the station today?** 🔊
> （今日、駅の近くの喫茶店で会える？）

context（前後関係・状況）から、どの名詞（どの駅）のことか聞き手（読み手）が特定できる、と話し手（書き手）が想定している場合に the を使います。

223 では、「どの駅か」「どの喫茶店か」を聞き手も了解していなければ会う約束にはなりませんね。

ほかと違うものとして特定できるということは、**境界線（それ自体の輪郭）がはっきりしている**ということでもあります。

> ⚠ 固有名詞はすでにほかと区別されているので、**定冠詞は付けない。**
> ただし、定冠詞をつけることで、聞き手が特定できるものとして表現することで、固有名詞として認識させるという用法はある。
> （例）Browns ➡ ブラウンさんたち？ ➡ the Browns 君も知っているブラウンさんたち、つまり、あのブラウン家の人たちのこと。
> united states ➡ 州を統合したもの？ ⇒ 統合した州と言えばアメリカだとわかるでしょ ⇒ the United States「アメリカ合衆国」

2 a/an（不定冠詞）＋名詞

> 224 **We are going to open a coffee shop near the station next year.** 🔊
> （来年、駅の近くに喫茶店を開くつもりです。）
>
> 225 **The lady is a kind lady.**
> （その女性は親切な女性だ。）

　どの名詞（どの喫茶店）のことか聞き手が特定できない、と話し手が想定している可算名詞の単数形には **a/an** を付けます。（one of them の響き。）

　224 では、「どの駅か」は聞き手も了解しているものとして話していますが、新たに開く喫茶店が「どの喫茶店か」ということを相手が特定することはできません。

　225 は、the lady が「どの女性」のことを話題にしているかは聞き手も了解しており、その女性が「親切な女性」の中の1人である（one of them）と述べています。こういう場合、be 動詞は＝ではなく⊂（〜に含まれる）を表しています。

TOPIC 21　a/an（不定冠詞）の成り立ちと使い分け

　不定冠詞は、もともと one だったものが an になり、次の単語が子音から始まる場合に n を省略して a になったものです（次の名詞が母音から始まる場合 an を使う：例　an apple）。

　ただし、**母音とは発音のこと**で、母音字（a i u e o に、母音を表すときの y を加えた6個）のことではありません。hour は h から始まりますが、この h は発音しないので an hour となります。同様に、university は u という母音字から始まりますが、発音は [j] という音から始まるので a university となります。an FM antenna, an HIV test, an SOS signal となるのは、発音してみればわかりますね。

3 無冠詞

> 226 **The boys are high school students.**
> (その少年たちは高校生です。)

形がイメージできない名詞（物質名詞・抽象名詞）、あるいは**可算名詞の複数形が総称を表す場合**（例：dogs「犬（全般）」）、無冠詞にします。

226 の the boys は 225 の the lady と同様ですが、high school students が無冠詞になっていますね。the＋複数形だと「その～すべて」を表します。

例) the students（その学生たち全員）

4 a/an(不定冠詞)と the(定冠詞)の用法

a) 対象物による冠詞の使い分け

> 227 **"Look at the moon. It's very bright."**
> (「月を見てごらん。すごく明るいよ。」)
> **"Oh, it's a full moon."**
> (「ああ、満月だ。」)

「月を見ろ。」と言われて「どの月？」と聞き返すことはないでしょう。つまり、聞き手にとって了解できているということです。同じ地球上にいる限り「月」は１つしかないからです。

ところが、満月は月の周期ごとに回ってくる月の様相を表しますから、one of them といえるので a full moon となるのです。もちろん、Mars has two small moons.「火星には小さな月が２つある（フォボスとダイモス）。」この場合、the にならないのはわかりますね。

b) one の意味を表す a/an

> 228 **Rome was not built in a day.** 🔊
> （ローマは1日にして成らず。）

a で one を表します。（a はもともと one が an になり、それから a になったものです。）

c)「～につき」という意味を表す場合

> 229 **We meet three times a month.** 🔊
> （私たちは月に3回会います。）

a/an ＋数量・期間を表す名詞は「～につき」という意味を表します。

例) **Gasoline costs 120 yen a liter.**
（ガソリンは1リットル120円です。）

d)「同じ～の」という意味を表す場合

> 230 **Birds of a feather flock together.** 🔊
> （同じ羽の鳥は群れを成す。）⇒（類は友をよぶ。）

of a/an ＋名詞で「同じ～の」という意味を表すことがあります。ことわざや文章体で用いられ、**口語ではほとんど使いません。**

例) **Two of a trade seldom agree.**
（同じ業種の人はめったに意見が合わない。）

e) 固有名詞に a/an が付く場合

> [231] **I thought I would never get the chance to go out with a Cleopatra.** 🔊
> （私にはクレオパトラのような美女と付き合う機会は絶対ないだろうと思っていた。）
>
> [232] **It's a Sony.**
> （それはソニー製品だ。）

[231] a/an＋固有名詞で「～のような人間」「～とかいう人」という意味を表します。もちろん、one of them と考えられますね。「そういうような人の中の1人」（an Edison「エジソンのような発明家」）「そういう名前の人の中の1人」ということです。

例）**There is a Mr. White at the reception.**
（受付にホワイトさんという方がいらっしゃっています。）

また、an angry Natsuko「怒ったナツコさん」のような表現もありますが、これは「怒ったナツコさん」「にこにこナツコさん」などのナツコさんの複数のバージョンの1つ（one of them）ということです。

[232] a/an＋固有名詞で「～の作品、製品」を表しています（⇒ P.170）。

f) the＋形容詞／分詞

> [233] **The rich are getting richer, and the poor are getting poorer.** 🔊
> （金持ちはますます金持ちになり、貧乏人はますます貧乏になっている。）

the＋形容詞／分詞で「～な人々」を表します。
例）**the injured**（負傷者）
また、the＋形容詞で「～という概念」という意味になることもあります。
例）**the rich**（豊かさ）
▶ [233] では「豊かな人々」

g) 人の身体の部分に対してある動作をする場合

> **234** He patted me on the shoulder. 🔊
> （彼は私の肩をポンと叩いた。）

　人の身体の部分に対してある動作をする、という場合、**V＋人＋前置詞＋the＋身体の部分**という形をとることがあり、その場合、身体の部分の前は所有格ではなくthe になります。「誰の」（所有格）をわざわざ使わなくても、誰の身体の部分であるかすでにわかっているからです。（実際には所有格が使われている例もありますが、いまだに大学入試ではtheのみを正解としているので従っておきましょう。）

　人をOにする場合と人の身体の一部をOにする場合の違いは、前者には「**私全体に影響が及んでいる**」という意識がある点です。他動詞の目的語は動詞の力を直接、あるいは全面的に被るという原則があるからです。すると、たとえば、**grab him by the arm** ならば「彼の腕をぎゅっとつかんで彼を引き止める」、**grab his arm** ならば「彼の腕をぎゅっとつかむ」という違いが生じることになりますね。

h) 「単位ごとに」という意味を表す場合

> **235** Rent is usually paid by the month in Japan. 🔊
> （日本では、家賃は通常月払いです。）

　by the＋単位「**単位ごとに**」という表現です。この意味が生じるのは、**theがほかと区別するはっきりとした輪郭を形成する**からです。

　たとえばレンタル自転車が 300 yen an hour ならば、1時間あたり 300 円で1時間半借りるならば 450 円、ということも考えられますが、300 yen by the hour ならば 1 時間半借りると 600 円になります。1 時間という 1 つの単位（輪郭）はもう細分化できないものと考えられるからです。

i) 総称の the

> 236 **The dog is a faithful animal to man.**
> （犬は人間に忠実な動物です。）

the dog「犬という動物は」は、dog を 1 つの輪郭としてほかの動物と区別している表現です。「犬という動物」≠「猫という動物」というように対比する感じで使い、「犬」の集団内の個々の差異は考えていません。**一般的性質をまとめてとらえているわけです。**このように、個々の性質ではなくまとめてその特徴や性質を述べる場合、「総称」という文法用語が使われます。

▶ **the＋単数形を総称で使う場合、ほかのものと対比するイメージを伴い、個々の差異については認めていない。**抽象的概念として扱うことになるので文体もかたくなる。また、「その犬」という意味にとられる可能性もある。

総称を表したい場合、可算名詞だと the を付けないで複数形にするのが無難です。dogs だと個々の差異も認めながら全体として「犬」を表していることになります。

例) **I like dogs.**（私は犬が好きです。）

▶ I like a dog. だと「ある犬が好きだ。」（⇒どんな犬？）ということになる。the dog だと「その犬」と受け取られやすい。the dogs だと「その犬たちすべて」。（所有格 / the＋複数形は「すべて」の意味を含むことに注意。my friends は「私の友人すべて」で、some of my friends「友人の中の数人」、one of my friends「友人の1人」となる。）

Americans「アメリカ人一般」は「アメリカ人」の中にさまざまな人がいるということを含意した総称ですが、the Japanese「日本人」というのは、日本人というのは皆同じでこういう性質を持っているのだ、というような響きがあります。Japanese people という方が穏やかな総称に感じますね。

TOPIC 22　a/an(不定冠詞)か the(定冠詞)か

さらに詳しく、a/an と the の使い分けを例文とともに見ていきましょう。

① **This is <u>the</u> watch he gave me.**
　（これが、彼が私にくれた時計です。）
② **This is <u>a</u> watch he gave me.**
　（これは、彼が私にくれた時計［の１つ］です。）

①だと、彼が私にくれた時計は１つであって、聞き手も「彼が私に時計をくれたこと」は知っているということになります。
　一方、②は彼が私にくれた時計は複数あるということになります。

③ **She is <u>the</u> girl I talked about yesterday.**
　（彼女が昨日話題にした子だよ。）
④ **Yesterday, I came across <u>a</u> girl you are likely to fall in love with.**
　（昨日、君が恋に落ちそうな女の子と出くわしたよ。）

③では、「昨日話題にした女の子」なのだから「どの女の子」のことか聞き手もわかるだろう、と話し手は想定しています。(ここで「彼女は」ではなく、「彼女が」という訳になっていることにも注意してください。)
　④は、「君が恋に落ちそうな女の子」の中の１人ということですね。
　関係詞が名詞を限定修飾していたら名詞には the が付く、と思っている学習者も多いのですが、a/an か the かきちんと使い分けられるようにしましょう。修飾されることで特定されれば the、修飾された後でもまだ特定しきれない場合には a となるわけです。

⑤ **You are the most beautiful lady in <u>the world</u>.**
　（あなたは世界で一番美しい女性です。）
⑥ **My dream is to live in <u>a world</u> free of poverty.**
　（私の夢は貧困のない世界に住むことです。）

　⑤では「世界」といえばどの世界であるか決まっていますね。世界は1つしかありませんから。また、the most beautiful lady は「一番美しい」のですから1人に決まりますね。
　⑥で a world となっているのは、「貧困に満ちた世界」、「貧困のない世界」というように、世界のさまざまなあり方の中の1つ（one of them）だととらえているからです。

③ 代名詞

Core point

代名詞は「**名詞の代わりをする語**」と書きますが、実際にはそればかりではありません。たとえば、**My name is Kyoji.** という場合の my は、前にある名詞の代わりをしているわけではないのです。「代名詞」という言葉に振り回されずに、主要な語の用法を習得していきましょう。

代名詞の全体像は以下の通りです。

> ①人称代名詞：I, you, he, she, we, they, it
> この延長に次の２つがある。
> **a.** 所有代名詞「～のもの」
>   mine, yours, his, hers, ours, theirs
> **b.** 再帰代名詞「～自身」（self / selves で終わる語）
>   myself, yourself, yourselves, himself, herself, ourselves, themselves, itself
> ②指示代名詞：this, that, these, those など
> ③不定代名詞：one / another / some / any / someone / each other など
> ④疑問代名詞・関係代名詞（⇒ P.265, 273）

Guideline

1 人称代名詞

４人称や５人称が存在する言語もありますが、英語では３人称までしかありません。**話し手が1人称、聞き手が2人称、それ以外は3人称**となります。以下の変化の仕方を確認しておきましょう。

	主格	所有格	目的格	所有代名詞	再帰代名詞
1人称	I	my	me	mine	myself
	we	our	us	ours	ourselves
2人称	you	your	you	yours	yourself
	you	your	you	yours	yourselves
3人称	he	his	him	his	himself
	she	her	her	hers	herself
	it	its	it	—	itself
	they	their	them	theirs	themselves

a) 人一般を指す you / we / they

> 237 **You ought to obey the law.**
> （法律には従うべきだ。）
>
> 238 **We enjoy skiing in August.**
> （私たちは8月にスキーを楽しみます。）
>
> 239 **They sell books and DVDs at the store.**
> （その店では本と DVD を売っています。）

237 の you には、「あなた」「あなたたち」というように聞き手を指す用法以外に、**人一般を指す用法**があります。この場合、**話し手も含みます**。people や one よりもよく使われます。（一般の人を表す one は文章体です。）

238 の we にも一般の人々を指す用法がありますが、we は基本的に **they と対置される言葉**なので、「ほかと違って私たちは」というニュアンスが入ります。この文だと、たとえば南半球の人が北半球の人に「（あなたたちと違って）私たちは8月にスキーをするのだ」と伝えているような響きがあるわけです。

239 の they にも、明確な「彼ら」を表す以外に、**一般の人々を表す用法**があります。they には**話し手と聞き手は含まれていない**ことに注意しましょう。この文では、その店で働いている人一般を指しています。ちなみに They say ～ という文だと、「彼らは～と言っている」という場合と、「～という話だ」（they は特定の人たちではなく世間一般の人たち）という場合があります。

b) 反復を避ける用法

> 240 **His watch is more expensive than mine.**
> （彼の時計は私のよりも高価だ。）
>
> 241 **Jack asked me if he could use my pen.**
> （ジャックは私のペンを借りていいかと聞いた。）

240 my watch ⇒ mine となっています。反復を避けて所有代名詞1語で表しています。

241 he は Jack を指しています。

c) 再帰代名詞の用法

> 242 **The old man killed himself on the street.**
> （その老人は通りで自殺した。）

他動詞の目的語（O）が主語（S）と同じ「ひと」や「もの」である場合、**再帰代名詞**を使います。The old man killed him. だと、その老人は彼（前に述べられている人）を殺した、という意味になります。

また、再帰代名詞には**名詞や代名詞を強調する表現**もあります。

例）**You should do it yourself.**
（それはあなた自身がするべきです。）

2 it の用法

it は**話題の中心点を表す語**です。話し手の**念頭にすでにあることを表す**といってもよいでしょう。

たとえば "What's this?" と聞かれた場合は "It's a kind of PC."「パソコンのようなものだよ。」と答えます。この場合、**this や that は使えません**。「これは何？」と聞かれた段階で「これ」が話題の中心になっているからです。this の代用として it を使っているのではありません。

this や that は対象を直接指すことができますが、it はそれらとは別物なのです。

it は「話し手の念頭にすでにあることを表す」ということを、次の３つのシーンで考えてみましょう。

相手の言葉を受けて "That's it." と言うと、「そうだよ、僕もそう思っていたのだよ。」となります。ここでの that は相手の言葉を指しています。「相手の言葉 (that) ＝話し手の念頭にあること (it)」ということだからです。

That's it. は「それで（注文は）全部です。」という意味にもなります。it が「私が今望んでいるものすべて」を表しているからです。また、その延長で「それで最後だ」という意味になることもあります。

"This is it!" は、"Which is it?"「どっちなの？」に対して "This is it."「こっちだよ。」と答えるときに使います。また、単独で「これこそ私の念頭にあるものだ。」⇒「まさにこれだ。」「これはチャンスだ。」「これで最後だ。」と使ったりします。

a) 話題の中心点の it

> **243** I'll lend you a pen, but please return **it** as soon as you're done with **it**.
> （ペンを貸しますが、使い終わったらすぐに返してください。）

貸してあげるペンのことが話し手の主眼点となっているので、it を使います。

b) 天候などを表す it

> **244** What day is **it** today?
> （今日は何曜日？）
> **245** **It's** very cold today, isn't **it**?
> （今日はとても寒いねえ。）
> **246** **It's** about two miles to the town from here.
> （ここから町まではおよそ2マイルです。）
> **247** **It's** seven thirty.
> （7時半です。）
> **248** How's **it** going?
> （調子はどう？）

時や天候、距離、状況などを表す it は、「**話し手が主眼点としてとりあげたい周囲の環境**」を表しているところからきた表現だろうと考えられます。聞き手も何の話だか共有できるだろう、という前提があるわけです。

c) it = to 〜 / that 〜 / 疑問詞の節

> 249 **It** is fun to learn new things.
> （新しいことを知るのは楽しい。）
>
> 250 I think **it** impossible to solve all the problems. 🔊
> （すべての問題を解決するのは不可能だと思う。）
>
> 251 **It** is important that you should study English.
> （英語を勉強することは重要です。）
>
> 252 **It** doesn't matter who will do it. 🔊
> （誰がするかは問題ではない。）
>
> 253 **It** makes no difference to me whether he comes or not. 🔊
> （彼が来ようが来るまいが、そんなことは私には関係ない。）

it = to 〜 / that 〜 / 疑問詞の節となるのも、it ＝すでに話し手の念頭にあることだよ、と聞き手の注意を向けさせてから、後ろで説明しているのだと考えられます。

253 whether 節は副詞節なので it ＝ whether 節とは言いにくいですが、「そんなことは関係がない」⇒どんなことかはすでに話し手の念頭にあるが相手はわかっていない⇒「彼が来ようが来るまいが」とあきらかにしている、というように左から右に情報を伝達しているのだと考えましょう。これは whether 節と if 節の場合に生じる形です。

例） **It may be nice if you get better at English without any effort.**
（努力を全くしないで英語が上達するというのであれば、それは素晴らしいことかもしれない［がね］。）

▶ may は譲歩。

3 指示代名詞 this と that

これらは it とは違って、**対象を直接指す語**です。

> **this**：心理的に**話し手に近いもの**（話し手の領域内にあるもの）を指す。
> **that**：心理的に**話し手から遠いもの**（話し手の領域外にあるもの）を指す。

a) 典型的な this と that の用法

> 254 **Which do you like better, this or that?**
> （これとあれだと、どっちが好きですか。）
>
> 255 **Work and play are both necessary: this gives us rest, and that gives us energy.**
> （仕事と遊びはどちらも必要だ。後者［＝遊び］は休息を、前者［＝仕事］は活力をもたらしてくれる。）

255 this は近いもの、that は遠いものを指すので、**this は後者**、**that は前者**となります。

b) 直後の文の内容を指す this の用法

> 256 **Keep this in mind: human beings are not perfect.**
> （このことを覚えておきなさい。人類は完璧ではないのです。）

this には、**すぐ次の文の内容を指す用法**もあります。これから述べることに聞き手の注意を引くために使われます。

c) 予告の that / those

> 257 She smiled with **that look** of motherly tenderness which is natural to all women.
> (彼女は、すべての女性に備わっているあの母性的な優しさを見せてほほえんだ。)
>
> 258 **Those** (people) who drink a lot are likely to get liver cancer.
> (たくさんお酒を飲む人は肝臓がんにかかりやすい。)

this と that には「この」「あの」というように、**形容詞的に名詞を修飾する用法**もあります（例：this man「この人」、that man「あの人」）。

257 that＋名詞には、**後ろで形容詞（関係詞節や形容詞句）によってその語を説明するということを予告する用法**もあります。

258 の場合、who は人を先行詞にすると決まっているので、people は省略され those who ～「～な人々」となることが多いです。

d) 反復を避ける代用語としての that / those

> 259 The population of Tokyo is larger than **that** of Osaka.
> (東京の人口は大阪［の人口］よりも多い。)
> ▶ that ＝ the population
>
> 260 The ears of an African elephant are bigger than **those** of an Indian elephant.
> (アフリカ象の耳はインド象［の耳］よりも大きい。)
> ▶ those ＝ the ears

that には、**すでに述べられた名詞の反復を避ける代用語としての用法**もあります。これは前の対象を指しているのではなく、同じ語の反復を避けるための用法です。**the＋前に出てきた名詞⇒ that / those** となります。

e) 直前の文の反復を避ける代用語の that

> 261 **Send for the doctor, and that immediately.**
> （医者をよびに行かせなさい。しかも直ちに。）

命令文 , and that ＋副詞という用法があります（主にイギリス英語。アメリカ英語では and do it immediately）。この場合、**that は命令文を反復している**と考えられます。Send for the doctor, and send for the doctor immediately.「医者をよびにやれ、それも直ちによびにやれ。」と反復して強めているわけです。日本語にすると and that で「**しかも**」となります。

もちろん She is clever, and that pretty. というような表現はありえません。~, and she is clever pretty. という文はありえないからです。「しかも」⇒ and that という覚え方は危険です。

4 不定代名詞

特定のものを具体的に指すのではなく、**不特定の人やもの、数量などを表すのに使われる代名詞**です。

a) one の用法

> 262 **I have lost my pen. Now I have to buy one.**
> （ペンをなくしてしまった。ペンを買う必要がある。）
>
> cf. **I have lost my pen. Now I have to find it.**
> （ペンをなくしてしまった。そのペンを見つける必要がある。）
>
> 263 **This watch is similar to the one I have.**
> （この時計は私が持っている時計と似ている。）

262 の one は a pen を表しています。it だと「今話題になっている pen」を表すことになります。

263 the one は the watch。これは**可算名詞の反復を避ける代用語**です。

① **a/an＋名詞＝ one**（例：a watch ＝ one）
② **this/that/the＋名詞＝ this/that/the one**
③ **a/an＋形容詞＋名詞＝ a/an＋形容詞＋one**
　（例：an expensive watch ＝ an expensive one）
④ **some＋形容詞＋名詞（複数形）＝ some＋形容詞＋ones**
　（例：some expensive watches ＝ some expensive ones）

b) another / the other の用法

264 **The two sisters are so alike that I cannot tell one from the other.**
（その姉妹はとても似ているので、私には２人の区別がつかない。）

265 **One of my brothers is a doctor, and the others are college students.**
（私の兄弟の１人は医者だが、ほかはみんな大学生です。）

266 **This watch is too expensive. Please show me another.**
（この時計は高すぎます。別のを見せてください。）

267 **Don't speak ill of others behind their backs.**
（陰で他人の悪口を言うな。）

268 **Will you please give me another glass of water?**
（水をもう１杯ください。）

269 **In my town, houses are now being built one after another.**
（私の町では今、次々と家が建てられています。）

270 **It is one thing to form a plan and quite another to carry it out.**
（計画を立てるのと実行するのは全く別のことだ。）

271 **They smiled at each other.**
（彼らはほほえみ合った。）

272 **I will do it in one way or another.**
（なんらかのやり方で、それをやるつもりです。）

264 ～ 266 another は an＋other（不定冠詞）で、the other は the が定冠

詞（指している対象が明確に定まる）だということを意識しておけば、使い分けられます。another と other の概念を、下の図で理解しましょう。

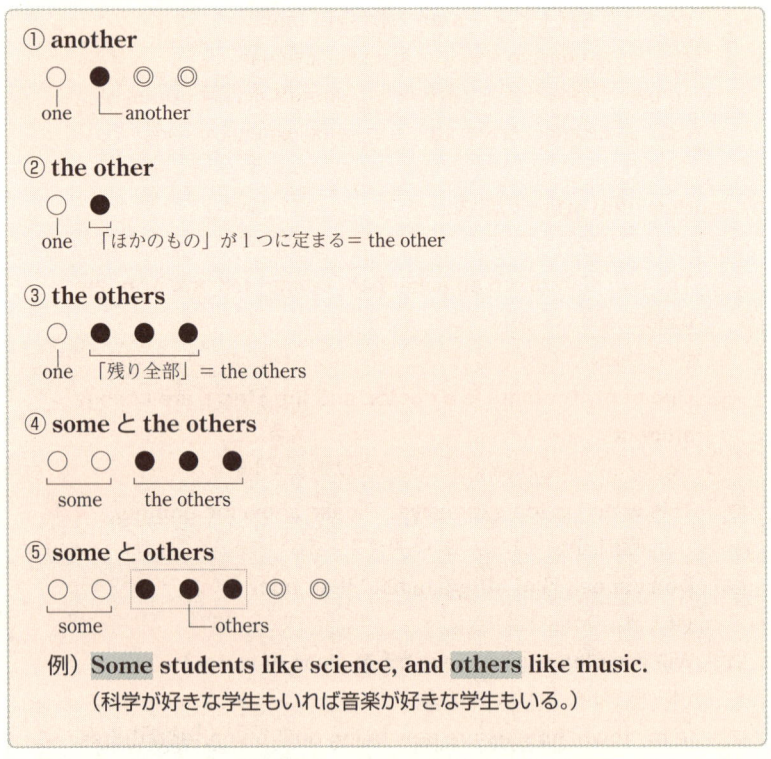

---

① **another**

○ ● ◎ ◎
one └ another

② **the other**

○ ●
one 「ほかのもの」が1つに定まる＝ the other

③ **the others**

○ ● ● ●
one 「残り全部」＝ the others

④ **some と the others**

○ ○ ● ● ●
some the others

⑤ **some と others**

○ ○ ● ● ● ◎ ◎
some └ others

例) **Some students like science, and others like music.**
（科学が好きな学生もいれば音楽が好きな学生もいる。）

---

267 other persons「他人」を others で表すことができます。また、**other＋前に出てきた名詞（複数形）** も others で表すことができます。

■慣用的表現

268 another で「さらに加えて」という意味を表すことがあります。

269 one after another で「次々と」を表します。

270 one thing「1つのこと」、another thing「別のこと」という語を使った慣用表現です。

例) **A is one thing, and B is another.**（A と B は別物だ。）

271 each other / one another は「**お互い**」という意味の表現ですが、**名詞として扱うことに注意**。

(○) love **each other**

(○) talk <u>with</u> **each other**

(×) talk each other

> ❗ talk＋人とはいえない（⇒ P.51）。

272 one＋名詞＋or another で「**なんらかの名詞**」（「1つ、あるいは別の〜」）を表します。

c) some と any

> 273 There are **some** strange animals in this area. 🔊
> （この地域には何種類かの不思議な動物がいます。）
>
> 274 Is there **any** possibility of his coming back? 🔊
> （彼が帰ってくる可能性がありますか。）

some「**いくらかの**」（存在しているのはたしかだが、数量は［多くはないが］はっきりしない）ということを表しています。名詞を修飾する形容詞ですが、some 単独で名詞として使うこともあります。

① **There is some water in that bottle.**
（あの瓶には少し水が入っている。）

② **There are some who disagree with this plan.**
（この計画に賛成しない人もいる。）

▶ some = some persons

some は基本的に**漠然としていることを表す語**です。

例) **in some way**（なんらかのやり方で）

▶ やり方はあるが、それがなんだかははっきりしない。

someが**疑問文で使われることもあります**。その場合、存在していることを前提としています。

③ **Is there something wrong with this car?**
（この車、どこかおかしいのですか。）

④ **Is there anything wrong with this car?**
（この車におかしいところがありますか。）

③は、おかしいところがあるという前提で話していて、「どこがおかしいのか」を尋ねています。

一方、④は「おかしいところがあるかないか」を聞いている疑問文です。

ですから次のような場面ではsomeを使います。（存在していることがたしかでないと勧誘できませんよね。）

例）**Why don't you have some wine?**（ワインをお飲みください。）

d) none, all, each

> 275 **None of the students want to study abroad.**
> （その生徒たちの中には、留学したい者は1人もいません。）
> 276 **All her sons were killed in World War II.**
> （彼女の息子は皆、第2次世界大戦で戦死した。）
> 277 **Each of the three boys has got a prize.**
> （その3人の少年たちはそれぞれ表彰された。）

275 noneは、3人以上の人や3つ以上のものについて「誰も（どれも）…ない」という意味を表します。

276 allは「すべての」という意味の形容詞です。**allとbothは、後ろに所有格や定冠詞がくることができる**という点で、ほかの形容詞とは語順が異なります。allの後にくる名詞が漠然とした「もの」「ひと」「こと」である場合、あるいは前出の名詞の繰り返しになる場合、名詞を省略してall / bothだけで名詞として使うことができます。

277 eachは「それぞれの」という意味の形容詞ですが、代名詞として使うこともできます。

① **Each** student is to be given a prize.（形容詞）
(それぞれの生徒は賞品を与えられます。)

② **Each** of these girls has a boyfriend.（代名詞）
(この女の子たちにはそれぞれ彼氏がいます。)

e) both, either, neither, something

> 278 **Both** of my parents were brought up in Okinawa.
> (私の両親は2人とも沖縄育ちです。)
>
> 279 **Either** of your parents should attend the meeting.
> (あなたの両親のどちらかが、その会合に出席しなければいけません。)
>
> 280 **Neither** of my parents is alive.
> (私の両親はどちらも生きていません。)
>
> 281 There is **something** strange about her dress.
> (彼女の服はどことなく不思議だ。)

278 both は2人の人、2つのものの**両方**を表します。

279 either は「2人の人、2つのもののどちらか」あるいは「どちらでも」という意味です。

both と either は形容詞として使うこともできます。

例) **in either case**（どちらの場合にも）
    both sides of the road（道の両側）

280 neither は **either** に **not** を付けた表現で（n だけ残っている）、「2人の人、2つのもののどちらも…**ない**」という意味です。

281 strange は thing を修飾しています。some strange thing と同じことですが、something を1語で使っているので something strange という語順になっています。(-thing を形容詞が修飾する場合は後置修飾。)

▶ COLUMN6

音読の効用4

　いよいよ音読最終段階です。この段階では、音読の数秒後に**テキストを見ずに例文を発音してみましょう**（復唱）。前段階より脳に負荷をかけることになりますが、脳は負荷がかかる作業をうまくこなせると**より活性化する**という性質を持っています。黙読よりは音読、音読よりは音読プラス復唱の方が脳に負荷がかかる作業となります。負荷がかかりすぎると脳はむしろ働かなくなるので、これまで段階を分けてきたのです。

　文を思い出すには、文法ルールと文意の理解が必要になります。音声そのものが頭に残るのは2秒、それを超えた時間に対しては全体像の理解がないと再生できません。暗唱する必要はありませんが、少なくとも15秒は文全体が頭に残っている状態を作りましょう。人間の短期記憶はほぼ15秒なのです。

　その短期記憶を、**長期記憶に変える**ことで音読の役割は完成します。知識が長期記憶にストックされると、初めて見る文に対しても正しく反応できるようになります。そのためには、**反復＋すでに知っている知識とのつながりを作る**ことが必要です。脳は、生存するのに不要な情報は忘れるようにできていますが、反復されるとそれが重要な情報だと判断します。ですから、時々繰り返しておくことで、生存に必要な情報だと思わせるのです。

　次に既知の情報と結び付けることで、情報は個別なものでなく全体像の中に位置づけられ長期記憶となります。本書の基本例文は同じ単元で習う項目が並んでいますから、例文の順に連続して復唱していくことでつながりが作られていきます。**1回10分程度の音読を繰り返し、日を置いて同じ部分の音読を行うようにしましょう。**

7 形容詞・副詞
Adjectives & Adverbs

1 形容詞 — P.202
1 限定用法と叙述用法の注意点
2 数量を表す形容詞
3 確信を表す形容詞 (sure と certain)

2 副詞 — P.212
1 副詞の位置の原則
2 副詞の注意点

7 形容詞・副詞
Adjectives & Adverbs

🎧 track 25-26
📖 問題演習編
Practice 13

修飾語（説明を加える語）のうち、**名詞を修飾する語は形容詞**、**名詞以外を修飾する語は副詞**です。（英語では adverb といい、ad「加える」＋ verb「動詞」、つまり動詞に加えるという意味ですが、**副詞は動詞修飾に限りません。**）

さらに副詞には接続副詞（however や therefore など）もあります。これらは修飾語には見えませんが、副詞に分類されています。**ほかの品詞に分類できなければ副詞**と思っておいても差し支えありません。

1 形容詞

Core point

形容詞は、**名詞を限定する用法**と、**名詞の状態を説明する用法**があり、それぞれ限定用法、叙述用法とよびます。

> ①**限定用法**（名詞を限定する用法）
> 例）the tall boy（その背の高い少年）
> 　※さまざまな少年の中でどういう少年かを限定する、言いかえるとほかの少年と区別する。
> ②**叙述用法**（名詞の状態を説明する用法）
> 例）This boy is tall.（この少年は背が高い。）

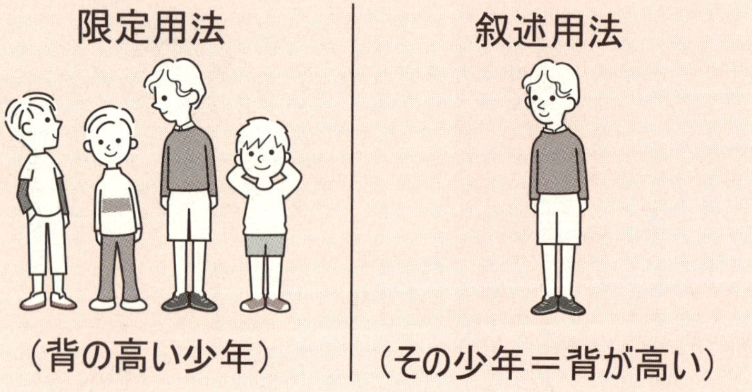

限定用法　　　　　　　　叙述用法

（背の高い少年）　　　　（その少年＝背が高い）

Guideline

1 限定用法と叙述用法の注意点

たいていの形容詞はどちらの用法でも使えますが、一方でしか使えないもの、使い方によって意味の違いが生じるものについては注意が必要です。

> 282 **That's right.**
> （それは正しい。／その通りだね。）
> 283 **Put the right hand out.**
> （右手を出しなさい。）

たとえば right は、「正しい」という意味では、282 や the right answer「正しい答え」というように叙述用法でも限定用法でも使えます。しかし、「右の」という意味では、283 the right hand「右手」のように限定用法でしか使えません。

限定用法の形容詞は、**代名詞を修飾しません**。（代名詞はすでに限定されているからです。）

（×）I saw a sad her.（私は悲しんでいる彼女を見た。）

「悲しんでいる」のは彼女の一時的な状態であって、「彼女の中で sad な人」というのでは意味がわかりませんね。もちろん、**I saw a sad student in the morning.**「今朝、悲しそうな生徒を見た。」は正しい用法です。**固有名詞ならば修飾可能**です。
例）**an angry Natsuko**（怒ったナツコさん）（⇒ 231 P.181）

また、フランス語やイタリア語では基本的に、形容詞は名詞の後ろに置くのですが、**英語では前に置いたり（前置修飾）後ろに置いたり（後置修飾）する**ので、注意する必要があります（⇒ TOPIC 23 P.205）。

Focus 31

❶限定用法でしか使えない形容詞
a <u>mere</u> child「ただの子ども」／ the <u>only</u> one「唯一のもの」（ちなみに <u>only</u> one は「1つにすぎない」）／ his <u>elder</u> sister「彼の姉」／ the <u>main</u> course「主要なコース」／ the <u>total</u> number「総数」

❷叙述用法でしか使えない形容詞
一時的な状態を表すものが多い。

asleep「眠っている」／ **awake**「起きている」／ **afraid**「恐れている」／ **alive**「生きている」／ **alone**「ほかと切り離されている」／ **worth**「価値がある」／ **content**「満足している」／ **well**「元気である」

(×) asleep babies ⇒ (○) sleeping babies
(○) The babies are asleep.（その赤ちゃんたちは眠っている。）

▶ the old man asleep のように、**一時的な状態を説明**するのに**後置修飾として使うのは可**。

(○) a baby asleep in bed

▶ a baby who is asleep in bed と同様に考える。

asleep などの a- は、もともと**前置詞の in/on**（今、～という状態にある）だった。すると、もともと句だったのだから前置できないということはわかるだろう（⇒ TOPIC 23 P.205）。

❸限定用法と叙述用法で意味が異なる形容詞
a) late
[限定用法] the late news report（最近のニュース記事）
the late Mr. Smith（故スミス氏）

▶ 最近亡くなった人に使う。

[叙述用法] I was late for school yesterday.（私は昨日遅刻した。）
b) present
[限定用法] the present Prime Minister（現在の総理大臣）
[叙述用法] He was present at the meeting last month.
（彼は先月の会合に出席した。）

c) certain
|限定用法| to a certain degree（ある程度）
|叙述用法| I am certain this is the best way.
（私はこれが最善の方法だと確信している。）

ただし、a certain cure for the disease「その病気に効く治療法」というように「信頼できる、頼りになる」の意味では、叙述用法でも限定用法でも使える。

TOPIC 23　形容詞の位置

分詞の形容詞的用法（⇒ P.105）も同様です。

■ **形容詞句（節）が名詞を修飾する場合**

名詞の後ろに置きます（後置修飾）。

a basket full of oranges（オレンジでいっぱいのかご）

■ **１語が名詞を修飾する場合**

原則的に、前に置きます（前置修飾）。

a wonderful game（素晴らしい試合）

しかし、一時的な状態であることや特定性が高いことをはっきり表す場合は後ろに置きます（後置修飾）。asleep などは一時的状態を表す語なので、１語でも後置します（⇒ Focus31 P.204）。

information available（今利用できる［入手できる］情報）

１語で後置修飾されている場合には、文を素直に読み進めにくくなることが多いので注意が必要です。

① the man responsible（責任者）
▶ ある特定のことに責任を持っている人。

②**every means imaginable**（想像できる限りのあらゆる手段）

-ible や **-able** で終わる語は「今〜されうる」という意味なので、**後置されやすくなります**。特に **all, every, no** や、**最上級の形容詞**が修飾する名詞に対しては、**後置されることが多い**です。

③**all possible assistance ≒ all the assistance possible**
（できる限りのあらゆる援助）
▶ 名詞の後ろに置いた方が強意的。

④**the persons concerned**（関係者）
▶ ある特定のことに関係している人たち。

⑤**The answer required is "yes".**
（今必要とされている答えは「yes」だ。）

なお、**形容詞句には前置詞句（前置詞＋名詞）、形容詞節には関係詞節も含まれます**。

例）**compensation for injuries at work**
（就業中の怪我に対する補償）
▶ for injuries at work は compensation を、at work は injuries を修飾している。

2 数量を表す形容詞

形容詞の概要を学んだ後は、形容詞の種類について見ていきましょう。

a) 数を表す形容詞 many

> 284 **Many agree with your plan.**
> （多くの人が君の計画に賛成している。）

many は数が多いことを表し、**可算名詞**の複数形の前に置きます。後ろの名詞がものや人、前の名詞の繰り返しの場合、それらを省略して many だけで代名詞として使えます。

b) 量を表す形容詞 much

much は量が多いことを表し、**不可算名詞**の前に置きます。

> 285 **I don't have much money.**
>
> （私は多くのお金を持っていない。）

後ろの名詞が漠然としている場合、much だけで代名詞として使えます。
程度を表す副詞としても使えます。
例）**Thank you very much.**（ありがとうございます。）

Focus 32

❶ a lot of 〜 / lots of 〜
数にも量にも使える。lots of 〜は a lot of 〜よりくだけた表現。
通常、肯定文で使われる。

❷ few と little の表現

a) a few
数が少ないことを表す。**可算名詞の複数形の前**に置く。many 同様に単独で代名詞として使える。

b) a little
量が少ないことを表す。**不可算名詞の前**に置く。**単独で代名詞として、さらには程度を表す副詞**としても使える。
例）**I know him a little.**（彼のことを少し知っている。）

▶ 「小さな」という意味では**可算名詞の前**で使う。
　例）**a little child**（小さな子ども）

c) few
「ほとんど…ない」（数）。可算名詞の複数形の前で使う。

d) little

「ほとんど…ない」（量）。**不可算名詞の前**で使う。単独で代名詞として、さらには程度を表す副詞としても使える。

> ▶ 「小さな」という意味では**可算名詞の前**で使う。
> 例) **little** children（小さな子どもたち）

e) quite a few / not a few

「少なからず」（数）。**可算名詞の複数形の前**で使う。

例) I read **not a few** books for this report.

(このレポートのために読んだ本は少なくありません。[かなり多くの本を読んだ。])

f) quite a little / not a little

「少なからず」（量）。**不可算名詞の前**で使う。程度を表す副詞としても使える。

3 確信を表す形容詞（sure と certain）

これらは主語の確信と話し手の確信を述べる形容詞です。両者の違いは、**sure は主観的確信、certain は客観的な確実性**を前提として述べているということです。

a) 主語の確信

286 **I'm sure he will like you.**
(彼は君のことをきっと好きになるよ。)

287 **He is sure of passing the exam.**
(彼はその試験に合格することを確信している。)

288 **I am certain that she will succeed.**
(彼女が成功することを私は確信している。)

289 **He is certain of her coming to the party.**
(彼は彼女がパーティーに来ることを確信している。)

be [sure/certain] [of/that] ～で表現します。

b) 話し手の確信

> 290 **He is sure to like you.**
> （彼は君のことをきっと好きになるよ。）
>
> 291 **She is certain to succeed.**
> （彼女は確実に成功するだろう。）
>
> 292 **It is certain that she will come to the party.**
> （彼女がパーティーに来るのは確実だ。）
>
> ❗ It is sure that ～という用法はない。

be [sure/certain] to ～ / It is certain that ～で表現します。

Focus 33

【同一語幹の形容詞の識別】

- industrial 「産業の」
- industrious 「勤勉な」
- successful 「成功した」
- successive 「連続した」
- momentary 「一時的な」
- momentous 「重要な」
- considerable 「相当な」
- considerate 「思いやりのある」
- negligible 「無視できる」
- negligent 「怠慢な」
- artistic 「芸術の」
- artificial 「人工的な」
- respectful 「敬意を払って」
- respectable 「まともな」
- respective 「各々の」
- imaginative 「想像力に富む」
- imaginable 「想像できる」
- imaginary 「想像上の」

- comparable 「比較できる」
- comparative 「相対的な」
- economic 「経済の」
- economical 「経済的な」
- social 「社会的な、社交的な」
- sociable 「人付き合いの良い」
- childish 「子どもっぽい」
- childlike 「子どもらしい」
- confident 「自信のある」
- confidential 「内緒の」
- beneficial 「有益な」
- beneficent 「慈善心に富んだ」
- literary 「文学の」
- literal 「文字通りの」
- literate 「読み書きできる」
- sensible 「分別のある」
- sensitive 「敏感な」
- sensuous 「感覚的な」

TOPIC 24 行為主体を主語にしない形容詞

■ -ible や -able のつく形容詞

possible, regrettable, desirable などの形容詞は、He is regrettable. というように**人を主語にできない**とされています。**-ible, -able** が「**～されうる**」という**受動的な意味を持っているから**です（例：*credible* = *able to be trusted or believed*『コウビルド英英辞典』）。

ですから He is possible to do this work. とはいいません。He is able to do this work. といいます。これが、**人を主語にしない**ということなのです。正確に言うと、**行為の主体を主語にしない**ということです。実は He is possible to persuade.「彼を説得することは可能だ。」と言うことは可能です。彼は説得されうる、ということだからです。

regretful は「**後悔の念をいっぱい持って**」ですから**人が主語**、regrettable は「**後悔される（残念に思われる）に値するような**」⇒「**残念な**」ですから、**ことが主語になるのが普通**なのです。

■ その他、頻出の形容詞

同様に、**人を主語にとらない形容詞**としては convenient が頻出です。これは「**もの・時・場所が人にとって都合がいい**」、限定用法では「**（ものが）人にとって使いやすい**」（⇒ものは使われるわけです）という意味です。**行為の主体は主語にとらない**だろうと理解できますね。

Visit me if it is convenient for/to you.
（都合が良ければ私の家にお越しください。）

necessary「**（こと・ものが）必要な**」も、**人を主語にとりません**。英英辞典で見ると *something that is necessary is needed in order for something else to happen*「necessary なものとは、ほかのことが起こるのに必要とされるもの」（『コウビルド英英辞典』）「必要とされるもの」となっています。

「**（人が）～にとって必要な**」というときは、**needed** を使うのが普通です。

He is needed for the company.
（彼は会社に必要だ。）

また、話は少し変わりますが、dangerous も要注意単語です。これは「**人を危険な状態にさせるような**」という意味なので、He is dangerous. というと「彼は危険人物だ。」「彼はアブナイ奴だ。」となります。危険にさらされている状態は be in danger といいます。

① **This river is dangerous to swim in.** （⇒ 147 P.114）
　（この川は泳ぐには危険だ。）

② **He is in danger of death.**
　（彼は死の危険にさらされている。）

2 副詞

Core point

副詞は**様態・場所・時間・頻度**などを表すことが多く、それぞれ例をあげると slowly, here, then, often などです。形として一番多いのは、**形容詞に -ly を付けた形容詞派生型**（actively, kindly など）です。（名詞に -ly を付けると形容詞になります。例：friendly「友好的な」）

また、**名詞に -wise を加えて副詞になっている語もあります。wise という接尾辞は** way と考えて、「～の点で」、「～のように」、「～に関して（関する限り）」といった意味を加えるものです。

① **age-wise**（年齢に関する限り）
② **clock-wise**（時計回りのやり方で）

Guideline

1 副詞の位置の原則

副詞は、個々の語の用法だけではなく、**修飾の仕方と置かれる位置について理解する必要**があります。副詞の位置は比較的自由度が高いのですが、原則はきちんと理解しておくべきです。

Focus 34

【副詞の位置の原則】
❶**形容詞・副詞を修飾**：程度を表す⇒通常、修飾する語の直前
❷**動詞修飾**：様態や方法を表す⇒通常、動詞の前後
❸**文修飾**
a) 場所や時間を表す　⇒　通常、文末。文頭に移動してもよい
b) 頻度を表す　　　　⇒　通常、動詞の直前か be 動詞・助動詞の直後
c) 判断や感情評価を表す⇒　通常、文頭か動詞の直前、be 動詞・助動詞の直後

次の基本例文は、293 が Focus34 の❶、294 と 295 が❷、296 が❸ a)、297 と 298 が❸ b)、299 と 300 が❸ c) に対応しています。副詞の位置の原則を

おさえておきましょう。

> 293 **This watch is ridiculously expensive.**
> （この時計は、ばかばかしいほど高い。）
>
> 294 **I really like him.**
> （私は本当に彼が好きだ。）
>
> 295 **He spoke slowly.**
> （彼はゆっくり話した。）
>
> 296 **I happened to see her yesterday.**
> （昨日偶然彼女に会った。）
>
> 297 **She always had boyfriends.**
> （彼女にはいつも彼氏がいた。）
>
> 298 **I would often go fishing in the river when I was young.**
> （若い頃はよく川に釣りに行ったものでした。）
>
> 299 **Unfortunately, he missed the last train.**
> （不運なことに彼は最終電車に乗れなかった。）
>
> 300 **He was naturally disappointed.**
> （彼は失望したが、それは当然だった。）

2 副詞の注意点

形容詞に -ly を付けると自由に副詞を作ることができますが、**-ly を付けることで別の意味を持つものもあるので要注意**です。間違えやすいものを整理しておきます。

① ┌ **hard**　　「かたい」「難しい」「熱心な」（形容詞）、「熱心に」（副詞）
　└ **hardly**　「ほとんど〜ない」（副詞）

② ┌ **near**　　「近い」（形容詞）、「近くに」（副詞）
　└ **nearly**　「あやうく」「ほとんど」（副詞）

③
- late 「遅い」「遅れて」（形容詞）、「遅く」「遅くまで」（副詞）
- lately 「最近」（副詞）

④
- just 「正当な」（形容詞）、「ちょうど」（副詞）
- justly 「正当に」（副詞）

⑤
- most 「ほとんどの」（形容詞）、「最も」（副詞 much の最上級）
- mostly 「通常、だいたいの場合」（副詞）

⑥
- high 「高い」（形容詞）、「（空間的に）高く」（副詞）
- highly 「高度に、（程度として）高く」（副詞）

また、**様態と判断（感情評価）の両方で使うことができる副詞**は、位置によって、どちらとして使われているかを判断する必要があります。

---

301 **He did not die happily.**
（彼は幸せな死に方をしなかった。）

302 **Happily, he did not die.**
（幸い、彼は死ななかった。）

303 **He answered the question foolishly.**
（彼はおろかな返答をした。）

304 **He foolishly answered the question.**
（彼はおろかにもその質問に答えた。）

---

301 の happily は様態で die を修飾、302 の happily は感情評価で文修飾「彼が死ななかった」ことについて話し手が happy だと評価しています。

303 の foolishly は方法・仕方で動詞 answer を修飾、304 の foolishly は文修飾で、「質問に答えたこと」について話し手が foolish だと判断しています。

Focus 35

【名詞と誤りやすい副詞】

❶ to や in をつけてしまいそうな副詞

- overseas 「海外で／海外に／海外へ」
- abroad 「外国で／外国に／外国へ」
  go abroad 「外国に行く」（go to abroad ×）
  live abroad 「外国に住む」（live in abroad ×）
- indoors 「屋内で／屋内に／屋内へ」
- outdoors 「屋外で／屋外に／屋外へ」
- upstairs 「上階で／上階に／上階へ」
- downstairs 「階下で／階下に／階下へ」

ただし、**前置詞 from の後に置くことはできる**。意味に「〜から」が含まれないからだ（⇒ TOPIC41 P.338）。

❷ 名詞・副詞どちらとしても用いられる語（名詞の場合、冠詞や所有格とともに使う）

- home
  例）go home ／ go to his home
- north, south, east, west
  例）go east ／ go in the east
- downtown
  例）go downtown ／ go to the downtown

TOPIC 25　名詞を副詞的に使う用法

■動作・移動・継続などを表す動詞の直後に置かれた名詞

動作とやり方、移動と距離、継続と時間などは、結び付く割合が非常に高いといえます。そういう場合、名詞を副詞として（本来あるべき前置詞は省略して）使い動詞の直後に置くことができます。

例）**Wait a minute.**（ちょっと待って。）

▶ a minute は、目的語ではなく副詞として使われている。

文法用語で副詞的目的格（副詞的対格）といいますが、動詞の直後、つまり目的語の場所に置かれた（目的格のことを対格ともいいます）名詞を副詞として使うことができる、という意味です。

① **He did the work (in) the way I told him.**
（彼は私が教えたやり方で、その仕事をした。）

② **He waited (for) two hours for his master on the street.**
（彼は通りで主人を2時間待っていた。）

③ **He can run 10 km in under 50 minutes.**
（彼は50分未満で10km走ることができる。）

■対象との隔たりがあることを表す表現の前に置かれた名詞

また、対象との隔たりがあることを表す表現の前に置かれる名詞は副詞として使われて差を表します。順を追って理解しましょう。

① **He is two years older than his brother.**
（彼は弟より2歳年上だ。）

①の文では、two years は副詞として使われています。older than ～ は「～より年上」ということであり、～からの隔たりがあることを表しています。（He is two years old. でも two years は副詞的に使われているのですが、そんなことは気にしなくてかまいません。誤読する可能性がないであろうからです。）

② **This rope is two inches too short.**

(このロープは2インチ足りない。)

③ **He is now only 10 points away from the OHL Playoff Points Record!**
(彼は今や、あと10点取ればOHL[オンタリオ・ホッケー・リーグ]のプレイオフの得点記録に達する。)

②の too short は「基準よりも短い」ということで隔たりを表しています。③の away from ~ は「~から離れて」ですから**隔たりを表していますね**。「記録から10点分離れている」ということは、「10点取れば記録に達する」ということになります。

④ **He lives two miles away from the station.**
(彼は駅から2マイル離れたところに住んでいる。)

⑤ **Much of the world today is one harvest away from the starvation.**

④だと誤読は起きにくいですが、⑤だとどうでしょう。⑤になると意味をつかめない人が続出します。

しかし、これは今見てきたのと同じ形の文です。starvation「飢餓」から one harvest「1年の収穫」分だけ離れているのですから、「1年の収穫」がなくなれば飢餓に陥る状態だということになります。ですから次のような訳になります。

「今日の世界の多くは、1年収穫が途絶えると飢餓に陥るような状況にある。」

ただ多くの英文にふれるだけでなく、文法の基本をしっかり理解して使えるようにすることが重要なのです。

現在 ⇒ 記録
10 points

現在 ⇒ 飢餓
one harvest
収穫が1年ないと

　最後に、副詞で注意したい語（far, near, alone）をまとめました。詳しく解説してあるのでややこしく感じるかもしれませんが、いずれも基本語なので、しっかり使い方を覚えましょう。

Focus 36

【注意すべき語】

❶ far（形容詞・副詞）

- 形容詞：「遠い」（距離）
- 副詞：「遠くに」「はるかに／はるかへ」（距離・時間・程度）

「遠い」の意味では次の通り用いる。

a) ほかの場所を表す副詞とともに使う

平叙文では通常、**ほかの場所を表す副詞**（away / off / out など）**とともに使う**。

　　❗ far は感情的な語で、否定的感情が入りやすい。

例）**It is too far from here.**（遠すぎて行けない。）

b) 具体的な距離とは並列しない

感情のない数字と主観的感情が並ぶと不自然。

(×) His house is 10 miles far from here.

(○) His house is 10 miles away/distant from here.

(○) His house is too far from here.

(○) 10 miles is too far to walk.

> これは距離と並列しているのではなく、10 miles という距離に対する主観的感情を述べている。

❷ near（形容詞・副詞）

「近くの（近くに／近くで）」（nearly は「あやうく」[⇒ P.213]）

a)「距離的に近い」という意味で使う場合

形容詞の原級は原則的に**限定用法不可**。

(×) a near restaurant　⇒　(○) a nearby restaurant

しかし、最上級で the nearest restaurant は可。さらに**時間や関係を表す場合**は限定的に使える。

例) **in the near future**（近い将来）
　　a near relative（近い親類）※ close の方が普通

また、日本語では「〜から近い」と言うが、near from 〜 は×。near to 〜 は○。

b)「近くの（近くに）」の表現

・**nearby**（形容詞・副詞）

「近くの（近くに・近くで）」。形容詞としては、通例限定用法として使い、a nearby shop とも a shop nearby とも言える。（後置の方が、「今いる場所から」というニュアンスが感じられる。）

・**close**（形容詞・副詞）

「(距離・時間の点で) 接近した」の意味を持つが、**near よりも近接度合いが大きい**。a close range「近距離」や a close view「近景」のように使う。

(×) the close future　⇐ future と「近接」の意味が合わない

(×) a close hospital　⇐ 何に近接した病院であるか不明瞭

(○) The hospital is close to the sea.（その病院は海のすぐ近くにある。）

c) closely（副詞）

副詞なので**名詞を修飾しない**。「**（抽象的関係において）親密に**」の意味。（空間的な近さでは close を使う。）さらに「**綿密に、詳しく**」の意味もある。

❸ alone（形容詞・副詞）

「**ほかから切り離された状態で**」という意味が基本。

例）**He went there alone.**
　　（彼は1人でそこに行った。）

　　We are alone in this room.
　　（この部屋には私たちしかいない。）

　　She was alone with a stranger.
　　（彼女は見知らぬ人と2人きりだった。）

　　You are not alone in believing her.
　　（彼女の言うことを信じているのは君だけではない。）

> believe＋人「人の言うことを信じる」

alone＝「1人」という意味だけだと思い込んでいると2つ目と3つ目が訳せなくなる。2つ目は「私たちがこの部屋にいてほかの人と切り離されている」わけだし、3つ目は「見知らぬ人1人とともにいて、ほかから切り離されている」のだから2人きりになるわけである。また、lonely（**形容詞**）は「**寂しい**」という感情を表している。alone と混同しないようにしよう。

TOPIC 26 「ほとんど」を表す表現

■ almost と most の識別

> ① almost
> 副詞「〜の一歩手前」⇒「**ほとんど**」という意味。
> 例）This is almost perfect.（これはほとんど完璧だ。）
> ② most
> 形容詞・名詞「**大部分の**」「**大部分**」という意味。

① **almost all** the students（ほとんどすべての生徒）
② **most** students（ほとんどの生徒）
③ **most** of the students（その生徒たちのほとんど）

①の all は、the students を修飾する形容詞です。形容詞を修飾するのは副詞なので、この位置には most は不可。意味的にも「もう少しで all」となります。②の students は名詞です。名詞を修飾するのは形容詞なので、この位置には almost は不可。意味的にも「もう少しで生徒」では意味不明ですね。③の of 〜は名詞を修飾するので、この位置には almost は使えません。

ただし all は、**all the＋名詞**の名詞部分がものや人、こと、あるいは前出名詞の反復である場合、名詞部分が省略され **all** 1 語で代名詞になりますが（⇒ 276 P.198）、その場合でも **almost が修飾**します。
同様に、**everything** も名詞ですが、almost で修飾できます。**every（形容詞）部分を修飾する**と考えるからです。（**nothing** も同様。）意味的には「もう少しですべて（⇒ほとんどすべて）のもの」ということになります。

■ almost と mostly の識別

① almost
動詞を修飾する場合、「～する一歩手前」なので「**あやうく～するところだ**」の意味になる。
> ▶ nearly とほぼ同義で、nearly よりも近い感じがする。

② mostly
副詞「**たいていは**」「**ほとんどの場合**」という意味。
（＝in most cases）

① He was almost weeping.
（彼は、ほとんど泣き出しそうだった。）

② He mostly goes to school by bus.
（彼は、たいていはバスで学校に行く。）

mostly では、**名詞の前**で「**大部分は**」「**主に**」という用法にも注意しましょう。

③ Those present were mostly students.
（出席していたのは主に学生だった。）

8 比較表現
Comparison

1 比較表現 —— P.224

1 原級を使った さまざまな表現 I

2 原級を使った さまざまな表現 II

3 比較級を使った さまざまな表現 I

4 比較級を使った さまざまな表現 II

5 最上級を使った さまざまな表現

8 比較表現
Comparison

1 比較表現

■ Core point

比較表現には<u>原級</u>・<u>比較級</u>・<u>最上級</u>の表現があります。原級・比較級を使う比較文は2文を合成して作られるもので、何と何をどういう基準軸で比べるのかを意識する必要があります。

【1】原級を使う比較文の作り方

> Laura is charming.（ローラは魅力的だ。）
> Ann is charming.（アンは魅力的だ。）

この**2文を合成**して比較文を作ってみます。
まず、**どちらのことを言いたいのかによって主語を決定**します。ここではLauraを主語にしてみます。

> 主語⇒ Laura

比較文を作るためには「Annがどのくらいcharmingであるか」ということを聞き手が知っている」という条件が必要です。そうでないと比較すること自体に意味がありません。「ローラはアンと同じくらい魅力的だ。」と言いたいのですから、アンについて知らない人には何も伝わらないですよね。

> 比較文を作る条件⇒比較対象についての情報を聞き手が知っている

次に、**形容詞charmingの前に as**「同じくらいに」という語を置きます。さらに**第2文の前に as**「同じように」という語を置いて、2つの文をつなぎます。

Laura is as charming as Ann is charming.

その上で**第2文の charming は消去**します。（**比較の基準軸となる要素は必ず消去**します。）

Laura is as charming as Ann is ~~charming~~.
⇒ Laura is as charming as Ann is.

ここで、**前半と後半で同じ部分に同じ語がくる場合は省略できる**ので、最後の is を省略します。（省略しなくてもかまいません。）最終的に、

Laura is as charming as Ann.
（ローラはアンと同じくらい魅力的だ。）

という文ができあがります。

この文は、Laura と Ann を charming という基準軸上で比較しています。読んだり聞いたりする場合は、「ローラは同じくらい魅力的だよ、誰と同じくらいっていえばアンとね。」というように**左から右に情報が入ってくる**ようにしましょう。

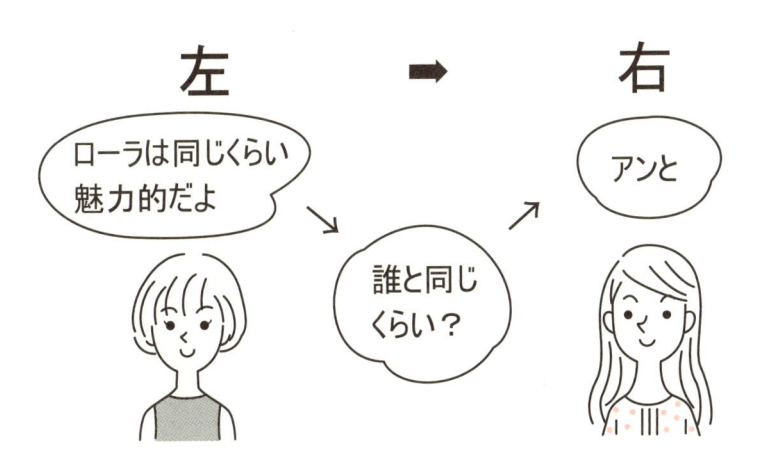

実は、「同じくらい」とはいうものの、「ローラは魅力的だよ、少なくともアンくらいにはね。」というニュアンスを含むこともあります。そうするとこの文は Laura ≧ Ann ということを表していることになります。すると as _ as ~は、≧を表すと考えられますね。

　一方、否定文は Laura is not as charming as Ann.「ローラはアンほど魅力的ではない。」となり、Laura ＜ Ann ということになります。

　ちなみに「Ann が charming ではない」という共通認識があれば、Laura の魅力は Ann と同程度でたいしたことはない、という皮肉な伝達にもなりえます。(He is as intelligent as a monkey.「彼は猿並みの知性だ。」と同様のことです。)

【2】比較級を使う比較文の作り方
　原級を使う比較文と同様の手順で**2文を合成**します。

> Chris is rich.（クリスは金持ちだ。）
> His brothers are rich.（彼の兄弟たちは金持ちだ。）
> 　⇒ Chris is richer than his brothers (are).
> 　　（クリスは兄弟たちよりも金持ちだ。）

となります。

左 ➡ 右

クリスはもっと金持ちだ　　誰より？　　兄弟たちより

【3】最上級を使って一番を表す表現

これは**2文を合成**して作るのではありません。

> Tom is a tall boy.（トムは背が高い少年です。）
> ⇒ Tom is the tallest boy in this class.
> 　（トムはこのクラスで一番背が高い少年です。）

「このクラスで一番背が高い少年」は、1人に決定されるので定冠詞の the を使います（⇒ P.177）。

TOPIC 27　比較の対象は対等

「日本の気候は英国より温暖です。」を英文にする場合、次の表現ではどちらが正しいでしょうか。

> The climate of Japan is milder than the UK.
> The climate of Japan is milder than that of the UK.

日本語では「英国より」なので前者でも何の違和感もないですが、正しい英文としては than the UK ではなく、後者の than that of the UK にします（that = the climate〔⇒ P.193〕）。これは**英作文で非常にミスが目立つところ**で、誤文訂正問題でも頻出です。

① My opinion is different from yours.
　（私の意見は君とは違う。）
② It is warmer here than in Japan.
　（ここは日本より暖かい。）

①は than you にしないこと。②は here（副詞）と比較しているので in Japan にします。

Focus 37

【比較級・最上級の作り方】

❶規則変化

a) 語尾を変化させるもの

	語尾の変化	原級	比較級	最上級
1音節の語 (発音する母音が1つ)	-er, -est	tall	taller	tallest
		long	longer	longest
2音節の語の一部 (語尾が -y, -er, -ow, -le などで終わる語)	-er, -est	clever	cleverer	cleverest
-e で終わる語	-r, -st	simple	simpler	simplest
子音字+y で終わる語	y を i に変えて -er, -est を付ける	happy	happier	happiest
1母音字+1子音字で終わる語	子音字を重ねて -er, -est を付ける	big	bigger	biggest

b) 語の前に more, most を付けるもの

	変化	原級	比較級	最上級
多くの 2音節語	(比較級) more+原級 (最上級) most+原級	careful	more careful	most careful
3音節 以上の語		important	more important	most important
一部の 2音節語	more, most と -er, -est どちらもとる❗	angry	more angry	most angry
			angrier	angriest

> ❗ 2音節語にはどちらもとるものもあるが、その場合 **more, most** を使っておくのが無難。(angry, common, polite, quiet など。)

ほかに、**過去分詞に由来する形容詞**(bored など)や語尾が -ly の副詞も比較級＝ more＋原級、最上級＝ most＋原級となる。

❷不規則変化

原級	比較級	最上級
good, well ❗	better	best
bad, badly, ill	worse	worst
many, much	more	most
little	less	least
old ❗	older	oldest
	elder	eldest
late ❗	later	latest
	latter	last
far ❗	farther	farthest
	further	furthest

❗ **well**：形容詞の限定用法では原級しか使わない。
例) a well baby（元気な赤ん坊）（×）a better baby
She sings better than Mary.（彼女はメアリーより歌がうまい。）

❗ **elder / eldest**：イギリス英語で**兄弟間の年の関係**を言うのに使われ、**限定用法のみ**。（アメリカ英語では older, oldest がよく使われる。）
例) **Jim is my elder brother.**（ジムは私の兄だ。）

❗ later / latest：**時間**
latter / last：**順序**
例) **Jane came home later than usual.**
（ジェーンは普段より遅い時間に帰宅した。）
I missed the latter half of the film.
（私はその映画の後半を見逃した。）

❗ farther / farthest：**距離**
further / furthest：（イギリスでは距離でも使うが）**程度**
例) **Jack went farther into the woods.**
（ジャックはさらに深く森の中に入っていった。）
We have to discuss further.
（私たちはさらに議論をする必要がある。）

❸比較級・最上級のない形容詞や副詞

比較級や最上級があるのは**程度の違いがあるような状態を意味する形容詞や副詞**であって、程度の違いがありえない形容詞や副詞には、比較級や最上級はない。

例)【形容詞】 perfect, complete, only, excellent, main, favorite, essential, basic, alone

　　【副詞】　　very, quite, even, alone

Guideline

1 原級を使ったさまざまな表現 I

a)「〜ほど__でない」(否定文)

> [305] **He is not as tall as his father.**
> 　　(彼は父親ほど背が高くない。)
>
> [306] **He doesn't have as much money as you.** 🔊
> 　　(彼は君ほどお金を持っていない。)

[305] 否定文では not so tall as 〜 ということもあります。

[306] He doesn't have money as much as you.(×) とはいえないので注意。もとの文は He doesn't have much money.(much は形容詞)であって He doesn't have money much. ではないからです。

b)「~と同じくらい(に)」

> 307 **I wish you success as much as your parents wish you happiness.** 🔊
> （あなたの両親があなたに幸福を願っているのと同じくらい、私はあなたの成功を願っています。）
>
> 308 **You are not as good a boy as your brothers.**
> （お前はお兄さんたちほど良い子ではないね。）

307 この much は程度を表す副詞として使われています。ここでは、wish は SVO_1O_2 の形で使われています。

例）**We <u>wish</u> you a merry Christmas.**（良いクリスマスを！）

308 as や so, how, too、さらには**副詞の this, that の後に形容詞＋名詞がくる場合**は、形容詞＋a/an＋名詞の語順になります。それぞれ「同じくらいに」「そのくらいに」「いかに」「あまりに」「これほど」「あれほど」という意味であり、**すぐにどのくらいであるかを説明したくなるからです。**

例）**this tall a building**（こんなに高いビル）

c)「~さえする」

> 309 **He went so far as to hit his wife.** 🔊
> （彼は妻を殴りさえした。）

go so/as far as to ~「~さえする」。「~する、それほどのところにまで進む（行く）」と考えると理解できるイディオムです。

d)「〜倍」(原級の倍数表現)

> 310 **He earns twice as much money as his father.**
> (彼は父親の2倍お金を稼いでいます。)
>
> 311 **The car runs three times as fast as mine.**
> (その車は私の車の3倍の速さで走る。)

倍数表現は、数詞+ times as _ as 〜という形で表します。2倍なら twice as _ as 〜、3倍なら three times as _ as 〜、半分なら half as _ as 〜、3分の1倍なら one-third as _ as 〜となります。

310 の much は形容詞なので、306 と同様に much money が as の後にきます。

比較級を用いて倍数を表すこともあります。(twice や分数の場合は比較級を使わないのが普通。)

たとえば、311 は The car runs three times faster than mine. とも表現できます。

また、**比較表現を使わない倍数表現**もあります。

例) **China is twenty-six times the size of Japan.**
(中国は日本の26倍の大きさである。)

この表現は、size「大きさ」、length「長さ」、height「高さ」、weight「重さ」、depth「深さ」、number「数」などの名詞を使う表現です。

e) 強調

> 312 **He has as many as 10,000 books.**
> (彼は10,000冊も本を持っている。)
>
> 313 **Ann came home as late as eleven o'clock.**
> (アンは11時にもなってやっと帰宅した。)
>
> 314 **I waited for him for two hours, but they seemed as many days.**
> (私は彼を2時間待ったが、その2時間は2日にも思えた。)

312 313 **as _ as ~の~部分に_の度合いを具体的に明確化する表現がくる場合、_部分を強調した表現**となります。

312 だと「多い」⇒具体的に 10,000 冊⇒「10,000 冊も」となります。結局 as many as がなくても 10,000 冊という伝達情報に変わりはないのに、わざわざ as many as を加えることで「多い」ということを強調しているのです。実際には「10,000 冊」という数で「多い」ということが伝わる場合ならば、わざわざ as many as を加えないのが普通です。

313 だと、「遅く」⇒どのくらい遅くなのかを具体化して 11 時⇒「11 時にもなって」（そんなに遅い時間に）となります。

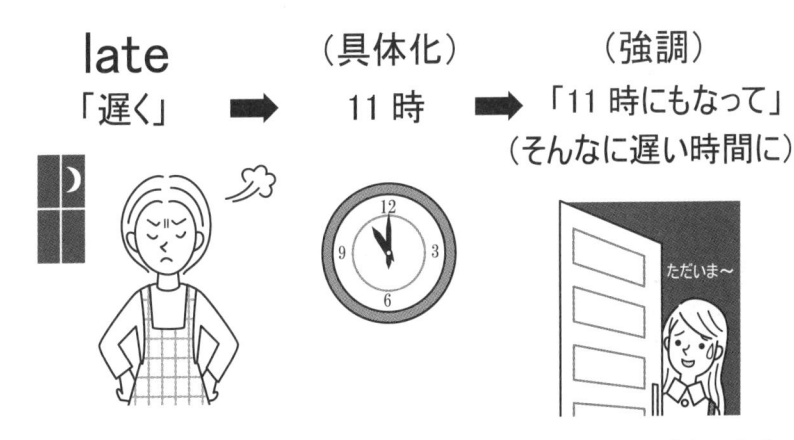

late
「遅く」 ➡ （具体化）11 時 ➡ （強調）「11 時にもなって」（そんなに遅い時間に）

as many as ～ / as much as ～＝「～も」、というように、やみくもにイディオム扱いしてしまわないようにしましょう。それでは応用がききません。

314 they は前出の 2 時間を指します。この文は as many days (as two) と考えると 312 313 と同様に「2 日も」になりますね。as many ＋名詞（複数形）という表現では、as 以下は前に書いてある数なので省略されているのだと考えましょう。

2 原級を使ったさまざまな表現 II

a)「～にも劣らず」

> 315 Lily is **as tall as any** girl in this class.
> （リリーは、このクラスのどの女の子にも劣らず背が高い。）
>
> 316 He is **as great a politician as ever lived.**
> （彼はこれまでのどんな政治家にも劣らぬくらい立派な政治家である。）

315 as _ as ～が≧を表していたことを考えてみると、「どの子を選んだとしてもそれと同等以上に」ということになるので、**最上級と似たような意味になる**ことがわかりますね。（any ～は「～の中のどれであっても」。）**最上級を使う場合よりも感情的な表現**といえます。

リリーはそれと
同等以上に背が高い　　➡　　どの子が横に並ぶとしてもね

316 as _ as ever lived で「これまでに生きていたどの人にも劣らず」となります。ちなみに、as _ as ever では「これまでと同じくらいに」です。

例）He is **as busy as ever.**（彼は相変わらず忙しい。）

ever = at any time と考えると、「これまでのどの時にも劣らぬくらい」となり、理解しやすくなります。

b)「できる限り」「〜する限り」

> 317 He ran **as fast as he could.** 🔊
> (彼はできる限り速く走った。)
>
> 318 Please process my application **as soon as possible.** 🔊
> (できる限り早く私の応募書類を審査してください。)
>
> 319 Forget it. That's **as crazy as can be.** 🔊
> (そんなことは忘れてしまえ。この上なくバカげたことなんだから。)
>
> 320 **As far as** I'm concerned, it is not true. 🔊
> (私に関する限り、それはあてはまらない。)
>
> 321 You may stay here **as long as** you keep quiet. 🔊
> (静かにしている限り、ここにいてもいいよ。)

317 as _ as S can は「**できる限り**」。as _ as 〜の〜部分に幅がある場合は、**一番上に焦点を合わせることになる**のだと知っておきましょう。can は「〜しようと思えばできる」でしたね（⇒ P.147）。

時速20km で走る能力がある人は「やろうと思えば時速10km でも 15km でも 20km でも走れる」わけです。その上限で走った、ということで「できる限り速く」となります。

318 as _ as possible も「**できる限り**」。as soon as possible「できる限り早く」は、俗語では ASAP（asap, a.s.a.p. とも。それぞれのはじめの文字をつなげたもの）と書かれることもあります。

319 as _ as can be も 317 318 と同様のイメージです。「**ありうる最大限に＿**」⇒「**この上なく＿**」となります。

320 321 どちらも「〜限り」となるイディオムですが、317〜319 と同じイメージです。（〜に幅があるときは上限を考えるのでしたね。）

日本語訳は同じですが、as far as 〜 は「**距離・範囲**」を表し、as long as 〜 は「**時間・限定条件（〜しさえすれば）**」を表します。この区別は入試でも問われます。次の文に入るのは far / long どちらでしょう。

問　I will not make you unhappy as （　　　） as I live.
　（僕が生きている限り君を不幸にはさせないよ。）

I live「僕が生きている」には距離・範囲はありえません。「生きている時間の限りは」⇒「生きていさえすれば」となるので long が入ります。

c)「〜だけでなく＿」「＿というよりは〜」(文章の比較)

> 322 **She is as courageous as kind.** 🔊
> (彼女は親切であるだけでなく勇気もある。)
>
> 323 **It is not so much your work as your attitude that is the problem.** 🔊
> (問題なのは君の仕事内容というよりは君の態度なんだよ。)

322 これは今までと少し異なる比較文です。「彼女は親切だ」(as ＿ as 〜 の〜部分は相手も知っていることがきましたね)、それと同じくらい言えることなのが「彼女は勇気がある」。**文と文との真実性を比べている**のだと考えればよいでしょう。発話者の考えでは、同じくらい真実だといっているわけです。

as courageous
彼女は勇気がある

as kind
彼女は親切だ

いじめはダメ

同じくらいの真実性

へーそうなんだ！

うん、これは知ってる 勇気がある、というのも同じくらい本当なんだよ

323 not so much ＿ as 〜「＿というよりは〜」というイディオムですが、much が程度を表していて、これも**文と文を比較する**形からできたイディオムだと考えれば理解できます。

例) **He is not so much a novelist as a journalist.**
(彼は小説家というよりはジャーナリストだ。)

He is a novelist ＜ He is a journalist（後者の方が真実性大）

同じことを He is a journalist rather than a novelist. と表現することもできます。323 では強調構文（分裂文）の焦点に not so much ＿ as ～が置かれています（⇒ P.372）。

d)「～さえしない」「～さえせずに」

> 324 **He cannot so much as write his own name.**
> (彼は自分自身の名前さえ書けない。)
>
> 325 **He left the room without so much as saying good-bye.**
> (彼はさよならも言わずに部屋を出ていった。)

324 not so much as ＋原形で「**～さえしない**」。これはやはり much を程度と考えて、「～する、それと同程度のこともしない」⇒「～さえしない」となります。

325 without so much as -ing で「**～さえせずに**」。これも 324 と同様に much を程度と考えて、「～する、その程度のこともしないで」⇒「～さえしないで」となります。

e)「～だけでなく＿も」(＿ as well as ～)

> 326 **He has experience as well as knowledge.**
> (彼には知識だけでなく経験もある。)

＿ as well as ～は「**～だけでなく＿も**」「**～であるのと同じくらい十分に＿も**」と考えます。もちろん「**同じくらいうまく**」という意味になることもあります。

例）**"Hikaru sings very well."**

(「ヒカルは歌がとてもうまいね。」)

"Yes, her mother can sing just as well (as her)."

(「うん、彼女のお母さんも同じくらいうまく歌えるんだよ。」)

> ❗ as 以下は、前後の文脈などからあきらかで、言う必要もない場合は省略されることがある。比較級＋than ～の than 以下も同様。

f) as good as ～の2つの用法

> 327 **He is as good as dead.**
>
> (彼は死んだも同然である。)
>
> 328 **He is as good as his word.**
>
> (彼は約束を守る人だ。)

327 as good as ～ 「～も同然」。good には「十分」という意味があり、「～と言っても同じくらい十分な表現になる」⇒「～と言ってもいいくらいだ」⇒「～も同然」(almost に近い) となります。

328 as good as ～ 「～(約束や決まり)に忠実な」。約束の言葉そのものと同じくらい忠実 (good は「忠実な、善良な、有徳の」) だと言えるのだから、こういう意味になります。もちろん普通に as good as ～「～と同じくらい良い」という意味にもなります。

例）**This machine is as good as that one.**

(この機械はあの機械と同じくらい優れている。)

g)「～ほど__なものはない」

> 329 **Nothing is as important as love.**
>
> (愛ほど重要なものはない。)

nothing (存在しない) ≧ love と言っているわけですから、love が一番重要だということになります。

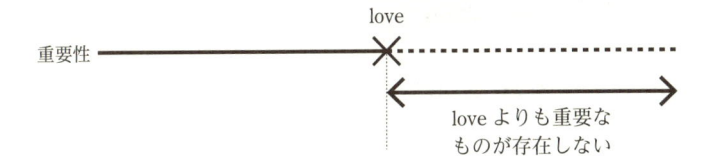

```
         love
重要性 ————————×----------------
              ←——————————→
              love よりも重要な
              ものが存在しない
```

3 比較級を使ったさまざまな表現 I

a) 比較級の基本形(「～よりも＿だ」／「～より＿ない」)

> 330 **This watch is more expensive than that one.** 🔊
> 　　(この時計はあの時計よりも高価だ。)
>
> 331 **He is not older than my father.**
> 　　(彼は私の父より年を取っているというわけではない。)
>
> 332 **My watch is less expensive than this one.** 🔊
> 　　(私の時計はこの時計よりも高価ではない。)

　331 not は「～ではない」という意味なので、older（＞ my father）ではない、つまり同じくらいか年下（≦ my father）ということになります。

　332 less は more の反対で「～より＿ない」という意味。通常、3音節以上の形容詞と共に使います。ただし、not as ＿ as ～を使うことの方が多く、この文だと My watch is not as expensive as this one. となります。

b) 文と文との真実性

> 333 **She is more fat than plump.**
> 　　(彼女は、ふくよかというよりは肥満です。)

　fat の比較級は fatter で、more fat ではありません。この文は more ＿ than ～ で文と文の真実性を比較しているのです。she is fat と言う方が she is plump と言うよりは真実性が高い⇒ plump というよりは fat、となります。

c)「〜より__な方」(the＋比較級)

> 334 **Jack is the taller of the two boys.**
> （ジャックは、その2人の少年のうち背が高い方です。）

2つのものや人を比べて「〜より__な方」という場合、the＋比較級を使います。比較されるものが2つの場合、「〜より__な方」というと1つに決まるので、最上級に the が付くのと同様に the が付くことになります。

d) 差を表す表現

> 335 **He is ten years older than his brother.**
> （彼は弟よりも10歳年上だ。）

比較級の前の数詞は、副詞的に比較級を修飾し、差を表します（⇒ TOPIC 25 P.216）。差を表す前置詞 by を使って表現することもできます。

例）**He is older than his brother by ten years.**
（彼は弟より10歳年上だ。）

Focus 38

❶ 数詞以外で差を表す表現

- **a little** 「量が少し」「程度が少し」
- **a few** 「数が少し」
- **many** 「数が多く」
- **much** 「量が多く」「程度が大きく」
- **far** 「はるかに」など

例）**This is a little better than that.**（これはあれより少しだけ良い。）
There is room for a few more persons.
（あと数人分の余地があります。）

❷ much と many の用法

You can see many more students in that class (than in this class).
(あの授業では［この授業よりも］はるかに多くの学生がいますよ。)

この例文の場合、差は数で表れるので **much** ではなく **many** を使う。比較級の強めは much と、やみくもに覚えないように。これらはあくまでも差を表しているのである。much を使った例文は次の通り。

例） **This is much better than that.**（これはあれよりはるかに良い。）

▶ 大きな程度の差があるとわかる。

▶ ついでに（差を表す表現ではないが）even / still を前に置くと、「**さらにいっそう**」という意味で**比較級を強調する**ことができる。
　例） **The new tower is still higher than this tower.**
　　　（［このタワーも高いが］新しいタワーはこれよりもさらに高い。）

e)「～倍」(比較級を使った倍数表現)

336　**He is three times older than his wife.**
　　　（彼は妻の3倍の年齢だ。）

比較級を使って倍数を表すことができます。ただし、この表現では twice は使いません。2倍よりも大きい場合（two and a half times「2.5倍」も含む）に使われる表現です。

f)「ほかのどの〜よりも__だ」「〜よりも__なものはない」

[337] **This wine is more expensive than any other wine** in the **world.**
（このワインは世界のほかのどのワインよりも高価だ。）

[338] **No (other) wine** in the **world is more expensive than this wine.**
（このワインより高価なワインは世界にない。）

[339] **I have never seen more beautiful scenery.**
（これほど美しい景色は見たことがない。）

[337] 比較級＋than any other＋単数形の形で「ほかのどの〜よりも__だ」となって、最上級と同じ意味を表します。

[338]「〜よりも__なものはない」という表現で、**最上級と同じ意味を表します**。厳密にはotherを入れるべきなのですが、なくても意味は通じるのでotherを飛ばしてもかまいません。

[339] 文末のthan thisが省略されています。**than以下も**asの場合と同様に、**文脈・状況から言わなくてもわかる場合には省略可能**です。この文では、今目の前にある景色のことだから相手も了解しているだろうということで、than以下は書かれていないのです。

4 比較級を使ったさまざまな表現 II

a)「ますます〜」（比較級＋and＋比較級）

[340] **It is becoming more and more important to learn English.**
（英語を習得することは、ますます重要になっている。）

比較級＋and＋比較級「ますます〜」。-er型の場合は、**It is getting darker and darker.**「どんどん暗くなっている。」となります。

一方、more型の場合は、この基本例文のようにmore and more＋原級となります。

b) 具体的な比較対象を持たない比較級

> 341 **They are eager to get into the upper class.** 🔊
>
> （彼らは上流階級に入りたがっている。）

　全体の中で「～な方」という意味を表す用法があります。これは **❸** c)「～より＿な方」(the＋比較級)（P.240）の延長線上にある表現で、「全体をおおまかに2つに分けたら～な方」ということなのです。(the には対比（カテゴライズ）の用法があります⇒ P.182)

① the upper class（上流階級）
② the lower animal（下等動物）
③ the older generation（年齢が比較的上の世代）
④ the younger people（比較的若い人たち）

c) to を用いる比較表現

> 342 **Kate is three years senior to me.**
>
> （ケイトは私より3歳年上です。）

　senior は「より年上」という比較の意味を持つ形容詞です。（ラテン語起源の語で、ラテン語では規則変化の比較級形。）

【類例】superior「より優れている」、inferior「より劣っている」、junior「より年下の」、prior「より前の」、posterior「より後の」

　これらは than ではなく to を使い、**比較されるものは名詞(句)と名詞(句)に限られます**。また junior, senior は、名詞として使って Kate is three years my senior. と言うこともできます。

8 比較表現 1 比較表現 4 比較級を使ったさまざまな表現Ⅱ

d)「～すればするほどますます＿」(The＋比較級～, the＋比較級 ＿)

> 343 **The higher** you go up, **the colder** it becomes. 🔊
> （上に登れば登るほど寒くなる。）

前半部分（The＋比較級～,）が**条件**を表し、後半部分（the＋比較級 ＿）の the は「**その分だけ**」（指示副詞）という意味です。これは As you go up higher, it becomes colder. と同じ意味で、条件部分の the＋比較級は必ず前に移動させますが、主節部分の the＋比較級はそのままの位置で使うこともあります。その場合、この 343 だと、次のようになります。

 It becomes the colder, the higher you go up.
        ↑ 条件部分の the＋比較級は前に移動

この構文は語順を間違えやすいので要注意です。

例）**The more money he had, the greater care he needed for his own security.**
（多くのお金を持てば持つほど、彼はますます身の安全に注意しなければならなくなった。）

ここで前半を The more he had money, とすることはできません。もとの文が he had much money であってそれを変形したからです。（much は形容詞で money を修飾しているので切り離せない。）

▶ これは I have books as many as you.（×）と言えないのと同様。正しくは I have as many books as you.

また、この構文では **The sooner, the better.**「早ければ早いほど良い。」のように省略が起こる慣用的表現もあります。

e)「その分だけ」(all the ＋比較級)

> 344 She works **all the harder** because she has a child. 🔊
> (彼女は子どもがいるから、それだけいっそう一生懸命に働いているのです。)

この the は 343 と同様に「**その分だけ**」という意味です。all は**強調する働き**をしていて書かれないこともあります。

【類例】If you start now, you will be back **the sooner**.
(今出発すれば、それだけ早く帰ってくることになるよ。)

「その」にあたる部分は、後に続く for ＋名詞や because S V が多く、344 だと「子どもがいる」からその分だけいっそう一生懸命働く、となります。

f) none を用いる比較表現 (none the ＋比較級、none the less)

> 345 He worked **none the harder** because he became a father. 🔊
> (彼は父親になったからといって、それだけいっそう一生懸命働くようになったというわけではなかった。) ⇒ (彼は父親になったが、相変わらず一生懸命に働きはしなかった。)
>
> 346 I like him **none the less** for his faults. 🔊
> (彼には欠点があるけど、それでもやはり私は彼が好きです。)

345 none the ＋比較級、none は差を表しています。**差が存在しない**ということになるので、「その分だけ変化するわけではない」⇒「結局変化なし」となります。この文だと、「父親になった」ら通常ならばもっと一生懸命働くだろうが、彼は「父親になった」けど変化なし、ということです。(これはイギリス英語で使われる表現です。)

346 none the less は「その分だけ少なく (= the less) なることはない (= none)」という構造。「通常はその分だけ less になりそうなものだが変化なし」ということになります。

▶ 「その」にあたる条件部分は for 〜や because 〜、あるいは前文にあたる場合もあり、前文にあたる場合、nonetheless というように1語でつづることが多い。
例) She has a lot of faults; **nonetheless** I love her.
（彼女には欠点がたくさんある。それでもやはり、僕は彼女を愛している。）

g) no/not を用いる比較表現

347 It is **no more than three kilometers** to the sea.
（海までたった3キロしかありません。）

348 It is **not more than three kilometers** to the sea.
（海までせいぜい3キロです。）

349 He earns **no less than** 500,000 yen a day.
（彼は1日で50万円も稼ぐ。）

350 He earns **not less than** 500,000 yen a day.
（彼は1日で少なくとも50万円稼ぐ。）

351 You are **no more** young **than I am**.
（私が若くないのと同様に君も若くはない。）

352 He is **no less a genius than** Einstein was.
（アインシュタインが天才だったのと同様に彼も天才である。）

353 That **couldn't be better**.
（最高です。）

354 I **couldn't agree** with you **more**.
（大賛成です。）

Focus 39

❶ **no＋比較級＋than 〜** 347 349
a) 比較級の前に置かれる no
比較級の前には差を表す副詞を置くことができる（⇒ 335 P.240）。

この位置に副詞のno「存在しない。ゼロ」を置くと、「差が存在しない」「差がゼロだ」ということになる。つまり、**no more than two books** は「2冊の本」となる。

b) no＋比較級＋than ～の表現で比較級を否定する

そもそも否定するということは、相手の想定があるから行うわけだから、no more than では「(相手が想定しているよりも) 少ない」ということを伝達することになる。

▶ 相手の想定があるから否定するということは、たとえば「君はバカではない」とは言うが「君はクジラではない」とは言わないだろう。前者は自分がバカだと思っている人に対して言う言葉で、後者は自分がクジラだと思っている人に対して言うはずの言葉だからだ。

c) 最終的には、as＋反意語の原級＋as ～と同様の意味になる

▶ たとえば、no younger than ～ならば as old as ～と考えれば文意はつかみやすくなる。

He is no younger than Jack.

Jack ├──────────────→
　　　　　　　　　　　　Jack 40歳
　　　　　　　　　　　　Jackが40歳なのは知ってる

younger than Jack ├─────→ 差
　　　　　　　　　　　he
　　　　　　　　　　　30歳くらいかな

no younger than Jack ├──────────→
　　　　　　　　　　　実は40歳
　　　　　　　　　　　えっ 年取ってるじゃん

差がゼロ ＝ Jackと一緒！

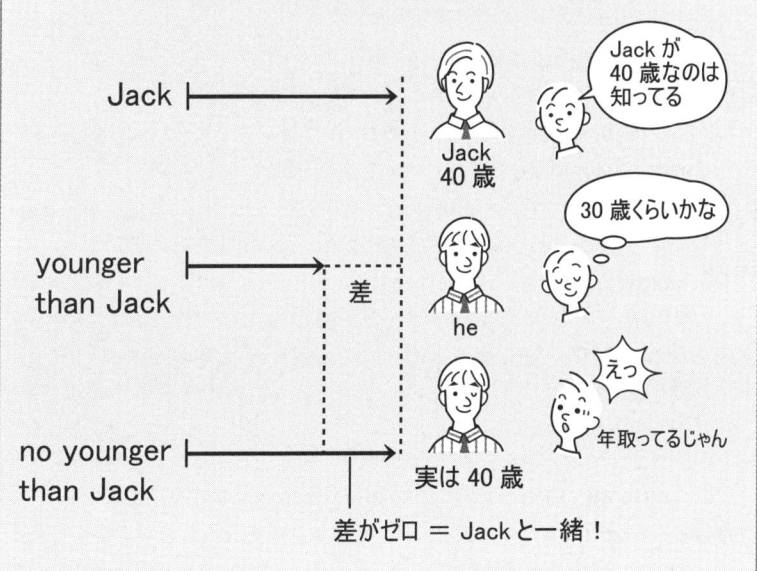

❷ not＋比較級＋than ～ 348 350

この表現は not という副詞が「～ではない」という意味を持つことを考えるとわかりやすくなる。

more than one hundred books
(100 冊よりも多い) ※100 冊は含まない

not more than one hundred books
(100 冊よりも多い、わけではない) ⇒ (せいぜい 100 冊) ※100 冊は含む

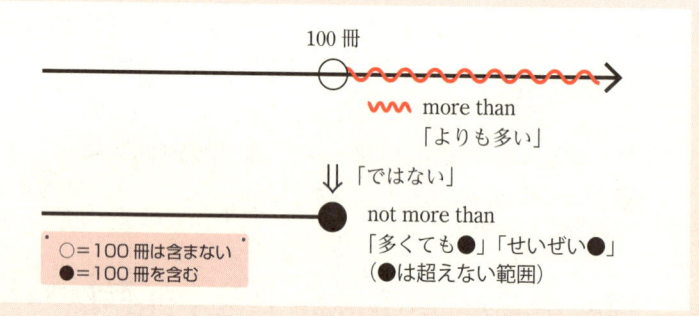

```
                    100 冊
────────────────────○〰〰〰〰〰〰〰〰〰〰〰〰〰▶
                         〰〰  more than
                              「よりも多い」

                    ⇓  「ではない」

────────────────────●
                       not more than
                       「多くても●」「せいぜい●」
  ○＝100 冊は含まない    （●は超えない範囲）
  ●＝100 冊を含む
```

結果的に次のようになるが、理屈もなく丸暗記することではない。
not more than ～「せいぜい～」　**no more than** ～「たった～」
not less than ～「少なくとも～」　**no less than** ～「～も」
ただし、no more than を not more than と同じように使うこともある。(not more than の使用頻度が少ないためである。)
Write in no more than 100 words.（100 字以内で書きなさい。）
丸暗記だと覚えにくいし、応用がきかない。次の例文を考えてみよう。

例）**Saying nothing is no better than telling a lie.**
　　（何も言わないというのは嘘をつくのと同様に悪いことだ。）

何も言わないでいる方が嘘をつくことよりもいい、と思っている人に対して「何も言わないこと」＝「嘘をつくこと」、そしてそれらが同等に「悪いこと」だと言っているのだとわかる。

351 は no more ＿ than ～、352 は no less ＿ than ～の構文です。この構文では＿部分と～部分の真実性の**比較**をしています。333 を見直しておきましょう。

She is more fat than plump.（彼女は、ふくよかというよりは肥満です。）

no more _ than ~は、これに no が加えられている構文です。

351 **You are no more young than I am.**

351 の文では、you are young ということと、I am young ということの真実性の比較を行っています。**no＋比較級は差がない**ということになる（⇒ Focus39 P.246）ので、真実性は同等だということになります。また、**no＋比較級**は逆イメージの伝達にもなり、「どちらの文も同等に真実ではない」ということになりましたね。

than ~には**相手が知っている情報**がきます。すると、351 は最終的には「私が若いということは真実ではないと君もわかっているだろうが、それと同様に君が若いということも真実ではないのだよ。」⇒「**私が若くないのと同様に君だって若くない。**」となるのです。

351 と You are no younger than me.「君は私と同じくらい年を取っている。」とは、やや伝達内容が異なります。（ただし現在、younger と言うべきところを more young と表現することも多くなっているので、読む際には意味で判断する必要があります。）

You are no more young than I am.
　　　　↕ やや伝達内容が異なる
You are no younger than me.

351 は「私が若くないこと」はあきらかだけれども君も同様に若くないのだ、と伝えているだけで、**両者の年齢が近いということは伝えていません**。（たとえば、私が 90 歳、あなたが 60 歳であることもありえます。）

一方、**You are no younger than me.** は as old as と同様（⇒ Focus39 P.246）になるので、年齢はほぼ同じということになります。

no more _ than ~の構文は、読みとりにくければ than 以下の省略を補って文の形に復元してみて、「**~でないのと同様に＿でない**」ととらえればよいでしょう。

例) **You are no more good at remembering things than I am.**
（僕がもの覚えが悪いのと同様に、君ももの覚えが悪いねえ。）

また、no を not _ any に展開することもあります。

例) **She is not a lady any more than her husband is a gentleman.**

(彼女は淑女なんかじゃない、それは彼女の夫が紳士でないのと同じことだ。)

▶ 左から右への響き方としては「彼女は淑女なんかじゃない、彼女が淑女だって言うなら彼女の夫も紳士だってことになるけど、それはありえないでしょ。」と受け取っていくことになる。

352 のような no less _ than ～ だと「～であるのと同様に__である」となります。

① **It is no less cold in Chicago than in New York.**

(シカゴもニューヨークに劣らず寒い。)

② **I can no less speak Japanese than you can speak English.**

(君が英語を話せるのと同様に、私だって日本語を話せるのだ。)

Focus 40

【couldn't＋比較級】 353 354

353 **That couldn't be better.**

❶ **than 以下は省略**

「今目の前に見ているもの、今話題になっていること」のことだと聞き手も了解できているという前提で使う構文。

❷ **could**

仮定法的で現在のことを表す。

▶ 過去のことを表す場合は couldn't have＋過去分詞を使う (⇒ P.157)。

例) **Nothing could be better.**

([これより] いいことは存在しないだろう。) ⇒ (最高だ。)

You couldn't have done it better.

([あれより] もっとうまくやるなんてありえなかっただろう。)
⇒ (最高にうまくやれたね。)

この表現は、会話では主語も省略して Couldn't be better. / Never better. などと言うことが多い。

354 **I couldn't agree with you more.** も 353 と同様で「(今より) もっと賛成するなんてありえない。」⇒「この上なく賛成。」

❸ couldn't _ less

I couldn't care less. は「気にかけている」のだろうか、「気にかけていない」のだろうか。「(今より) 気にしないことがありえない。」ので「**全く気にしていません。**」となる。

❹最終的には than 以下が最上級にあたることになる

わかりにくければ「上がありえない」⇒「一番上」、「下がありえない」⇒「一番下」、つまり than 以下が最上級にあたることになるのだと思ってしまえばよいだろう。

353 ⇒「今が best」　354 ⇒「今、agree most」
couldn't _ less の文⇒「今、care least」

```
        ┌──────────────────────┐
        │ I couldn't care less.│
        └──────────────────────┘
    more
     ↑
     │「いや」
     │         今が一番下になる⇒「全く気にしていません。」
  今 ─┼──────────────────────────────
     │           ‖
     │「平気」 今より下はありえない
     ↓
    less
```

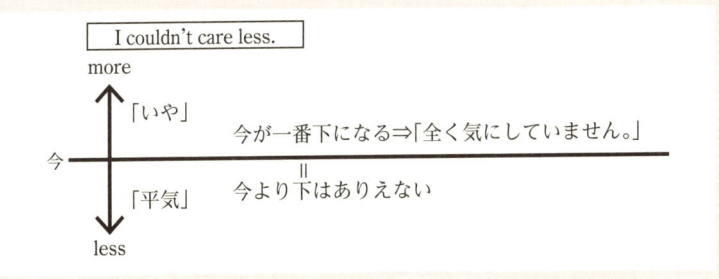

h)「思っていたより」

> 355 **The movie was more interesting than we had expected.**
> (その映画は思っていたより面白かった。)

than 以下、省略を補って1文をイメージすると、we had expected it to be interesting となりますが、省略を考えるよりも「思っていたより」という表現なのだと考える方が自然です。expect 以外には anticipate, imagine, think などが同様に使えます。

例) **The task is more difficult than you think.**
（その作業は君が思っているより難しいよ。）

【比較級を使ったイディオム】

① **know better than to ～「～するほどバカではない」**

例) You ought to **know better than to** believe such idle gossip.
（君はそんな根も葉もない噂話を鵜呑みにするほどバカではないはずだ。）

・than ～が省略されることもある。

例) You should **know better**.（もっと分別を持つべきだ。）

・「今よりも」なので than 以下は省略されている。

② **no longer「もはや～ない」**

例) I can **no longer** stand this headache.
（この頭痛にはもう我慢できない。）

⇒ I can**not** stand this headache **any longer**. と同義。

③ **more or less「多かれ少なかれ」**

これは _ or ～で「_だろうが、～だろうが」という意味があると知っておけば容易に理解できる表現（＿と～は対意）。

【類例】**sooner or later「遅かれ早かれ」**

▶ man or woman「男であろうが女であろうが」のように対になる名詞と名詞でも同様の表現になる。

5 最上級を使ったさまざまな表現

a)「〜の中で」(of+複数形、in+単数形)

> 356 **Bill is the richest of all the people** who are attending the funeral.
> (ビルは葬儀に出席しているすべての人の中で一番金持ちだ。)
>
> 357 **Ted is the most intelligent in this group.**
> (テッドはこのグループの中で一番知的だ。)

「〜の中で」で of+複数形(主語を含む集合)、in+単数形(場所や範囲)となります。

b) the の省略(副詞の最上級)

> 358 **Jim runs (the) fastest in our class.**
> (ジムはクラスで一番足が速い。)

副詞の最上級は the を省略できます。ただし、by far や much で修飾されている場合には the を省略できません。

例) **The train runs by far the fastest in Japan.**
(その列車は日本で断トツで一番速く走る。)

c) 同一の人や物事に関する比較(the を付けない)

> 359 **Grace is most beautiful in a white dress.**
> (グレースは白いドレスを着ているときが一番美しい。)

これはグレースとほかの人を比べているのではなく、グレースが白を着る場合とほかの服を着る場合とを比べています。このように同一の人や物事に関することを比較する場合、最上級の形容詞に the を付けることはできません。

① **He feels happiest when he is in the country.**
(彼は田舎にいるときに一番幸せを感じる。)

② **This lake is deepest at this point.**
(この湖はここが一番深い。)

③ **This lake is the largest in Japan.**
(この湖は日本で一番大きい。)

②はこの湖の中でこのポイントとほかのポイントを比べていますが、③はこの湖とほかの湖を比べています。②は lake を補って deepest lake とできませんが、③は the largest lake とできますね。このように **SVC** の **C** が最上級の場合、the が付くのは主語をほかのものと比べている場合です。主語の内部で比べる場合には the を付けません。

d) the very＋最上級形容詞＋名詞

> 360 **This is the very best reference book for the study of English.**
> (これこそが、あらゆる英語学習の参考書の中で一番良いものだ。)

この形のときの very は「非常に」（副詞）ではなく、「まさに、〜そのもの」という形容詞です。

e) a most＋形容詞＋名詞 / most＋形容詞＋名詞の複数形

> 361 **Anna is a most pretty girl.**
> (アンナはとても可愛い女の子です。)

これは「非常に〜な『名詞』」という意味を表します。この場合必ず most＋形容詞です。

f)「これまで経験した中で最も」

> 362 **This is the best wine (that) I have ever drunk.**
> （これは私がこれまでに飲んだ中で最高のワインです。）

「これまで経験した中で最も」という表現です。that 以下を ever 1語で表すこともあります。

例）**This is the coldest winter ever.**
（今年はこれまでで一番寒い冬です。）

g)「〜でさえ」

> 363 **The wisest man sometimes makes mistakes.**
> （最も賢い人でさえ時には間違える。）

最上級に「〜でさえ」という意味が含まれることがあります。

h)「〜番目に__」(the＋序数＋最上級)

> 364 **He was the second brightest student in his year at university.**
> （彼は大学時代、学年で2番目に頭が良かった。）

the＋序数＋最上級で「〜番目に__」の意味になります。

i)「良くても、せいぜい」(at [the] best)

> 365 **He will be a manager of a store at best.**
> （彼はせいぜい店長くらいにしかなれないだろう。）

at (the) best「良くても、せいぜい」。これは最上級に「〜でさえ」という意味が含まれていることを考えれば理解できるでしょう。「一番良い場合であっ

ても」⇒「せいぜい」(質的)。

ほかにも at (the) most「せいぜい(一番多い場合であっても)」(数量的)、at (the) least「少なくとも」、at (the) latest「遅くとも」などの表現があります。ただし、at one's best は「最高の状態で」です。

j)「最も〜しそうにない『名詞』」(the last＋名詞＋to 〜)

> 366 **He is the last person to tell a lie.** 🔊
> (彼は最も嘘をつきそうにない人だ。)

the last＋名詞＋to 〜 / the last＋名詞＋関係詞〜で、「最も〜しそうにない名詞」「最も〜しない名詞」という意味になります。「〜する最後の名詞」から考えればわかるイディオムですね。

例) **Jim is the last person I want to marry.**
(ジムとだけは結婚したくない。)

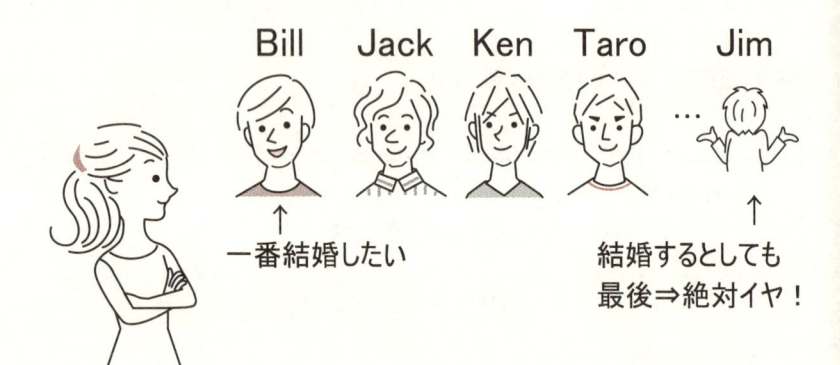

Bill　Jack　Ken　Taro　Jim

↑　　　　　　　　　　　↑
一番結婚したい　　　結婚するとしても
　　　　　　　　　　最後⇒絶対イヤ！

TOPIC 28 否定語との比較

日本語では存在しないものと何かを比べるという発想がないのでイメージしにくい表現ですが、否定語と何かを比べる場合、**as 以下・than 以下が最上級の意味になる**と考えればイメージしやすくなります。

① **Nothing is as important as love.**
（原級 ⇒ 329 P.238）

② **Nothing is more important than love.**
（比較級 ⇒ 338 P.242）

①②はいずれも、「愛ほど重要なものはない。」（愛が一番重要。）となります。

③ **Nothing is less important than fame.**
（名声ほどつまらないものはない。）⇒（名声が一番つまらないものだ。）

④ **Nowhere can I be more relaxed than at home.**
（家ほどリラックスできる場所はない。）⇒（家で一番リラックスできる。）
（⇒ 338 P.242）

これは couldn't ＋比較級（⇒ Focus40 P.250）にもあてはまります。I couldn't agree with you more. は「大賛成です。」でしたね（⇒ 354 P.246）。今「最大に賛成」しているわけです。

▶ COLUMN7

シャドーイングの効用

　シャドーイングとは、耳から聞こえてくる音声に遅れないように**できるだけ即座に声を出したり繰り返したりしながらついていく**という作業です。最終段階の音読と共通する効用は、どちらも内的反復（記憶に必要）を声に出して行うことで**語彙や文法項目を記憶しやすくさせる**ことです。音読とシャドーイングを両方行うと、語彙のかたまりや文構造・文法を瞬時に認識できるようになります。もちろん、理解した文法を内在化させるのが目的なので、本書による文法理解をベースにした上で行いましょう。ただ声を出していればよいというわけではありません。

　一方、異なる効用もあります。音読は前に述べたように最終的に読解力向上につながるものですが、シャドーイングならではの効用は、**音声知覚の自動化により**リスニング力**が向上する**ことです。音読でもリスニング力は向上しますが、あくまでも「発音できない音は知覚できない」という段階の話です。それ以上の段階におけるリスニング力を鍛える最高の手段がシャドーイングなのです。シャドーイングは自分では速度調整できませんから、かなりストレスのかかる作業となります。比較的易しい文から始める方が良いでしょう。（本書の基本例文を出発点とすればよいと思います。）

　注意として、音読・シャドーイングは30分も続けて行うものではありません。脳が活性化しなくなるからです。脳の働きから考えると **10分から15分を1回として、時間をおいて繰り返す方が有効**です。

⇒ **COLUMN3～7**参考文献：『シャドーイング・音読と英語コミュニケーションの科学』（門田修平著、コスモピア）

9 疑問詞・関係詞
Interrogatives & Relatives

1 疑問詞 — P.260
1. whose
2. what
3. which
4. why
5. how
6. 前置詞の目的語を表す who / what
7. where
8. 疑問詞＋ do you think [imagine/suppose/say] ...

2 関係詞 — P.270
1. 関係代名詞
2. 前置詞＋関係詞
3. 関係副詞
4. 関係詞の非限定用法
5. その他の関係詞 I
6. その他の関係詞 II（慣用表現）

9 疑問詞・関係詞

Interrogatives & Relatives

track 31~36
問題演習編
Practice 16

1 疑問詞

Core point

疑問詞には who (whom), whose, what, which, when, where, why, how があります。なお、Prologue で述べたように「疑問詞」とは品詞名ではありません。

疑問詞は基本的に**疑問文を作るか、間接疑問（かたまりとして名詞句・節）を作る**働きをします。what と how は感嘆文を作ることもあります。まずはそれぞれの品詞と基本的な使い方をまとめておきます。

	品詞	超基本例文	意味
who	名詞	Who is that man? （あの男は誰だ？）	「誰」
whose	名詞・形容詞	Whose is this? （これ誰の？）	「誰の」
what	名詞・形容詞・(副詞)	What is that? （あれ何？）	「何」
which	名詞・形容詞	Which do you like? （どっちが好き？）	「どれ」
when	副詞	When did you hit him? （いつ彼を叩いたの？）	「いつ」
where	副詞	Where did you hit him? （どこで彼を叩いたの？）	「どこ」
why	副詞	Why did you hit him? （なぜ彼を叩いたの？）	「なぜ」
how	副詞・(形容詞)	How did you hit him? （どうやって彼を叩いたの？）	「どのようにして」

次に、who を使って基本的な語順を確認しておきましょう。

平叙文

  Jack hit Jill.

  （ジャックはジルを叩いた。）

⇒ 疑問文

 ① Who hit Jill?

  （誰がジルのこと叩いたの？）Jack ⇒ who

 ② Who did Jack hit?

  （ジャックは誰を叩いたの？）Jill ⇒ who

疑問詞が主語の場合（①）は**そのまま平叙文の語順を変えずに V を続けて、疑問文**を作ります。疑問詞が主語でない場合（②）は、**疑問詞の後は疑問文の語順**になります。**who の目的格**は whom ですが、**文頭では who** が使われます。

⇒ 間接疑問

 ① I will tell you [who hit Jill].

  （誰がジルを叩いたか教えてあげよう。）

 ② I want to know [who(m) Jack hit].

  （ジャックが誰を叩いたのか知りたい。）

間接疑問は、**疑問詞の後を平叙文の語順にして名詞節（句）を作ります。文中でも whom は who で代用される**ことが多いです。

1 whose

> 367 **Whose** painting won the prize?
> （誰の絵が賞を取ったのですか。）
> 368 **Whose** is this umbrella?
> （この傘は誰のだろう。）
> 369 Tell me **whose** book it is.
> （それが誰の本なのか教えてください。）

367 の whose は形容詞、368 は名詞です。369 は間接疑問になっています。この whose は book に直接つながっているので形容詞です。

2 what

> 370 **What** is your major?
> （あなたの専攻は何ですか。）
> 371 **What** kind of fruit do you like?
> （どのような果物が好きですか。）
> 372 **What** does it matter?
> （どうってことがあるものか。）⇒（どうってことはない。）

370 の what は名詞、371 は形容詞です。

372 は「どれほど」という意味で、副詞として使われています。この用法では反語の意味になることが多く、この文だと、「それがどれほど重要なのか」⇒「どれほどの重要さもない」⇒「全く重要ではない」ということになります。what を副詞的に使うのはこのような表現に限られます。（しかし、この文は慶應義塾大出題の文なので無視するわけにはいきません。）

3 which

> 373 **Which** photo did you choose?
> （どちらの写真を選んだのですか。）

この which は形容詞ですが、what との使い分けは、**選択する対象が明確であるならば which、そうでなければ what を使います**。たとえば、371 の文で選択する対象が grapes, oranges, apples というように限定されている場合だと、Which fruit do you like, grapes, oranges, or apples? となります。

4 why

> 374 **Why** didn't you come to the meeting?
> （どうして会合に来なかったのですか。）

これは理由を尋ねている疑問文で、Because I was sick.「具合が悪かったからです。」というように答えます。

5 how

> 375 **How** did you get there?
> （どのようにしてそこに行ったのですか。）
> 376 **How** soon will the train come?
> （電車はあとどのくらいで来ますか。）
> 377 **How** does he look?
> （彼はどんな様子ですか。）

375 how は単独で副詞として使う場合、「どのようにして」（手段・方法）を表します。(I got there) by taxi.「タクシーで行きました。」というように答え

ます。

[376] how が直後の形容詞・副詞と結び付くときには、「どのくらい」と程度を尋ねることになります。この例文だと「どのくらいすぐに」と尋ねているわけです。答え方は (It will come) in twenty minutes.「20分後に来ます。」(in は今からの時間の経過を表す前置詞⇒ [483] P.331) のようになります。

例) "**How long** have you known him?"

(「どのくらいのあいだ彼を知っているの？」) ⇒ (「いつから彼を知っているの？」)

"**For ten years.**"

(「10年間。」) ⇒ (「10年前から。」)

"**How many books** do you have?"

(「どのくらい本を持っているの？」)

"**5,000 at least.**"

(「少なくとも5000冊はあるよ。」)

[377] SVC の C の部分に**形容詞の答えが想定される場合**、how を使います。この場合だと、He looks depressed.「落ち込んだ様子だよ。」などとなります。

一方、C の部分に**名詞の答えが想定される場合**は what を使います (⇒ TOPIC 29 P.265)。

6 前置詞の目的語を表す who / what

[378] **Who did you go to the party with?**
(誰とパーティーに行ったのですか。)

[379] **What did you come here for?**
(何のためにここに来たのですか。)

[380] **What is your English teacher like?**
(君の英語の先生はどんな人ですか。)

378〜380 前置詞の後の名詞が疑問詞になっています。

378 は With whom did you go to the party? と表現することもできますが、この形は口語ではあまり使われません。

379 の for は、目的を表す「**何のために**」。

380 の like は「**〜のような**」という前置詞で、「何のような」⇒「どのような」となりますが、答えに like を使う必要はありません。He is a <u>strict but kind</u> teacher.「厳しいが優しい先生だよ。」というように答えます。

TOPIC 29　what か how か？

what は「何」、how は「どう」というように覚えているだけでは、これらの表現でどっちを使うか判断できなくなってしまいます。what は名詞の部分を疑問詞にした疑問代名詞です。したがって What 〜? の〜部分は不完全な文の形（文の成分となる名詞が抜けている）、How 〜? の〜部分は完全な文の形になります。

① **What** is the weather like?
　（天気はどのようですか。）
② **How** is the weather?
　（天気はどのようですか。）

①は前置詞 like の後が欠落しているので、名詞が疑問詞になったと考えて what。②は **SVC** の **C**（形容詞）が疑問詞になったと考えて how。①も②も It is cloudy.「曇っているよ。」というように答えます。

③ **What** do you call this in English?
　（これを英語でどうよびますか。）
④ **How** do you say *hikikomori* in English?
　（ひきこもりを英語でどう言いますか。）

③は call **O C** の **C**（名詞）が疑問詞になったと考えて what。④は say **O C** の形はないので、「どのように」say するのか、と考えて副詞の how。（ちなみに、『オックスフォード現代英英辞典』には *hikikomori* として載っています。）

⑤ **What** do you think of this plan?
（この計画についてどう思いますか。）

⑥ **How** do you feel about her dress?
（彼女の服装についてどう感じますか。）

⑤は I think [that it is a good plan] の that 節（名詞節）を疑問詞にしていると考えて what。⑥は「どのように感じるのか」という感じ方を聞いていると考えて how。

さらに、How large is the population of Tokyo?「東京の人口はどのくらいですか。」は What is the population of Tokyo? と表すこともできます。同様に the price, the size, the depth などが主語の場合も、**C** を疑問詞 1 語にすると what になります。（**SVC** の **C** の部分には名詞[数値]が想定されるからです。）

例）**What is the depth** of this lake?
（この湖の深さはどのくらいですか。）

> ! What 〜?、How 〜?の〜部分が同じ場合、つまり **SVC** の **C** の部分を疑問詞にする場合には以下のように使い分ける。
> ①名詞の回答が想定される場合　⇒ what
>   "What are you?"（「職業は何ですか。」）
>   "I am a high school teacher."（「高校教師です。」）
> ②形容詞の回答が想定される場合　⇒ how
>   "How are you?"（「調子はいかがですか。」）
>   "I am fine."（「元気です。」）
> この how は単独で副詞として使われているが、ここでは形容詞を導く。

TOPIC 30　反語

疑問詞を使う疑問文が、反語の意味になることもあります。会話の場合は抑揚で、読解の場合は前後の状況で判断する必要があります。

① **Who can believe such an absurd story?**
（誰がそんなバカげた話を信じられる？）

⇒ **No one can believe such an absurd story.**
（そんなバカげた話を信じられる人などいない。）

② **What** do you mean by that?

（どういうつもりでそんなこと言ってるんだ。）

②は、反語でなければ「それはどういう意味ですか。」となります。これには I mean ～や It means ～で答えますが、反語の場合は I'm sorry. I didn't mean it.「すみません、本気で言ったのではないのです。」というように反応したいですね。

I mean you are foolish. などと答えてしまうと大変です。

決まり文句となっている Why don't you ～?「**～したらどうですか。**」という**提案表現**、Why don't we ～?「**～しましょうよ。**」という**勧誘表現**（これらは Why not ～? と表現されることも多い）は、「なぜしないの？」⇒「しない理由ないよね。」⇒提案・勧誘となっているのです。もちろん文字通り「なぜ～しないの？」という意味になることもあります。

7 where

> 381 **I don't know where Betty lives.**
> （ベティがどこに住んでいるか知りません。）
>
> 382 **Do you know where Betty lives?**
> （ベティがどこに住んでいるか知っていますか。）

381 382 は間接疑問の形です。

8 疑問詞＋do you think[imagine/suppose/say] ...

> 383 **Where do you think Betty lives?**
> （ベティがどこに住んでいると思いますか。）
>
> 384 **Who do you imagine kissed Betty?**
> （誰がベティにキスをしたと思いますか。）
>
> 385 **Tell me who you think killed Robin.**
> （誰がロビンを殺したと君が思っているのか教えてくれ。）
>
> 386 **Did you say what Billy did?**
> （ビリーが何をしたか、あなたは言いましたか。）
>
> 387 **What did you say Billy did?**
> （ビリーが何をしたとあなたは言ったのですか。）
>
> 388 **I don't know what to do next.**
> （次にどうするべきかわからない。）

383 は疑問詞の後に do you think が入り込んでいますが、この場合 **do you think** 以外の部分は平叙文の語順となります。

> 【疑問文を do から始めるか、疑問詞から始めるか】
> ① yes / no で答えられる　⇒ **do** から始める
> ② yes / no で答えられない　⇒ 疑問詞から始める

384 think だけでなく imagine や suppose も同じように使えます。

385 Who do you think killed Robin? を全体として名詞（間接疑問）にすると、疑問文ではないので do you think ⇒ you think となります。

386 387 say も同様に使えます。

386 と 387 は、語順によって意味が変わるので要注意です。386 は yes / no で答えられますが、387 は答えられませんね。

388 疑問詞＋to 不定詞です。ここでは、**to = S should** と考えましょう。

例） what to do = what S should do
　　where to live = where S should live

TOPIC 31　感嘆文

what と how は感嘆文を作ることができます。

① What a fool he is!
（彼はなんてバカなのだろう。）

② What a tall tower this is!
（これはなんと高いタワーなのだろう。）

③ How foolish (a man) he is!
（彼はなんてバカ［な男］なのだろう。）

④ How fast that car can run!
（あの車はすごく速く走ることができるんだなあ。）

what の後には名詞がきます。（その名詞には形容詞が付いていてもいなくてもよい。）名詞が可算名詞の単数形ならば、**what の直後に a/an を付けます**。

how の後には原則的に形容詞か副詞がきます。形容詞の後に名詞を加える場合は、**形容詞＋a/an＋名詞**の語順になります（⇒ P.231）。

2 関係詞

Core point

関係詞として使われるのは **who, which, that, what**（以上、関係代名詞）、**when, where, why**（以上、関係副詞）などです。

that 以外は疑問詞とダブっていますね。それも当然のことで、関係詞は原則的に**今述べた名詞について、それが誰（何）のことなのか、いつ（どこ、なぜ）のことなのかを説明するもの**だからです。

たとえば、**who** の場合だと、誰なのかを問うのが疑問詞、誰なのかを説明するのが関係詞というようにつながっているのです。

【1】関係代名詞

> He is the boy who showed me the way.

He is the boy ➡ その少年って誰？ ➡ who showed me the way.
（私に道を教えてくれた少年）

情報は　左 ➡ 右

後半は the boy showed me the way という文を関係代名詞で前文に関係づけており（関係詞）、名詞 the boy の部分を who で置きかえています（代名詞）。

> He is the boy who showed me the way.
> 　　　　　　　└ the boy showed me the way を関係代名詞で前文に位置づけている

　後半が I scolded the boy yesterday という文の場合、who(m) I scolded yesterday というように、関係代名詞を説明したい語の後に移動します。

> He is the boy who(m) I scolded yesterday.
> 　　　　　　　└ 関係代名詞を説明したい語の後ろに移動する

　関係代名詞の読解においては、**関係代名詞の後の文中に名詞の欠落がある**ことになるので、**どの部分に名詞が置かれるのかを判断することが重要**になります。

Focus 41

【関係詞代名詞を含む文の読解】

❶先行詞はどれか

修飾される語を先行詞という。（直前とは限らない。）

例）I saw <u>a man</u> in the park who was wearing a yellow hat.
　　（公園で黄色い帽子をかぶっている男を見た。）⇒先行詞は a man

　　He was the only <u>person</u> of the campers who brought a monkey there.（彼はそこにいたキャンパーのうち、猿を連れてきている唯一の人間だった。）⇒先行詞は person でないとおかしい。以下の文と比較してみよう。

　⇒ He was one of the <u>campers</u> who brought monkeys there.
　　（彼は猿をそこに連れてきているキャンパーの1人だった。）

❷節の範囲はどこからどこまでか

> **❸名詞の欠落はどこにあるか**
> 欠落を埋めて1文をイメージしよう。
> **例) He is the person who(m) I want to come.**
> 「私が来たい人」？？と思った人は、名詞の欠落部分を判断しようとしないことから誤読している。例文の後半 I want to come に名詞の欠落があるはずなので、名詞が入るところを探すと、want の後だとわかる。すると、I want the person to come「私はその人に来てほしい」となるから、**「彼は私が来てほしいと思っている人です。」**となる。なんとなく後ろの文を前の名詞にくっつけるだけではダメ。

【2】関係副詞

She went to the house **where** her husband was waiting for her.

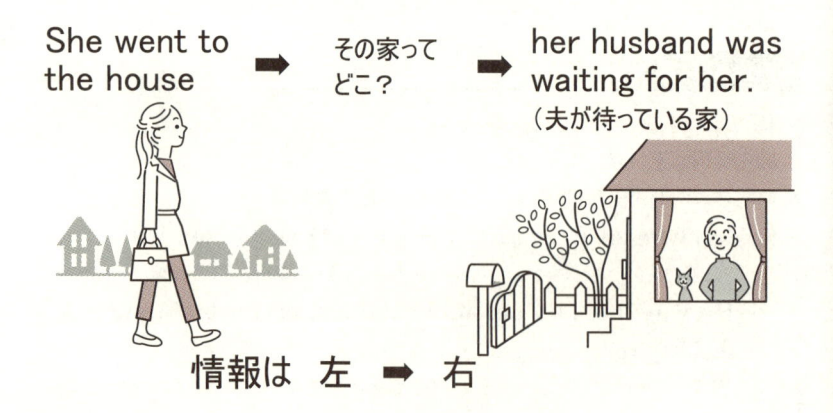

She went to the house ➡ その家ってどこ？ ➡ her husband was waiting for her.（夫が待っている家）

情報は 左 ➡ 右

　後半は **her husband was waiting for her in the house** という文を関係副詞で前文に関係づけており、**in the house**（副詞句）の部分を **where** で置きかえています。代副詞という品詞はないので、関係副詞といいます。

Guideline

1 関係代名詞

先行詞を関係詞節に入れた文の形を考えていきます。

> 389 **She is the girl who helped me.**
> (彼女が私を助けてくれた少女です。)
>
> 390 **She is the lady who(m) Tom wants to get married to.**
> (彼女が、トムが結婚したがっている女性です。)
>
> 391 **He is the man whose photo you saw in the paper this morning.** 🔊
> (彼が、君が今朝新聞で写真を見た男だ。)

389 関係代名詞の格は、**先行詞を関係詞節中に入れた場合にどう入るのかで決定**します。the girl helped me で主語となるので主格で who となります。

390 を書きかえると Tom wants to get married to the lady. という形になるので、目的格。ただし**目的格の whom は省略されることが多い**です (⇒ TOPIC 32 P.280)。

391 を書きかえると You saw the man's photo in the paper this morning. という形になるので、所有格。**所有格と名詞は切り離すことができない**ので、whose photo の形から関係詞節が始まっています。

> 392 **I am going to read a book today which he gave me last week.** 🔊
> (彼が先週くれた本［の１冊］を今日読むつもりです。)
>
> 393 **I took a picture of a mountain whose top was covered with snow.** 🔊
> (頂上が雪でおおわれている山の写真を撮りました。)

392 先行詞は a book です。**先行詞は関係詞の直前とは限りません**。冠詞が a になっているのは、彼が先週くれた本は複数あって、その中の１冊だからです。

This is the ring which he gave me.「これが、彼がくれた指輪です。」だと、彼がくれた指輪は１つであって、これがその指輪だということになります。

393 The mountain's top was covered with snow. という形です。**whose は人が先行詞でなくても使えます。**

---

394 **This is the very picture that I've been looking for.**
（これはまさに私が探していた絵画だ。）

395 **They found a boy and a dog that were dying in front of the pictures by Rubens.**
（彼らは瀕死の少年と犬をルーベンスの絵の前で見つけた。）

▶『フランダースの犬』のラストシーン。

396 **Who that knows him can speak ill of him?**
（彼を知っている誰が彼の悪口を言えるだろうか。）

---

394 the very ～「まさしく～そのもの」（very は形容詞）、the only ～「唯一の～」のように、**先行詞が限定度合いの強い語で修飾されている場合、関係詞は that を使うことが多い**です。（人が先行詞ならば who も普通。）

395 **先行詞が人＋動物の場合、関係詞は that を使うのが普通**です。

396 **先行詞が who の場合、関係詞は that を使います**が、この形は通常、反語で who = no one と考えます。この文の場合、「彼を知っている人なら誰も彼の悪口など言えない。」という意味になります。

---

397 **A person who I thought was my friend deceived me.**
（私が友人だと思っていた人が私を欺いた。）

関係詞節は who から friend までで、先行詞を入れると I thought a person was my friend となります。**関係詞節中にさらに節が入る形**です。この形で使える動詞は、think, believe, suppose, know, say, tell などで、**先行詞が主格で入る場合、これらの動詞の後ろの接続詞 that は必ず省略**されます。

① the man who the newspapers say got married to the actress

(その女優と結婚したと新聞に書かれている男)

② **the organization that I believe will help me**

(私を助けてくれるだろうと私が信じている組織)

---

[398] I don't like the arrogant man that you are now. 🔊

(私は今のあなたのような傲慢な人は好きではありません。)

先行詞は人になっていますが、これは関係詞節中では補語となっており、**人の性質や状態**を表しています。つまり「傲慢な人」が誰なのかを説明しているのではなく、あなたが今そういう人なのだと説明しているのです。**誰であるかを説明するのではなく、どういう人であるかを説明している**ので、who / whom は使わず that を使うことになります。

例) **I am not the man that my mother wants me to be.**

(私は、母が私にそうであってほしいと思うような人ではない。)

母は私に「ほかの誰か (who)」になってほしいと思っているのではなく、「母が望むような私 (性質)」になってほしいと思っているのです。

2 前置詞＋関係詞

---

[399] She is the actress to whom Ken sent a fan letter. 🔊

(彼女が、ケンがファンレターを書いた女優です。)

[400] I was surprised at the diligence with which the boy worked. 🔊

(その少年の勤勉な働きぶりに私は驚いた。)

[401] I need a knife with which to cut this cake. 🔊

(このケーキを切るためのナイフが必要だ。)

---

[399] 前置詞＋関係詞（whom か which）は、**関係詞節に前置詞＋先行詞が入る形**です。この例文だと、Ken sent a fan letter to the actress. となりますが、**前置詞と名詞は結び付きが強い**ので to the actress は切り離さず、to whom の

形にして前に移動しています。(The actress who[m] Ken sent a fan letter to. という表現の方が口語的です。)

ただし、look for ~「~を探す」といったイディオムだと、for と~よりも look と for の方が結び付きが強いと考えられるので、for which の形で使うことはしません。

400 は 399 と同様です。the boy worked with diligence となります。

401 前置詞＋which＋to 不定詞は、to = S can/will と考えます（⇒ 388 P.268）。

with which to cut this cake
⇒ **with which I can cut this cake**
　（⇐ I can cut this cake with the knife.）

3 関係副詞

402 **This is the house where he was born.**
（これは彼が生まれた家です。）

403 **Do you remember the day when we first met?**
（私たちが初めて会った日を覚えてる？）

404 **He didn't give a reason why he did not agree with us.**
（彼は私たちに同意しない理由を言わなかった。）

405 **This is why I don't agree with you.**
（こういうわけで、あなたには同意していないのです。）

406 **This skill is an essential element in a profession where writing is necessary.**
（この技術は、書くことが必要な仕事においては不可欠な要素だ。）

402 先行詞を関係詞節中に入れると、he was born in the house となり、関係代名詞を使うと the house which he was born in ⇒ the house in which he was born となります。この in which を1語で表すと where になります。in the house（副詞句）をそのまま関係詞にしたのが関係副詞なのです。

> ⚠ house が先行詞の場合、house は場所だから where にする、というのは間違い。house を関係詞節中に入れると、副詞の働きをする in the house という形で入るから where を使っている。This is the house which I like best.「これは私が一番好きな家です。」だと、先行詞 house は I like the house best. というように名詞で入るから、関係代名詞を使うことになる。

404 時を表す場合は **when** を使います。先行詞を関係詞節中に入れてみると we first met <u>on the day</u>「その日に初めて会った」となります。

404 **reason** に対しては **why** を使います。先行詞を関係詞節中に入れてみると he did not agree with us <u>for the reason</u>「その理由で彼は私たちに同意しなかった」となります。

> ⚠ 402 と同様に、reason が先行詞ならば必ず why というわけではない。**reason を関係詞節中に入れると for the reason（副詞句）という形で入るから why を使っている。**関係代名詞の場合は、次のようになる。
> 例）He didn't ask her to go out because he didn't have much money. This is <u>the reason</u> that he didn't tell her.
> （彼が彼女をデートに誘わなかったのはお金がなかったからです。これは彼が彼女に言わなかった理由です。）
> ▶ the reason を関係詞節中に入れると、he didn't tell her <u>the reason</u> となる。

405 this is why ～「こういうわけで～」。このまま覚えてもかまいませんが、This is the reason why ～. がもとの形で、reason と why は密接に結び付く語なので the reason を省略した形です。

this is how ～ だと「このようにして～」となります。これは、もとは This is the way how ～. という形だったと考えられますが、way と how はとても密接な語なので両方並列することはありません。（ですから how は関係副詞として扱っていません。）

the place where ～や the time when ～の the place や the time が省略される場合も、同様に考えると理解できるでしょう。

例）**Kyoto is where a lot of foreign people come every year.**
（京都は多くの外国人が毎年来るところです。）

406 先行詞を関係詞節中に入れると、writing is necessary <u>in the profession</u>「その職業においては書くことが必要だ」となります。**where は場所以外に、場**

合・状況・立場などを表す先行詞に対して使うことができます (case, point, situation など)。

例) **These are the cases where this rule doesn't apply.**
(これらはこの規則があてはまらない場合です。)

---

407 **What he said is true.**
(彼が言ったことは本当です。)

408 **I want to do what I think is right.**
(私は自分が正しいと思うことをやりたい。)

---

407 what he said「彼が言ったこと」(⇒ Focus42)。

408 what I think is right = the thing that I think is right (⇒ Focus42)。先行詞を関係詞節中に入れると I think the thing is right となります (⇒ P.274)。

Focus 42

【what の用法】
what は先行詞+関係代名詞を1語にまとめたもの。それ自体に先行詞を含んでいる点に注意する必要がある。what に含まれる先行詞は、次の❶❷のどちらかである。

❶漠然とした名詞(「もの」「こと」「ひと」)
I don't understand what he says.
(彼が言っていることがわからない。)
先行詞は「こと」 what = the thing that
I am not what I was twenty years ago. (私は20年前の私ではない。)
先行詞は「ひと」⇒「私が20年前にそうであったような人」。what = the person that (⇒ 398 P.275)。

❷先行詞が文中(前か関係詞節中)で繰り返されるので、明示する必要がない名詞
This watch is what I like best. (この時計は私が一番好きな時計だ。)
what = the watch that となる。

He behaved in what they thought was a good manner.
(彼は、彼らがまともなやり方だと思うようなやり方で振る舞った。)
⇒(彼は、彼らがまともだと思うようなやり方で振る舞った。)
what = the manner that となる。この文では、what が率いる節は文末まで (⇒ 408 P.278)。先行詞は the manner。先行詞を関係詞節中に入れると、they thought the manner was a good manner となり、節中で manner という名詞が繰り返されることになる。

❸ what と that を混同しないように注意

what ～ は**全体として名詞**となり、～部分には**不完全な文の形**がくる。
しばしば接続詞の that と混同されるが、**接続詞の that は後ろに完全な文の形を伴う。**

例) **What he said is true.**（彼が言ったことは真実だ。）

▶ he said は **O** がないので不完全な文の形。what he said は「彼が言ったことの内容」の意味。

That he said this word is true.
(彼がこの言葉を言ったということは真実だ。)

▶ he said this word は完全な文の形である。that he said this word は「彼がこの言葉を言ったという事柄」の意味。

❹ what を疑問詞として判断するか、関係詞として判断するか

I don't know what you said. という文を日本語に訳す場合、what you said 部分を疑問詞として訳すと「君が何を言ったか」となり、関係詞として訳すと「君が言ったこと」になるように思うだろうが、日本語と英語は言語構造が異なるものなので、**疑問詞か関係詞かという識別によって訳が変わるわけではない**。関係詞節を疑問詞のように訳す場合もある。

例) **Tell me the kind of music you like best.**
(君がどのような音楽を一番好きなのか教えて。)

また、次の文の場合、what が疑問詞か関係詞かを決定しようとすることに意味はなく、文構造と文意が把握できればよい。訳もどちらで訳してもかまわない。

I will tell you what he said.
(彼が何を言ったか教えよう。／彼が言ったことを教えよう。)

ただし、リスニングの場合は**疑問詞の what には強勢が置かれる**が、**関係詞の what には強勢が置かれない**ことに注意しよう。

しかし、what you said is not true「君が言ったことは本当ではない」ならば、what を疑問詞のように扱うことはできない。「君が何を言ったかは本当ではない」では意味不明だ。だいたいにおいて、**what 節に対して未知・不確定・疑問の要素があれば疑問詞**、そうでなければ**関係詞**のように訳しておけばよいだろう。

I don't know what he said. だと「what 〜を知らない」となるので疑問詞的に訳しておこう、と思えれば十分である。

TOPIC 32　関係詞の省略

限定用法（⇒ TOPIC 33 P.284）の関係詞は以下の場合、**省略可能**です。

■**先行詞の直後に文が始まる形で先行詞を説明する場合（先行詞の後に in the world などの短い句が挟まることもある）**

① He is the person (**whom**) I met yesterday.
（彼が、私が昨日会った人です。）

② This is the only red shirt (**that**) there is in this store.
（これはこの店にある唯一の赤いシャツです。）

③ He is not the kind man (**that**) he used to be.
（彼は以前のような親切な人ではない。）

④ He didn't speak a word all the time (**when**) his wife was there.
（彼は妻がそこにいるあいだ、ずっと一言も言葉を発さなかった。）

⑤ He was the first person **who** talked to me.
（彼は私に話しかけた初めての人だった。）

⑥ This is a book (**which**) I expect would sell well.
（これは、よく売れるだろうと私が期待している本です。）

①③④⑥ SV は文が始まる形です。② there is は文が始まる形。この形では That's all there is to it.「それだけのことさ。」や、I've told you all there is to tell.「言うべきことはすべてあなたに言った。」という表現が口語でよく用いられます。⑤ talked から文は始まらないので who は省略できません。

　目的格ならば省略可能、と覚えている人は根本的に間違えています。上の例を見ればわかるように、**主格の関係代名詞や関係副詞も省略可能**です。要は、直後に文が始まる形で先行詞を限定修飾している場合に省略可能なのです。**文が始まる形は SV が圧倒的に多く、先行詞がその後ろに入るとしたら目的格が圧倒的に多くなり、その結果、省略されているものの多くは目的格だということになっている**のです。
　原因と結果を混同してしまうのは思考停止です。「目的格ならば省略可能」というむやみな覚え方だと、目的格以外のものを例外として意味不明に覚え込まなければならなくなってしまいます。

■ **There is 〜の場合**
　例）**There is a woman outside (who) says she is your mother.**
　　（君の母親だと言っている女性が外にいます。）
　これは関係詞の省略というよりは、there is がほとんど副詞のようにとらえられているので、**SV が続いている**と考えてしまいましょう。

4 関係詞の非限定用法

409〜413は関係詞の非限定用法とよばれる用法で、**関係詞の前にコンマを付けることで限定用法と区別しています**（⇒ TOPIC33 P.284）。

> 409 **He has two sons, who work for his company.**
> （彼には２人息子がいるが、その２人は彼の会社で働いている。）
>
> 410 **I am going to study English in the UK, where Queen's English is spoken.**
> （私はイギリスで英語を勉強するつもりだ、そこではクイーンズイングリッシュが話されているから。）
>
> 411 **He said nothing, which made his wife angry.**
> （彼は何も言わなかったが、それが妻を怒らせた。）

410 関係副詞にも非限定用法はあります。

411 which の継続用法（非限定用法の１つ）では、**前文の一部／全部を先行詞として扱って前文に説明を加える**ことができます。この例文だと次のようになります。

⇒ He said nothing, and it made his wife angry.

▶ it = he said nothing

このように前文に説明を加える場合、つながり方としては結果（順接的、逆接的）か理由となるのが普通です。

He said nothing, which made his wife angry.

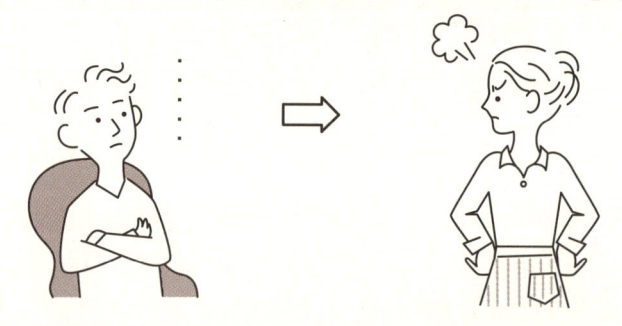

① **He said he liked classical music, which was a lie.**
（彼はクラシック音楽が好きだと言ったが、それは嘘だった。）
⇒ **He said he liked classical music, but it was a lie.**

▶ it = he liked classical music

もちろん主格とは限りません。

② **He tried to do the task in an hour, which I thought impossible.**
（彼はその作業を１時間でやろうとしたが、私はそれは不可能だと思った。）
⇒ **He tried to do the task in an hour, but I thought it impossible.**

※ it = do the task in an hour

! He said nothing that would make his wife angry.「彼は妻を怒らせるであろうことは何も言わなかった。」だと限定用法で、先行詞は thing。everything / nothing / something などは、**先行詞は thing** と考える。
例) I will give you everything (that) you want.
（僕は君が望むものはすべてあげよう。）
この文で先行詞を everything だと考えると、先行詞を関係詞節中に入れたときに you want everything「君はすべてを望んでいる」となってしまう。every {thing [that you want]} と考えよう。

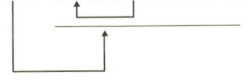

I will give you everything you want.

この指輪とそのネックレスと、あと、あの指輪も欲しい

その３つすべてあげよう

9 疑問詞・関係詞 **2** 関係詞 **4** 関係詞の非限定用法

> 412 **We may be late for the party, in which case you will not have to wait for us.** 🔊
> （私たちはパーティーに遅れるかもしれませんが、その場合には私たちを待つ必要はありません。）
>
> 413 **Our boss, who usually comes on time, arrived late yesterday.** 🔊
> （社長は普段は時間通り来るのに、昨日は遅れて来た。）

412 コンマの後に前置詞＋which＋名詞＋S V がくる用法。この場合、which は the に置きかえられます。

, in which case S V 〜 ＝ and in the case S V 〜

413 関係詞の非限定用法は文末だけでなく、文中でも使われます（⇒ **TOPIC33**）。

TOPIC 33 限定用法と非限定用法

■限定用法

　先行詞の後、関係詞節がコンマなしで続く形。先行詞が漠然としていたり、先行詞からはさまざまなものや人が想定される場合に、関係詞節で説明を加えることで特定のものや人に限定するのが限定用法です（⇒ 389 〜 408 P.273-278）。

■非限定用法

（1）非限定用法の関係詞

　先行詞の後、コンマを置いて関係詞に続く形。先行詞に情報（説明）を補足するために関係詞節を使ったり、文末において前文に説明を加えたりする用法を、非限定用法（継続用法、連続用法）といいます。

　非限定用法の関係詞として使われるのは which, who, when, where, as（⇒ **Focus44** P.288）で、that は非限定用法として使われません。（最近、関係詞の非限定用法として that を使う例も見られますが、現在のルールとしては誤用であると考えておきましょう。）

（2）コンマの有無による伝達内容の違い

この違いを和訳で表す必要はありませんが、伝達内容があきらかに異なることは注意しましょう。

日本語訳にする場合、非限定用法だからといって前から訳し下す必要はありませんが（⑤の例文のように後ろから訳してもかまわない）、コンマの有無で伝達内容があきらかに異なることには注意が必要です。

以下の文で違いを考えましょう。

① **He has two sons who are doctors.**
（彼には医者の息子が2人いる。）

② **He has two sons, who are doctors.**
（彼には2人の息子がいて、その2人は医者だ。）

①は「医者である息子」が2人いるということです。限定するということは限定されざるものが存在するということなので、「医者をしていない息子」もいるという意味になります。

②は息子が2人いて、その2人ともが医者だと説明していることになります。さらに例をあげてみましょう。

③ **Children who learn quickly should start to learn English at their early ages.**
（習得の早い子どもは幼い時期に英語を習い始めるべきだ。）

④ **Children, who learn quickly, should start to learn English at their early ages.**
（子どもは習得が早いのだから、幼い時期に英語を習い始めるべきだ。）

③が「子どもの中で習得の早い一部の子ども」を対象としているのに対し、④は「子ども一般」を対象としています。この違いを和訳で表す必要はありませんが、伝達内容があきらかに異なることには注意。

そうすると、**固有名詞や人称代名詞が修飾される場合は、非限定用法にするのが当然**ということになります。

⑤ **Tom's father, who is 78, goes swimming every day.**

（トムのお父さんは 78 歳なのだけど、毎日泳ぎに行っています。）

ここで、who の前にコンマがないと限定用法になり、「トムのお父さんは何人かいるのだけど、その中で 78 歳のお父さん」という意味になってしまいます。

5 その他の関係詞 I

a) -ever の用法

414 **I will give this to whoever comes first.**
（誰であれ最初に来る人にこれをあげよう。）

415 **Help yourself to whichever you want.**
（どれでも好きなものを自由に食べてください。）

416 **Can you think of anything that I have that you don't have?**
（僕が持っているものの中で君が持っていないものを思いつきますか。）

下の Focus43 を見てみましょう。

Focus 43

【-ever の用法】

❶ whoever, whatever, whichever

a) 名詞節を作る用法（関係詞）

・whoever ～ ＝ anyone who ～
・whatever ～ ＝ anything that ～
・whichever ～ ＝ any one[s] that ～

この場合の whatever と whichever の使い分けは、疑問詞 what と which の使い分けと同じ（⇒ 373 P.263）。

例) **I believe whatever he says.**

（私は彼が言うことはなんでも信じている。）

※ believe の O として名詞節を作っている。

= I believe <u>anything that</u> he says.

・any＋名詞＋that ～の用法（whatever, whichever）

whatever と whichever は直後に名詞を伴って any＋名詞＋that ～という用法もあるが、これは名詞をより明確にしたもの。

例) **Take whichever <u>book</u> you like.**（どちらでも好きな本を選びなさい。）

= Take <u>any book that</u> you like.

b) 副詞節を作る用法（接続詞）

Whatever <u>you may say</u>, I believe him.

（君がなんと言おうとも私は彼の言うことを信じている。）

= <u>No matter what you may say</u>, I believe him.

❷ however（接続詞）

副詞節を作る。

a) 直後に形容詞か副詞を伴って「どれほど～であろうとも」

However hard you may try, you cannot persuade him.

（どれほど一生懸命やってみても、君が彼を説得することはできない。）

b) 単独で節を作って「どのようなやり方で～しようとも」

However you study English, you cannot master it in a week.

（どのようなやり方で英語を勉強しても、1週間で習得することはできない。）

! however は nevertheless「しかしながら、でも」という用法もあり、これは前文からつながる用法である。（文頭よりも文中に置かれることが多い。）

例) Later, however, he decided to go.

（しかしながら、後になって彼は行くことに決めた。）

b) 関係代名詞 as

> 417 **I have never heard such a story as he told me.**
> （彼が私に語ったような話を、私はこれまでに聞いたことがない。）
>
> 418 **As is often the case with him, the politician broke his promise.**
> （その政治家にはよくあることだが、彼は約束を破った。）

詳しくは下の Focus44 を参照してください。

Focus 44

【関係代名詞 as】
as が関係代名詞として使われることがある。

❶限定用法
a) such＋名詞＋as ～「～のような名詞」
such a friend as would help you（君を助けてくれるであろうような友人）
b) the same＋名詞＋as ～「～と同じ名詞」
the same word as he said to me（彼が私に言ったのと同じ言葉）
c) as＋形容詞＋名詞＋as ～「～と同じくらい形容詞な名詞」
as much money as is needed（必要なだけのお金）
as many students as came to the class（その授業に来た生徒全員）
　▶ 10人来たのならば、その10人。

❷非限定用法（継続用法）
文頭、文中、文末で使われ、いずれも主節全体に「～ように、～なのだが」という説明を加える。**名詞の欠落部分には、主節を指す it が入ると考える。**

文頭 **As had been expected, he played his part admirably.**
（予想されていたことではあったが、彼は自分の役割を見事に果たした。）

文中 **Japan, as we all know, is a small country.**
（日本は私たち皆が知っているように小さな国だ。）

> **My father, as is usual with him, spoke slowly.**
> （父はいつものようにゆっくりと話した。）
>
> **He was late for school, as was usual with him.**
> （彼は学校に遅れた、いつものことではあったが。）
>
> as is often the case with ～ 「～にはよくあることだが」は入試頻出表現だが、実際の日常会話ではあまり使われない古い表現である。

c) 関係詞的に使う than

> 419 **They spent more money than was needed.** 🔊
> （彼らは必要以上のお金を費やした。）

than を**関係詞的に使う**ことがあります。

例) **more money than I can earn in a year**
（私が1年で稼ぐ以上のお金）

Focus 45

【二重限定】

1つの先行詞に対して、関係詞節が連続して修飾することがあり、それを二重限定という。

❶用法

先行詞をまず1番目の関係詞節で限定し、さらにそれを2番目の関係詞節で限定するという用法。

❷省略

最初の関係詞は省略されることが多いが、2番目の関係詞は省略できない。先行詞が離れているからである（⇒ P.280）。

例) **Jane is the only girl (that) I know who can speak French.**
（ジェーンは私が知っている中でフランス語を話せる唯一の女の子だ。）

二重限定の場合、原則的に同じ関係詞は使えないことも注意。

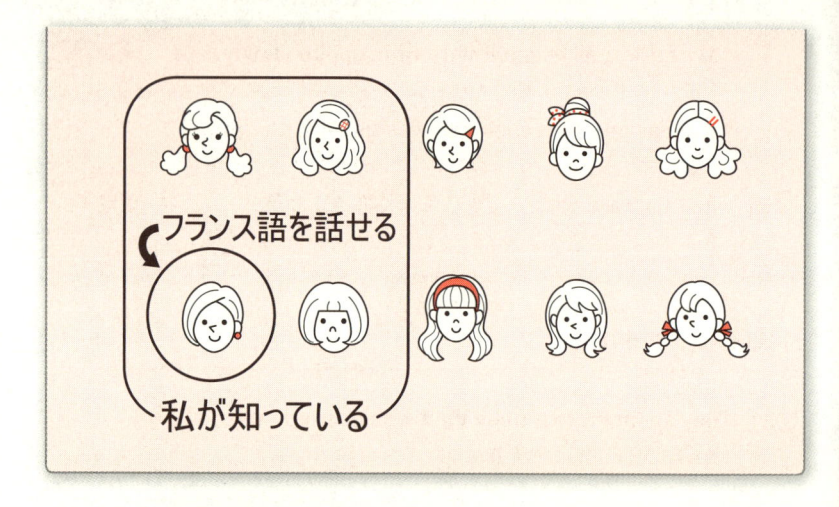

TOPIC 34 関係代名詞 but

主節が打ち消しとなっている文において、but が関係詞として機能し、but = that[which/who] _ not ~となることがあります。(古い用法ですが、定型的な表現に残っているので知っておく必要はあります。)

例) There is no mother but loves her own child.
(自分の子どもを愛さない母親はいない。)
= There is no mother who does not love her own child.

6 その他の関係詞Ⅱ(慣用表現)

a) what＋名詞 ～

> 420 **He gave the poor children what money he had with him.**
> (彼はその貧しい子どもたちに、持ち合わせていたお金をすべて与えた。)

what＋名詞 ～ ＝ all the＋名詞＋that ～。what が名詞につながるので関係形容詞といいます。(用語を覚える必要はありません。)

what you have ＝ the thing you have の thing の部分を明確にした表現です。all が入り込む理由は、what you have「君が持っているもの」は実際には「君が持っているものすべて」を意味しますが、関係形容詞の場合、all の意味を和訳に表した方がわかりやすい、というだけのことです。

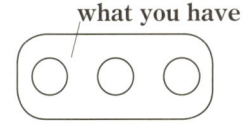

「少ないながらも」という意味を加える場合、名詞が可算名詞ならば few、不可算名詞ならば little を what の直後に置きます。

例) **In this summer, I will read what few books I have.**
　　(この夏には、少ないながらも自分が持っている本をすべて読もう。)

b) A is to B what C is to D.「A と B の関係は C と D の関係のようなものだ。」

> 421 **Reading is to the mind what food is to the body.**
> (読書と知性の関係は食べ物と体の関係のようなものだ。)

これは what C is to D の部分が補語となっていて、「A は B に対して、C が D に対するようなあり方である。」⇒「**A と B の関係は C と D の関係のようなものだ。**」となります。what C is to D は相手も了解できていることで、A は B に対してそういうものなのだ、と伝達しています。

What C is to D, A is to B. となることもありますが、「C が D に対してどういうものか知っているよね、A は B に対してそういう関係にあるのだよ。」という情報の伝達になります。

c) what you call 〜「いわゆる〜」

> 422 I think that is **what you call** a stereotype. 🔊
> （それはいわゆる固定観念だと思います。）

これは call O C の O が先行詞として扱われています。「一般の人が〜とよぶもの」⇒「いわゆる〜」となるわけです。what is called 〜も同じことです。

ここで what you call 〜の you を we にすると「ほかの人たちとは違って私たちが〜とよんでいるもの」という意味が、they にすると「私たちとは違って彼らが〜とよんでいるもの」という意味が含まれます。what you/we/they call 〜＝「いわゆる〜」というようにやみくもに覚えるものではありません。

d)「さらに〜なことには」

> 423 The gap between the rich and the poor is wide and, **what is worse**, increasing. 🔊
> （富めるものと貧しいものの格差は大きく、さらに悪いことには拡大している。）

what is＋比較級を挿入的に使って「さらに〜なことには」を表しています。「後ろに述べることの方が前に述べたことより〜だ」という挿入です。what is more/better/worse で「さらには／さらに良いことには／さらに悪いことには」を意味します。

10 接続詞
Conjunctions

1 等位接続詞 — P.294

1. and
2. but
3. or / nor
4. for, so

2 従位接続詞 — P.301

1. 名詞節を導く接続詞
2. 副詞節を導く接続詞Ⅰ
   （時を表す接続詞）
3. 副詞節を導く接続詞Ⅱ
   （原因・理由を表す接続詞）
4. 副詞節を導く接続詞Ⅲ
   （目的・結果・程度・条件・譲歩を表す接続詞）

10 接続詞
Conjunctions

⊙ track 36~40
問題演習編
Practice 17

語・句・節を連結する働きをする語を接続詞といいます。接続詞には等位接続詞と従位接続詞があります。また、the moment ～「～するとすぐに」、once ～「ひとたび～すると」、suppose ～「～ならば」などのように名詞、副詞、動詞が接続詞として用いられるものもあります。

1 等位接続詞

Core point

文中で同じ役割をする関係にある語・句・節を結び付ける機能を果たす接続詞を等位接続詞といいます。(等位とは、文中で等しい位置づけにある、ということです。) and, but, or / nor, for の5つが基本です。(so「だから」は副詞ですが、and so ～の and が省略されることが多く、その場合、等位接続詞と考えてもかまいません。) このうち for (と so) は、語・句の連結に用いることはできません。for は前文に対してその判断根拠や理由を文の形で付け足すのに使います。(so は前文に対して結果を文の形で付け足すのに使います。⇒ 435 P.299)

Guideline

1 and

a) 基本的用法

> 424 **Judy and Mary went to the amusement park together last Sunday.**
> (ジュディとマリーは前の日曜日に一緒にその遊園地に行きました。)

and は Judy と Mary を接続しています。どちらも主語となっているように、and で接続される部分は文中で同じ役割を果たします。

b) 名詞句＋and S V ／命令文＋and S V

> 425 **Another two weeks, and the work will be completed.** 🔊
>
> （もう2週間あれば、その作品は完成します。）
>
> 426 **Run faster, and you'll catch the last train.** 🔊
>
> （もっと速く走れば終電に間に合うぞ。）

425 名詞句＋and S V の形で、「もし～ならば SV」という意味を表します。

426 命令文＋and S V も同様です。「～しろ、そうすれば SV」という表現ですが、「～すれば SV」というように**本来の命令の意味はない**と考える方が自然です。たとえば、次の文では命令を伝える意図がないことはあきらかですね。

例）**Move an inch, and you'll be dead.**

（1インチでも動けばお前は死ぬぞ。）

（ただ、日本語でも「ちょっとでも動いてみろ、そうしたら命はないぞ。」のような言い方をしますから、訳を命令文にしても問題はありませんが……。）

c) S V and (S) V

> 427 **Bob was tired and went to bed early.**
>
> （ボブは疲れていたので、早く寝た。）

S V and (S) V で and 以下が行為の並列ではなく結果を表すことがあります。この場合、**順接的につながる場合も逆接的につながる場合もある**ことに注意しましょう。次の文は、and 以下が逆接的につながっている例です。

例）**She promised to tell me, and (yet) she didn't.**

（彼女は私に教えてくれると約束したが教えてくれなかった。）

TOPIC 35 and＋原形

① go and＋原形
② come and＋原形
③ try and＋原形

これらは and＋原形＝to＋原形を表します。例文で確認してみましょう。

<u>Come and</u> <u>see</u> me tomorrow morning.
（明日の朝会いに来てください。）

2 but

[428] **She had no money but she was happy.** 🔊
（彼女はお金がなかったが幸せだった。）

[429] **He is not a scholar but a journalist.** 🔊
（彼は学者ではなくジャーナリストだ。）

[428] but は**逆接**です。
[429] not ＿ but ～「＿でなく～」（⇒ **Focus46** P.300）。

3 or / nor

a) 基本的用法

[430] **Aki or Junko will be the top of the class.**
（アキかジュンコがクラスで一番になるだろう。）

or は Aki と Junko を接続しています。or は**選択性**を表します（⇒ **TOPIC 36** P.298）。

b) 命令文＋or S V「～しなければ SV」

> 431 **Open the window, or it'll be too hot in this room.**
> （窓を開けないと、この部屋は暑くなりすぎるでしょう。）

この命令文＋or S V「～しなければ SV」は、425 426 とともに覚えましょう。これらは等位とは言い難いので特別な表現として扱ってください。さらに肯定と否定の2つの節を or がつなぐ場合も同様に「さもなければ」になります。

① **I cannot stay longer, or I'll be late.**
（これ以上はいられない、さもなければ遅れてしまうだろう。）

② **He told me himself, or I would not believe it.**
（彼が自分で言ったのでなければ、私はそれを信じないであろう。）
（⇒ TOPIC 18 P.159）

c) either _ or ～「＿か～かのどちらか」

> 432 **Either my husband or I am crazy.**
> （夫か私のどちらかは気が狂っているのよ。）

either _ or ～で「＿か～のどちらか」を意味します（⇒ Focus 46 P.300）。この表現では動詞に近い方を主語とみなします（⇒ P.393）。

d) neither _ nor ～「＿も～もどちらも…ない」

> 433 **This book is neither interesting nor instructive.**
> （この本は面白くないし、ためにもならない。）

neither _ nor ～で「＿も～もどちらも…ない」を意味します（⇒ Focus 46 P.300）。nor ではなく or が使われる場合も多くあります。**否定文中の or は**「どちらも～ない」という意味になります。

例）**The street is not very wide or easy to find.**
（その通りはあまり広くなく、見つけやすくもない。）

TOPIC 36 言いかえの or

前に述べた表現が伝わりにくいと話し手が判断した場合、ほかの表現を選択するのに **or** が使われることがあります。この場合、**or の前にはコンマが置かれます**。特別な用法というよりは、or は**選択性を表す語**であり、その延長上にあるものと考えましょう。

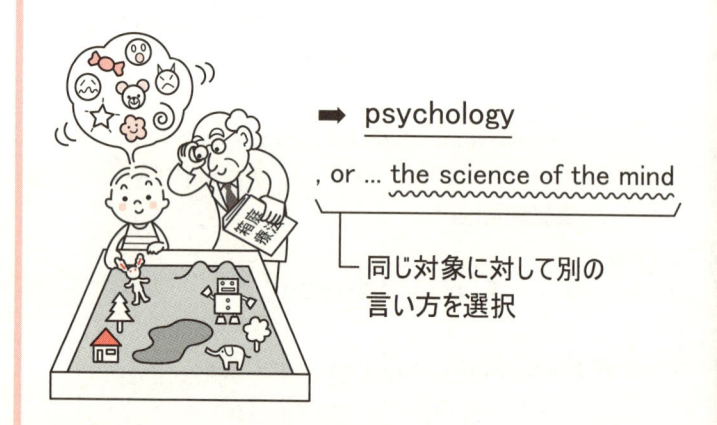

➡ psychology
, or ... the science of the mind

└ 同じ対象に対して別の言い方を選択

訳としては、次のようになります。

①わかりにくいからより具体化 ⇒ 「つまり」

例) **geology, or the science of the earth's crust**
　　（地質学、つまり地殻についての科学）

②前言を言い直して（訂正）⇒ 「いや」

（しばしば rather を伴う。若者の使う「……ていうか」に近い。）

例) **He won't go, or so his wife told me.**
　　（彼は行かないよ、というか彼の奥さんがそう言ったんだよ。）

4 for, so

a) for

> 434 I got up very early, for I wanted to watch the sunrise.
> (私はとても早く起きた、というのも日の出を見たかったからである。)

「とても早く起きた」ことについて理由を追加して説明しています。**for の前には必ずコンマを置き**(ピリオドの場合もある)、**理由や判断根拠を文の形で付け加えます**。because と混同しないようにしましょう。because は従位接続詞で**副詞節を作り、主節の原因を述べる**のに使われます。for はかたい表現で、口語で使われることはまれです。

He must be ill, for he looks pale.
(彼は病気にちがいない、というのは顔色が悪いからだ。)

▶ for 以下は判断の根拠。

(×) He is ill because he looks pale.

▶ 顔色が悪いことが原因で病気が結果、は不自然。

(○) **He looks pale because he is ill.**
(彼は病気だから顔色が悪い。)

b) so

> 435 Meg was injured, so she didn't go to school.
> (メグは怪我をしたので、学校に行かなかった。)

so は**前文の結果を順接的に付け加える**のに使われます。

Focus 46

【相関的表現】

❶ both _ and ~「_も~も両方とも」

Bill is remarkable for **both** his intelligence **and** his skill.
(ビルは知性も技量も際立っている。)

❷ either _ or ~「_か~のどちらか」

❸ neither _ nor/or ~「_も~もどちらも…ない」

❹ not _ but ~「_でなく~」

He did **not** go to the party, **but** stayed (at) home.
(彼はパーティーに行かないで家にいた。)

> ⚠ 逆接ではないことに注意。

❺ not only _ but (also) ~「_だけでなく~も」

He speaks **not only** English **but** French.
(彼は英語だけでなくフランス語も話します。)

2 従位接続詞

Core point

主節に対して従属する節を作る機能を果たす接続詞を従位接続詞（when, where, if, as, because, whether, that など）といいます。（従位とは、主節に対して従属する位置づけにある、ということです。）従位接続詞の内部は文の形になります。従位接続詞には**名詞節を導くもの**（文の主語、目的語、補語、あるいは前の名詞に対する同格の働きをする）と**副詞節**（主節を修飾する）**を導くもの**があります。

Guideline

1 名詞節を導く接続詞

a) that

> 436 **That she was afraid of us was certain.**
> （彼女が私たちを恐れているということはたしかであった。）
>
> 437 **The problem is that Takashi learns nothing from his mistakes.**
> （問題はタカシが間違いから何も学ばないということだ。）
>
> 438 **I expected that they would pass the exams.**
> （彼らは試験に合格するだろうと私は期待した。）
>
> 439 **I knew nothing of the fact that this man had made away with the candlestands.**
> （この男がその燭台を持ち逃げしてしまったという事実について私は全く知りませんでした。）
>
> ▶ 『レ・ミゼラブル』の中のシーン。

436 that 節が主語として使われています。that 節が長いので、代わりに形式主語 it を置いて、後ろでその内容を説明することもできます。

It was certain that she was afraid of us.

437 that 節が補語として使われています。

438 that 節が目的語として使われています。
439 that 節が fact と同格として使われています。これは前の名詞をより具体的に説明する形です。同格の that 節と結び付く名詞は、**聞き手がその内容を知りたくなるような名詞**です。下の【同格の that と結び付きやすい名詞】を見てみましょう。

a rumor that she married a famous artist

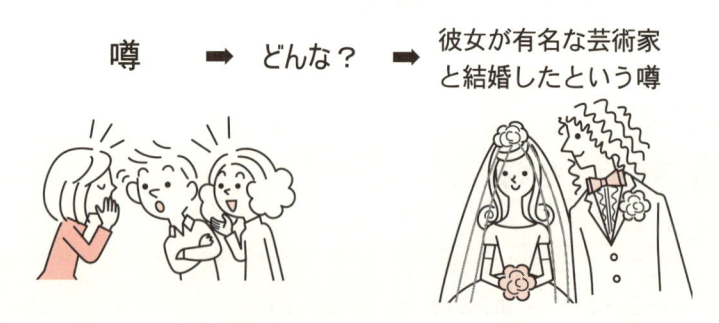

噂 ➡ どんな？ ➡ 彼女が有名な芸術家と結婚したという噂

【同格の that と結び付きやすい名詞】

① **belief**「信念」　　② **concept**「概念」　　③ **idea**「考え」
④ **opinion**「意見」　⑤ **news**「ニュース」　⑥ **report**「報告」
⑦ **rumor**「噂」　　　⑧ **fact**「事実」　　　⑨ **decision**「決心」
⑩ **desire**「願望」　　⑪ **expectation**「期待」　⑫ **hope**「希望」
⑬ **possibility**「可能性」　⑭ **evidence**「証拠」　⑮ **proof**「証拠」など

すべて「どんな？」と**具体的な内容を知りたくなる名詞**だという共通項をつかもう。

b) if, whether

> 440 She asked the child **if** he wanted something hot to drink.
> (彼女はその子どもに温かい飲み物が欲しいかどうか聞いた。)
>
> 441 The question is **whether** the students will do their homework for themselves.
> (問題はその生徒たちが宿題を独力でやるかどうかだ。)
>
> 442 **Whether** he will come (**or** not) makes no difference to me.
> (彼が来るかどうかは私にはどうでもよいことだ。)
> = It makes no difference to me **whether** he will come (**or** not).
>
> 443 There remains the question **whether** we can raise enough funds.
> (我々が十分な資金を集められるかどうかという問題が残っている。)

440 if が「〜かどうか」という名詞節を導くことがあります。基本的に主語や補語で使われることはなく目的語として使われます（⇒副詞節は 468）。(whether よりも口語的。⇒ Focus47 P.319)

441〜443 whether が名詞節を導くことがあります（⇒副詞節は 470）。

基本的には whether ＿ or 〜 の形です。(＿部分にも〜部分にも文の形が来るのが基本形です。)

① [**whether** he will do it **or** his parents will do it]
　（彼がそれをするか彼の親がするか）※ [ ] は節を表している。

次のように、〜部分が＿の否定文の場合、not だけ残すことができます。

② [**whether** he will do it **or** (he will) not (do it)]
　（彼がそれをするかしないか）⇒（彼がそれをするかどうか）

さらに名詞節の場合、or not も省略することができます。

③ [**whether** he will do it]（彼がそれをするかどうか）

441 は補語、442 は主語、443 は同格で使われています。**whether** 節を同格で使う名詞は question を知っておけば十分です。

2 副詞節を導く接続詞Ⅰ（時を表す接続詞）

a) when

> 444 **When I came back, my children were watching television.**
> （私が帰ってきたときに子どもたちはテレビを見ていた。）
>
> 445 **She went out when she had finished her homework.**
> （宿題を済ませてから彼女は外出した。）

when ～は「～ときに」を表します。

ただし、S V, when S V で「主節動詞が継続的、when 節内部の動詞が瞬間的な事柄」を表す場合、「__していると、～が起こった」というつながりになることがあります。（__は主節のSV、～は when 節の SV。）

例）**I was in the forest, when it suddenly began to rain.**
（森にいると突然雨が降り出した。）
（≒ When I was in the forest, it suddenly began to rain.）
▶ 前者の方が臨場感が感じられ、ストーリー的。

b) while

> 446 **He works while everybody else is asleep.**
> （ほかの誰もが眠っているあいだに彼は働く。）
>
> 447 **He is in London, while his parents are in Scotland.**
> （彼はロンドンにいるが彼の両親はスコットランドにいる。）

while ～は「～のあいだに」「～の一方」（対比）を表し、～部分は動作動詞の場合、**進行形になることが多い**です。～に時間の幅を出したいからです。～部分には背景的な感覚があり、その結果 447 のような対比の意味が派生します。

例）**Soccer requires teamwork, while marathon is an individual sport.**
（サッカーにはチームワークが必要だが、マラソンは個人競技だ。）

TOPIC 37 while

whileには時間を表す用法以外に、原則的に**主節の前**に置いて譲歩、対照性（⇒逆接的）を示す用法もあります。

① **While** I appreciate the honor, I cannot accept the appointment.
（名誉なこととは存じますが、その任命はお受けいたしかねます。）

また、whenにも対照性⇒**逆接的な用法**があります。

② The statue seemed to have a heart in it, when there was no such matter.
（その像には、心などというものはないのに心があるように思われた。）

c) as

448 **As (he was) a child, he lived in this town.**
（子どものときに彼はこの町に住んでいました。）

449 **We talked as we walked along.**
（私たちは歩きながら話した。）

450 **As he grew older, he took more pleasure in playing chess.**
（年を取るにつれて彼はいっそうチェスを楽しむようになった。）

asが接続詞として使われる場合、「時」「理由」「比例」などというように意味が多岐に分かれますが、そもそもasはall so「**全部ひっくるめてそんな風**」という表現の頭のaとsをくっつけてできた語で、**コア的な意味は「＝」**なのです。（asは品詞区分しにくい場合もありますが、いずれにせよ「＝」なのだと考えれば意味を判断することが可能です。）

時間を表す場合、時間が「＝」であるわけですから同時性を表します。448「～ときに」、449「～しながら」はいずれも同時性、450「～するにつれて」（比

例）も同時性の延長と考えられます。

また、副詞節を作る接続詞の後の S be は 448 のように省略可能な場合が多いということも知っておきましょう。

▶ 448 の場合 he was は省略するのが普通で、入れると通常「子どもだったので」という意味に受け取られることになる。

d) before, after

> 451 **You need to get a passport before you go abroad.** 🔊
> （外国に行くにはパスポートを取ることが必要です。）
>
> 452 **I began to study French after I graduated from college.** 🔊
> （私は大学を卒業した後でフランス語を勉強し始めました。）

451 before ~「~する前に」、452 after ~「~した後で」。これらは前置詞、副詞としても使うことができます。

> ❗ Go home before it gets dark.（暗くならないうちに家に帰りなさい。）
> 日本語に引きずられて not を入れてしまわないように。

e) until, since

> 453 **You have to wait here until your wife comes.** 🔊
> （奥さんが来るまでここで待つ必要があります。）
>
> 454 **I didn't remember it until he reminded me.** 🔊
> = **It was not until he reminded me that I remembered it.** 🔊
> = **It was only after he reminded me that I remembered it.** 🔊
> （彼がそのことを思い出させてくれて初めて私は思い出した。）
>
> 455 **I have known him since I came to Japan.** 🔊
> （日本に来て以来ずっと彼のことは知っている。）

453 454 until/till ~「~までずっと」。主節の状態や動作の継続が~時点で終了するということを表します。前置詞としても使うことができます。前後関係を表す before と混同しないようにしましょう。特に主節が否定文の場合、大

きな違いが生じます。

① **He didn't get up before the sun rose.**
（彼は日が出る前に起きることはなかった。）

▶ 日の出とともに、あるいは日の出よりも後に起きた。

before

日の出前　日の出

起きるのは
日の出より
前ではない

② **He didn't get up until the sun rose.**
（彼は日が出るまでずっと起きなかった。）

▶ 日の出とともに起きた。

until

日の出前　日の出

日の出とともに起きる

また by the time ～ と区別しましょう。これは、by が完了を表す前置詞で、～ が the time を修飾している定型表現です。**～の直前に主節の動作・状態が完了したということを表します。「～までに」という訳になり**、「～まで」継続し、「～」で終わる **until** とは全く異なります。

例) **They drank all the water by the time they had walked a day in the desert.**
(彼らは砂漠を1日も歩かないうちに水をすべて飲んでしまった。)

454 の下2つは強調構文（分裂文）（⇒ P.372）を使った表現です。
455 since ～ は「**～以来ずっと**」を表します。

f) as soon as ～

456 **He came back to the office as soon as he heard the news.** 🔊
(その知らせを聞くとすぐに彼は会社に戻ってきた。)

as soon as ～ 「**～するとすぐに**」。以下の表現も同じ意味になります。

The moment / The instant he heard the news, he came back to the office.

以下の表現は文語体です。

① He had **no sooner** heard the news **than** he came back to the office.
（**No sooner** had he heard the news **than** he came back to the office.）

② He had **hardly/scarcely** heard the news **before/when** he came back to the office.
（**Hardly/Scarcely** had he heard the news **before/when** he came back to the office.）

(　　) 内の文は、**否定副詞を文頭に置く場合、主節は倒置される**（⇒ P.378）というルールに従って倒置されている形です。

g) once / now (that) / every time

> 457 **Once** you join this company, you must obey your boss.
> （ひとたびこの会社に入れば上役に従わなければならない。）
>
> 458 **Now (that)** you are a member of this company, you must obey your boss.
> （今やこの会社の一員なのだから上役に従わなければならない。）
>
> 459 Bob is not in the office **every time** I go to see him.
> （いつ会いに行ってもボブは会社にいない。）

457 once ~ は「ひとたび~すると」。副詞の場合は「かつて」「一度」の意味になります。

458 now (that) ~「今や~なのだから」「~したからには」（⇐「~した今となっては」）の意味になります。

459 every time ~ / each time ~ / anytime ~「~するときはいつでも」。

この文の場合、Bob is not in the office whenever I go to see him. とも表現できます。もちろん、any と every / each の違いは反映されるので（⇒ P.197）、「**あらゆるとき**」ではなく「**いつであれ、ある1つのとき**」を表す場合は anytime を用います。

例) **Come and see me anytime you like.**
（いつでも好きなときに会いに来て。）

3 副詞節を導く接続詞Ⅱ（原因・理由を表す接続詞）

a) because

> [460] **Hilary got angry because she was ignored.**
> （無視されたのでヒラリーは怒った。）
>
> [461] **It is not valuable because it is old.**
> （それは古いから価値がない。／それは古いから価値がある、というわけではない。）（⇒別の理由で価値がある。）
>
> [462] **You should not despise him because he is poor.**
> （貧しいからといって彼を軽蔑するべきではない。）

[460] because ～は～部分が原因を、主節が結果を表します。because ～を副詞で修飾することができます。

　① just/only/simply because ～「～というだけの理由で」
　② partly because ～「1つには～という理由で」

　▶ ほかの理由もあることを暗示している。

また、**強調構文（分裂文）の焦点**に置くこともできます。

例）**It is because I like your son that I give him this present.**
　（このプレゼントを君の息子にあげるのは私が彼を好きだからだ［ほかの理由からではない］。）

[461] [462] 主節が否定文の場合は2通りの解釈がありうるので、要注意です（⇒ TOPIC 39 P.314）。

b) since, as

> 463 **Since** you have a fever, you have to take this medicine. 🔊
> (熱があるのだからこの薬を飲む必要があるよ。)
>
> 464 **As** we had no child, we wanted to have one. 🔊
> (私たちには子どもがいなかったので1人欲しいと思っていたのです。)

463 since ～「～なので」。接続詞の since には「～以来ずっと」以外に**理由を表す用法**もあります。～部分には**聞き手も知っているであろうこと**がきます。また、since は because と違って**副詞で修飾することも強調構文（分裂文）の焦点に置くこともできません。**

464 as ～「～ので」。接続詞 as には**理由を表す用法**もあります。これも～部分は**聞き手にもわかっていること**です。as にはさまざまな用法があるので（⇒ 448 ～ 450 P.305）、特にアメリカでは **since で表せる場合には since が好まれます**。as も since と同様、**副詞で修飾することも強調構文（分裂文）の焦点に置くこともできません。**

TOPIC 38　as の用法

接続詞・前置詞・関係代名詞・副詞などさまざまな用法があってとても対処しにくい語ですが、**基本は「＝」を表す**と考えて、柔軟に対処できるようになりましょう。以下に、「＝」の延長上にある主な用法をまとめたので、しっかり頭に入れておきましょう。

■ **同時性を表す用法**

以下はこの章の基本例文です。**時間が「＝」で同時性**を表しています。

① **As** (he was) a child, he lived in this town.　448
（子どものときに彼はこの町に住んでいました。）

▶ he was が省略されている場合、前置詞と考えても差し支えない。

② We talked **as** we walked along.　449
（私たちは歩きながら話した。）

③ **As** he grew older, he took more pleasure in playing chess.　450

（年を取るにつれて彼はいっそうチェスを楽しむようになった。）

■ 理由を表す用法

「～なので」（理由）の用法も基本例文にありましたね。ただし、**理由の用法では since や because の方が好まれます。**

As we had no child, we wanted to have one.　464

（私たちには子どもがいなかったので１人欲しいと思っていたのです。）

■ 様態を表す用法

さらに「**～ように**」（様態）を表す用法もありますが、これも「＝」と考えることができます。

Do as I say.「俺の言う通りにやれ。」では、「俺の言う」内容と＝の行動をしろ、と言っているわけです。Do as you are told.「言われる通りにしなさい。」も同様です。以下の例文も同じように考えます。

① **Leave it as it is.**（そのままにしておきなさい。）
② **Take things as they are.**（物事はあるがままに受け入れなさい。）

■ 分詞構文に as が入り込む用法

Living as I do so far from town, I seldom have visitors.

（なにしろ人里離れたところに住んでいるので訪れる人もめったにいない。）

as I do ＝ as I live so far from town で、２度同じことを繰り返すことで強調しています（⇒ **問題演習編 ★18**）。

■ C as S V の形で譲歩を表す用法

分詞構文は譲歩の意味になることもあります（⇒ P.117）。**C as S V** の形で譲歩を表す場合もありますが、この as は譲歩の意味の分詞構文中の as なのです。

① **(Being)(as) young as he is, he is wise.**
（彼は、年は若いが賢明だ。）

> ▶ 分詞構文では being は省略可能。
> 一つ目の as が残ることもあります。As young as he is, he is wise.

この表現では、次の例文②のように、**名詞が文頭にあっても冠詞は付けません。**

② <u>Child</u> **as** he is, he takes care of his brothers and sisters.
（彼は子どもなのだが、弟や妹たちの世話をしている。）

どの名詞でもこの形がとれるわけではなく、**形容詞的なイメージを持つ名詞**に限られます（ここでは child ⇒ young）。**形容詞的要素がクローズアップされるので冠詞はあえて付けない**ということです。

■ 関係詞の as
関係詞の働きをする用法もあります（⇒ P.288）。

① **As you know, he has thousands of books.**
（君が知っているように彼は何千冊も本を持っている。）

> ▶ 「君が知っていること」＝主節

ただし、以下の文を区別する必要があることには注意しましょう。

② **Japan, as you know, is a small country.**
（君も知っているように日本は小さな国です。）

> ▶ as は関係詞。

③ <u>Japan</u> **as you know it is what it was twenty years ago.**
（君の知っている日本は 20 年前の日本です。）

> ▶ as は接続詞。

③の as は、次のような形で**前の名詞を限定する表現**（Japan ⇒ ここでは「君が知っているような Japan」のこと）です。

名詞＋as＋完全な文の形（中に前の名詞に対する代名詞を含む）

Japan [as you know it] ...
　└名詞　　└完全な文の形（it が前の名詞に対する代名詞）

■ **比較文で使う副詞の as**

比較文で使う副詞の as はまさしく「**同じ**」という意味ですね（⇒ P.224）。

■ **前置詞の as**

前置詞の as は多くの場合、「〜として」と訳します。

I attended the meeting as an observer.
（私はその会議にオブザーバーとして出席した。）

この場合も as は「＝」を表していて I = an observer だったわけです。

TOPIC 39　not の作用域

not を含む否定文の文末に副詞句（節）がくる場合は、原理的に2通りの解釈が可能です。たとえば、He did not 〜 on purpose. であれば、次のように解釈することができます。

①「**故意に〜しなかった。**」

He から〜までを on purpose が修飾。

$$\text{He did not} \sim \ / \ \text{on purpose.}$$

②「故意に〜したわけではなかった。」

〜だけを on purpose が修飾して、not の支配は文末まで続く。

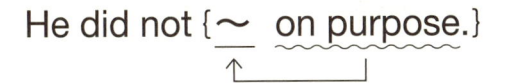

$$\text{He did not } \{\sim \quad \underline{\text{on purpose.}}\}$$

②の場合は not _ but 〜「＿ではなく〜」のイメージとなり、「故意に」ではなく「はずみ」だった、というように次の文で but 〜が説明されるわけです。どちらに解釈するかは、**常識や文脈（前の文とのつながり、後ろの文とのつながり）で判断**します。この例文の場合だと、〜に入るのが step on your foot ならば「故意に足を踏んだんじゃない。」（⇒はずみだった）、greet him ならば「故意にあいさつしなかった。」だろうと判断できます。

462 の You should not despise him because he is poor.「貧しいからといって彼を軽蔑するべきではない。」では、because 節は despise him を修飾しており、**not の作用域は文末まで**です。

また、461 の It is not valuable because it is old. だと２通りの解釈が可能で、「それは古いから価値がない。」（**not の作用域は valuable まで**）とも、「それは古いから価値がある、というわけではない。」（次の文では別の理由で価値があることを説明するはず。**not の作用域は文末まで**）とも受け取れます。

since/as の場合は、そもそも後ろには相手が知っていることがくるので **not が修飾することはありえません**。したがって**解釈は１通りしかない**のです。

She wasn't happy as her friends left her.
（友達が去ってしまったので彼女は幸福ではなかった。）

4 副詞節を導く接続詞Ⅲ
（目的・結果・程度・条件・譲歩を表す接続詞）

a) so (that) S＋助動詞

> 465 **I stepped aside so (that) Ms. Brown could go in.**
> （ブラウンさんが中に入れるように私はわきへ寄った。）

so (that) S＋助動詞で目的を表します。助動詞は may, might, will, would も使われますが、現代では can, could, should が頻繁に使われます。（can / could を用いるのは口語的。）

that が省略される場合もあります。

例) **She hurried so (that) she would be in time.**
　　（彼女は間に合うように急いだ。）

so that ～ には**結果を表す用法**もあります。

例) **He went early, so that he got a good seat.**
　　（彼は早めに行ったから良い席を取った。）

結果の場合、**前にコンマがつくことが多い**のですが、**目的か結果かは文脈判断**になります。

b) in case

> 466 **I didn't give my opinion in case she should be hurt.**
> （彼女が傷つくといけないので私は自分の意見を彼女に伝えなかった。）
>
> 467 **In case it rains, I will not join the tour.**
> （雨の場合、私はそのツアーに参加しません。）

in case S V は「～の場合には」「～になると困るから」のどちらかの意味になります。466 は「～になると困るから」（イギリス英語の用法）、467 は「雨の場合には」（主にアメリカ英語の用法）で、どちらで使われているかは状況判断しましょう。Take an umbrella in case it rains. ならば「雨の場合は傘を持

っていけ。」などと言われなくても傘を持っていくだろうから、「雨が降ると困るから傘を持っていけ。」と解釈できますね。

c) if

> 468 **If it is fine tomorrow, we will have a barbecue in our yard.** 🔊
> （明日晴れたら庭でバーベキューをしましょう。）

if ~ は「~ならば」を意味しますが、「~としても」になることもあります。

例）**If I am wrong, you are at least not perfectly right.**
　　（もし私が間違っているとしても君が完全に正しいとはいえない。）

条件を表す表現として、provided/providing **S V**「**SVという前提で**」（前提条件）、suppose/supposing **S V**「**SVならば**」（仮定条件）、given that **S V**「**SVならば**」「**SVということを考慮に入れると**」なども知っておきましょう。

d) even if

> 469 **You must go to church every Sunday even if you are sick.** 🔊
> （具合が悪くても毎週日曜日は教会に行かなければいけません。）

even if ~ で「~だとしても」を意味します（⇒ **Focus47** P.319）。

e) whether _ or ~

> 470 **Whether we help or not, the enterprise will fail.** 🔊
> （我々が手を貸しても貸さなくても、その事業は失敗するだろう。）

whether _ or ~ は「_だろうが~だろうが」を表します。（名詞節の場合は「_か~か」でしたね。）

f) although

> 471 **Although** Bill was very tired, he had to finish the task on that day. 🔊
>
> （ビルはとても疲れていたが、その日にその仕事を終える必要があった。）

although ～「～ではあるが」（though の強調形）。

even の後に置いて使えるのは though のみ（⇒ Focus47 P.319）、さらに**単独で付け足しとして使えるのも** though のみです。（この用法では文頭に置くことはありません。）

例) I'll come and see you this evening — I can only stay a few minutes, though.

（今晩会いに行きます、少しのあいだしかいられませんが。）

g) 命令文が作る譲歩の副詞節

> 472 **Believe** it or not, our country is going to declare war. 🔊
>
> （信じようが信じまいが我が国は宣戦布告することになりつつある。）

命令文が譲歩の副詞節を作ることがあります。日本語でも「男であれ女であれ」（「あれ」は補助動詞「あり」の命令形）や「こうするにせよ、ああするにせよ」（「せよ」はサ変動詞「する」の命令形）という表現がありますね。

要するに、命令形で「いずれにせよ」という意味を表しているのです。やや演説調な表現ですが、whether you believe it or not と同じことなのだと受け取れるようにしましょう。

例) **Let** him be a hero, we will not accept him.

（彼が英雄だとしても我々は彼を受け入れるつもりはない。）

この表現では、**原形の後ろに S がある**こともあります。（命令文では通常 S [=you] は書かないのですが、祈願の may [⇒ 208 P.150] など S を書く表現もあります。）

① **Be it ever so humble, there is no place like home.**
（どれほどみすぼらしいものであろうとも、家のような場所［家ほど良いところ］はほかにない。）

② **Come what may, we must do our duty.**
（何が起ころうとも、私たちは自分の義務を果たさなければならない。）

Focus 47

【訳が同じになる接続詞の識別】

❶ even if と even though

どちらも訳すと「～だ［する / である / になる］としても」になるが、完全に区別する必要がある。

even if ～：～部分には「**話者が仮定していること**」がくる

even though ～：～部分には「**話者が確定していると考えられること**」がくる

例) **Even if you fail in business, I will not leave you.**
（もしあなたが仕事で失敗しても、私はあなたから離れたりはしない。）

! even though（×）

Even though he is young, he has enough experience.
（若いにしても、彼には十分な経験がある。）

! even if（×）

❷ whether と if

どちらも**名詞節**を作ることができ、「**～かどうか**」を意味する。（副詞節を作る場合は if ～「～ならば／～としても」、whether _ or ～「__だろうが～だろうが」となる。）**意味的な違いはないが、以下の場合、if は使えず whether を使う。**

・文の主語になる
・文の補語になる
・前置詞の直後
・or not が直後にくる

例) **whether or not he will come**（彼が来るかどうか）

・to 不定詞が直後にくる

例) whether <u>to</u> ~（~するべきかどうか）

・同格

例) <u>question</u> whether ~（~かどうかという疑問）

❸ unless と if _ not ~

交換可能な場合もあるが、**if _ not ~ は使えても unless は使えない場合がある。**

a) ニュアンスの違い

意味的にも unless ~「~でない限り、~の場合を除けば」（排除的、つまり~の場合だけは例外）、if _ not ~「~でないならば」（仮定的）というニュアンスの違いがある。

b) unless が if _ not ~ と交換可能な場合

unless ~ の「~」のできごとによって主節（現在の意図・状態）が終わる場合に限られる。（~の場合だけは例外だが、~でない限り現在の意図・状態を継続する、と考えても同じことだ。）

John will stay at home unless <u>he is invited to the party</u>. （〇）

John will stay at home if he is not invited to the party. （〇）

▶ 「パーティーに招待されることで」、「家にいようという意図」は終了すると考えられる。／「パーティーに招待される場合は例外だが」、「そうでない限り家にいるつもり」である。

c) unless が if _ not ~ と交換不可能な場合

John will be angry unless <u>he is invited to the party</u>. （×）

John will be angry if he is not invited to the party. （〇）

▶ 「パーティーに招待されることで」、「ジョンが怒るだろうという話し手の確信」が終了するわけではないから unless は使えない。このように主節に感情が表されている場合は unless を使わない。

TOPIC 40 so の用法

■ so _ that ～

so には「**そのように**」（様態・方法）の用法と「**それほど**」（程度）という用法があります（⇒**問題演習編 ★35**）。so _ that ～は「そのように」⇒「どのように」、「それほどに」⇒「どれほど」というように、**後ろのthat節でsoの内容を具体的に説明している構文**です。（it⇒that ～と同じ考え方です。）

This book is so written that beginners can read it without a dictionary.

左 ➡ **右**

この本はそのように ⇨ どのように？ ⇨ 初心者が辞書なしで
書かれている　　　　　　　　　　　　　　読めるように書かれている

① **She spoke so loud that we heard her in the living room.**
（彼女は居間にいる私たちにも聞こえるほど大声で話した。）（程度）
（彼女は大声で話したので居間にいる私たちにも聞こえた。）（結果）

程度で訳しても結果で訳してもかまいません。どちらかといえば**結果で訳す方が自然**です。「～ほど」だと実際に聞こえたのか聞こえなかったのかが曖昧に感じられますが、この文だと実際に聞こえたということになるからです。ただし、**否定文の場合は程度で訳さないと自然な日本語になりにくい**でしょう。

② **He is not so poor that he cannot buy a pair of shoes.**
（彼は靴が買えないほどの貧乏ではない。）

10 接続詞 ②従位接続詞 ❹副詞節を導く接続詞Ⅲ(目的・結果・程度・条件・譲歩を表す接続詞)

She spoke so loud that we heard her in the living room.

程度「彼女は居間にいる私たちにも聞こえるほど大声で話した。」

彼女はそれほど ⇨ どれほど? ⇨ 居間にいる私たちが
大きな声で話した　　　　　　　　　聞こえるほど

左　　　➡　　　右

結果「彼女は大声で話したので居間にいる私たちにも聞こえた。」

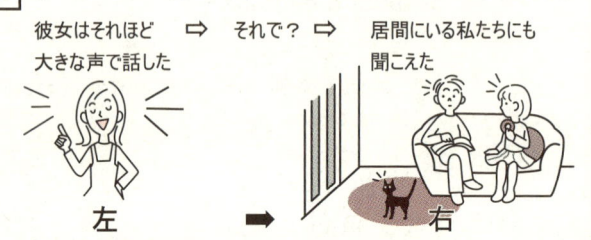

彼女はそれほど ⇨ それで? ⇨ 居間にいる私たちにも
大きな声で話した　　　　　　　　　聞こえた

左　　　➡　　　右

■ such _ that 〜

such は基本的に such (a＋形容詞)＋名詞の形で使い、「そのような」(様態・方法)、「それほど」(程度)の意味を表します。such _ that 〜 は so _ that 〜と同じ考え方です。

① **The chairmen are chosen in such a way that each one has a turn.**
(議長はみんなに順番が回ってくるようなやり方で選ばれる。)

①の場合、way は修飾語が付くと副詞的に使えるので in は省略可能です。さらに such は「やり方」という意味を含むので、**The chairmen are chosen such that each one has a turn.** と表すことができます。

②**Our finances are such that we cannot eat beef all this month.**
（うちの経済は、今月はずっと牛肉を食べられないような状態だ。）

③**She was such a kind person that she gave her ring to the poor girl.**
（彼女はとても親切な人なので、そのかわいそうな女の子に自分の指輪をあげた。）

④**She had such a fright that she fainted.**
（彼女は驚きのあまり卒倒した。）

　名詞 fright「驚き」は、**程度**の意味を含むことができる（驚きは「大きい／小さい」などといえる）ので、such a fright で「それほどの驚き」となります。一方、person の場合は程度の意味を含まないので、such a person だと**様態**で「そのような人」、**程度**を表す場合は**形容詞が必要**で such a kind person「それほど親切な人」というようになります。

⑤**His courage was such that everybody admired him.**
（彼の勇気は素晴らしいものだったので皆が彼を称賛した。）

　⑤の例文のように、**such 単独で「それほど甚だしいもの」という意味**になります。この文の形で主語になるのは、**程度の意味を含むことができる名詞**です。（such was his courage that ... という倒置も可能です。）

▶ COLUMN8

中間話法（描出話法）について

　本書では話法を扱っていませんが、その理由は直接話法（He said, "I am hungry."のような形）と間接話法（He said that he was hungry.のような形）の書きかえには何の意味もなく、最近の入試で問われることもほぼなくなったからです。

　しかし物語の読解において中間話法を含む文章が出題され、そこが問われるということがあるので、これだけは押さえておきましょう。中間話法とは、**引用符なしに登場人物の言葉や考えが地の文で書かれる形**です。出来事を客観に記述する間接話法では読者の視点は外部に置かれますが、中間話法で登場人物の思いが地の文で書かれると読者の視点は登場人物のものとなり、物語内部にいるような臨場感を与えるという効果があります。（だから描出話法ともいうのです。）物語を読んでいて、書き手のものとは思えない視点で書かれた地の文を見たら、中間話法かな、と考えてみましょう。そうであれば直接話法のように訳すのが良いでしょう。東大では頻出です。

　たとえば、可愛い同級生の女の子が前を歩いている。男の子は彼女と話す場面を夢想している。その後が下線部訳で、

Why didn't she turn and smile and call to him, saying, "Don't you like my company?"（以下省略）

　ここで「なぜ彼女は振り向いて彼によびかけなかったのか」と筆者が読者に疑問を提示するわけないですよね。ここでは男の子の内的独白が地の文で書かれていると見破り、彼の視点から直接話法で訳します。（解答例：「振り向いて、にこりと微笑んで、「一緒に行かない？」とよびかけてくれないかなあ」と彼は思った。）

⑪ 前置詞
Prepositions

1 前置詞 ···· P.326
1 9つの基本前置詞
2 その他の前置詞

11 前置詞
Prepositions

track 40~46
問題演習編
Practice 18~19

　前置詞は、**名詞（名詞の働きをする句・節）の前に置いて、語のまとまり（前置詞句）を作ります**。ただし、不定詞の名詞的用法は前置詞の後に置けません。前置詞自体は語形変化をせず、前置詞句全体は文中で**形容詞か副詞の働き**をします。

　Look at the book on the desk.「机の上の本を見なさい。」では on the desk は**形容詞の働き**をして book（名詞）を修飾していますが、Put the book on the desk.「その本を机の上に置きなさい。」では on the desk は**副詞の働き**をして put（動詞）を修飾しています。英文を理解するには、**前置詞句が文中でどういう働きをしているか**をつかむ必要があります。

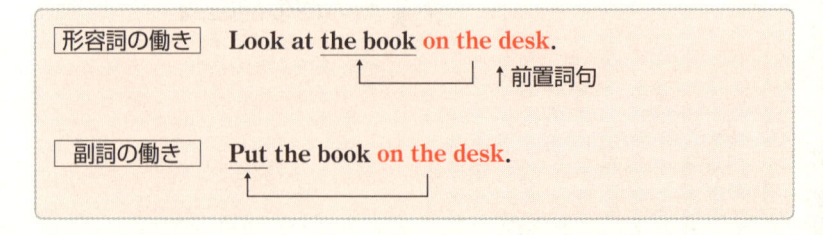

> 形容詞の働き　　Look at the book on the desk. ↑前置詞句
>
> 副詞の働き　　　Put the book on the desk.

　よく使われる前置詞は非常に多様な意味の広がりを持ちますから、用法を1つずつバラバラに暗記していくという学習法では到底追いつきません。個々の**前置詞にはコアな（核となる）イメージがあり、それが拡張して多様な意味に広がっていく**のだというとらえ方をして、全体像の中でさまざまな用法を習得していきましょう。

1 前置詞

Core point

　at, in, on, from, to, for, by, with, of の9つの前置詞が**使われる頻度の高い前置詞**で、これらで使用全体の 92 パーセントを占めるといわれています。本書では、この9つの前置詞を基本前置詞と位置づけ、解説していきます。それぞれ X と Y（「もの」と「もの」、「もの」と「ひと」、「行為」と「もの」、「行

為」と「ひと」など）**の空間関係を表すコアイメージ**を持っており、それが時間、状態、従事など多様な意味に広がっていきます。

まずは、これらのコアイメージをおさえてから個々の用法に入っていきましょう。

	コアイメージ	用例（主に空間）
at 〜	〜を点としてとらえている	meet him at the station （駅で彼に会う）
in 〜	〜に広がりを感じてその中で	talk with him in the room （部屋で彼と話す）
on 〜	〜の表面に接触して	a book on the desk （机の上の本）
from 〜	〜を起点として	come from Okinawa （沖縄から来る）

11 前置詞 ①前置詞

to ~	~を到達点として	go to Tokyo (東京へ行く)
for ~	~の方向へ（目的［地］）	leave for Tokyo (東京に向けて出発する)
by ~	~に近接して	a house by the river (川の近くの家)
with ~	~とともにあって	go with him (彼と一緒に行く)
of ~	~（の中）から	become independent of my family (家族から独立する)

日本語では空間関係を明確に言語化することが少ないので、**前置詞にぴったりくる対応語はありません。**たとえば、「川の魚」「君の薬指の指輪」「天井のハエ」「部屋の鍵」「私の友人の1人」という表現はすべて「の」という助詞を使っていますが、それぞれ、

「川の魚」 ── fish in the river
「君の薬指の指輪」 ── a ring on your third finger
「天井のハエ」 ── a fly on the ceiling
「部屋の鍵」 ── a key to the room
「私の友人の1人」 ── one of my friends

となります。
　日本語の助詞と対応させようとせずにダイレクトに空間の位置関係をイメージできるようにし、それからコアイメージを念頭に置きながら意味の広がりをマスターしていきましょう。

Guideline

1 9つの基本前置詞

a) at ～（「～を点としてとらえている」イメージ）

> 473　**Shall we meet at the station?**
> （駅で会おうよ。）
> 474　**I saw him at seven.**
> （7時に彼に会った。）
> 475　**He is at work now.**
> （彼は今仕事中だ。）
> 476　**I feel at ease when I'm listening to the sound of the brooks.**
> （私は小川のせせらぎに耳を澄ましているとくつろぐ。）
> 477　**Jim was driving at 100 kph when he crashed.**
> （ジムは衝突したとき、時速100キロで運転していた。）

478 **He was at the limit of patience.**
（彼は我慢の限界だった。）

479 **Mayumi is a student at The University of Tokyo.**
（まゆみは東大の学生です。）

480 **The policy is aimed at raising prices.**
（その政策は物価引き上げを狙いとしている。）

473 駅を空間的に点としてとらえているイメージ。「今この駅でさっき落とした財布を捜している」という状況ならば、「駅に空間的広がり」を感じていてその中で行為していることになるので in the station という表現になります。（「広い」⇒ in ／「狭い」⇒ at というようなわけのわからない覚え方をしないように。）

474 7時を時間的に点としてとらえているイメージ。

475 従事「ことをしている最中」も、点のイメージ「一時的にしている最中」。

476 状態も「一時的な状態」。be at a loss「途方にくれて」も同様です。

477 速度や気温も、幅がある中で一点に視点を置いているイメージ。

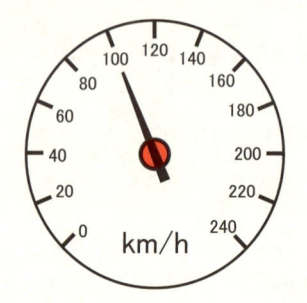

478 忍耐の幅がある中で、その限界点にいたわけです。at (the) most/best「せいぜい」、at (the) least「少なくとも」（⇒ P.255）も、at one's best「最高の状態で」も同様です。

479 所属を表す場合も一時的なイメージ。

480 aim「狙う」の対象は一点です。

b) in ～（「～に広がりがあり、その中に囲まれている［包まれている］」イメージ）

> [481] **He lives in Tokyo.**
> （彼は東京に住んでいる。）

東京という空間の中で生活している、ということです。

> [482] **I saw him in the morning.**
> （午前中に彼に会った。）
>
> [483] **I will be back in fifteen minutes.**
> （15分後に戻ります。）

[482] 午前という時間幅の中のどこかで彼と会った、ということになります。

月や季節、年などは広がりが感じられるので、in 1984「1984年に」というように in を使います。

[483] 時間の経過を表す用法です。「(発話時を起点として) ～後に V する（V は動作）」の意味を持つこの用法は、in のイメージに合わないように感じられるかもしれません。

「～以内に」という用法もあります。（within ～ を使うとより明確です。）

　例) **He can run 100 meters in ten seconds.**
　　（彼は100メートルを10秒［以内］で走れる。）

こちらは in のコアイメージそのままですね。どちらで使われているかは意味を考えて判断しましょう。

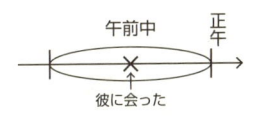

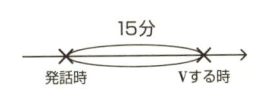

> ⚠️ 「～後に」は after にしてしまう誤用が目立つが、after ～はできごとの前後関係を表す前置詞で「～の後に」の意味。after breakfast「朝食をとった後に」というように使う。after ten minutes「10分の後に」というようには使えない。日本語の「後」に引きずられないように！

> 484 **Jack has fallen in love with Jill.**
> 　（ジャックはジルに恋をした。）
> 485 **We are in trouble.**
> 　（私たちは困っている。）
> 486 **He is in business.**
> 　（彼は商売をしている。）

484 「恋している」状態の中に落ちてしまったわけです。

485 私たちは「困った」状態の中にいるのです。

486 「商売」に従事しているのですが、at とは違って**ある程度長い期間にわたって従事している、その中に入っているというイメージ**です。状態であれ従事であれ、at は**一時的**、in は**比較的長期にわたる**ことを表しています。

| 一時的 | at peace（休戦中で）
　　　▶ 通常、形容詞的に使う。

| 長期的 | in peace（平和に）
　　　▶ 通常、副詞的に使う。

> 487 **We have to write an essay on this subject in English.**
> 　（このテーマに関する論文は英語で書く必要がある。）
> 488 **These questions vary very greatly in difficulty.**
> 　（これらの問いは難易度に大きなばらつきがある。）

487 言語には in を使いますが、英語の範囲内で、つまり英語の範囲外はダメだと言っているわけですね。

488 観点にも in を使います。in terms of ～「～という観点から見て」と同様に、そのような観点の範囲内で判断しているわけです。この in は**日本語訳では「が」となることもある**ので要注意です。日本語に引きずられなければよい、というだけなのですが、慣れるまでは難しいようです。

例) **He resembles his mother in character.**
　　(彼は性格が母親に似ている。)

increase in number「数が増える」、improve in quality「質が向上する」なども同様ですね。

489　**Look at those men in black.**
　　(あの黒い服を着た男たちを見ろ。)

490　**I am interested in politics now.**
　　(私は今、政治学に興味がある。)

---

489 人が服を着ているときには、**人は服に包まれています**ね。服は色だけで表すこともあります。逆に**服は人に接触している**ので、服は人に on しています。

例) **The dress looks good on you.**
　　(そのドレスは君によく似合う。)

490 政治学の中に**関心を引き込まれている**わけです。

c) on 〜
(「〜の表面に接触している」イメージ)

491　**There is a picture on the wall.**
　　(壁に 1 枚の絵がかかっている。)

492　**I was born on January 11.**
　　(私は 1 月 11 日に生まれました。)

---

491 絵が壁の表面に接触しているイメージ(空間的接触)。「〜の上」である必要はありません。

例) **a fly on the ceiling** (天井にくっついているハエ)

492 日付に対しては on を使います (⇒ Focus48 P.336)。

> 493 **On seeing her, he ran away.**
> （彼女を見てすぐに彼は逃げた。）
> 494 **He was on duty on that day.**
> （彼はその日は勤務でした。）
> 495 **The house is on fire.**
> （家が燃えている。）

493 on＋名詞（動名詞）で「（名詞）したらすぐに」という表現です。「彼女を見た」ことと「彼が逃げた」ことが**時間的に接触（時間の間隔があいていない）しているイメージ**です。

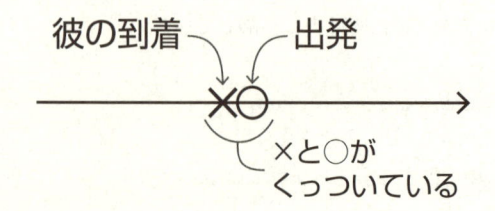

彼の到着　出発
×と○がくっついている

例）**We will leave on his arrival.**
　　（彼が到着したらすぐに出発しよう。）

494 従事を表す on です。「勤務についている」と考えれば on のイメージ通りですね。on duty「**勤務中で**」⇔ off duty「**非番で**」となります。

例）**He is on the second chapter now.**
　　（彼は今、第2章に取り組んでいる。）

495 継続的状態を表しています。
① on sale 　　　「販売中で」
② on exhibition 「展示中で」
③ on strike 　　「ストライキ中で」

493 の接触から**状態の継続**を表す用法に広がっています。**接触が続くと継続性が表れる**ということです。これは**継続を表す副詞の on** に発展します。

例）**He talked on.**（彼は話し続けた。）

> 496 **He spends a lot of money on books.**
> （彼は多くのお金を本に費やす。）
>
> 497 **This lunch is on me.**
> （このランチは僕が払うよ。）
>
> 498 **You can depend on Bill to help you.**
> （ビルの助けをあてにしていいよ。）
>
> 499 **You have to write an essay on inequality in Japan.**
> （君は日本の不平等についての論文を書く必要がある。）

496 on ~「~に集中して」は、あちこちに行きそうなものを~に集中するという用法です。concentrate on ~「~に集中する」、focus on ~「~に焦点を合わせる」も同様の使い方です。

497 on ~「~に負荷をかけて」。重荷などを、~にドンと載せていくイメージです。この例文の場合 496 の用法だと考えても問題ありません。用法を分けることが重要なのではなく **on のコアイメージを延長して用法を理解、習得することが目的**なのです。くれぐれもバラバラな断片知識として用法を覚え込もうとしないように。impose _ on ~「_を~に課す」も同様の使い方です。

498 on ~「~を土台として、~に基づいて」。rely on ~「~をあてにする」、on the ground that ~「~という根拠に基づいて」、be based on ~「~に基づいている」も同様の使い方です。

499 on ~「~について」は「~に集中して」（496）のイメージ（⇒ Focus53 P.358）。

496 spend money on
~に集中

497
ごちそうさまでした
~に負荷

498
~が土台

Focus 48

【at, in, on の識別】

❶空間

空間のとらえ方によって使い分けられるようにしよう。

[at]
corner を点として

at the corner（⇐交差点で事故）

[in]
corner に広がりを感じていてその中に

in the corner（⇐隅に彼の机）

[on]
corner に接して

on the corner（⇐角の店）

▶ 「角の店」は at を使うこともある。

❷時間

時刻は at、日付や曜日は on、月や季節、年は in を使うのが基本。ただし、at night「夜に」、at the weekend「週末に」という表現は覚えておこう。**特定の日の午前・午後・夜などは on** the night of January 11「1月11日の夜に」というように **on を使うが、これは「何日の夜か」（つまり日付）が焦点となっているからである。**

d) from 〜
   (「〜を起点とする」イメージ)

> 500 **He comes from the UK.**
> (彼は英国出身です。)
>
> 501 **We are open from Monday to Friday.**
> (当店は月曜から金曜まで営業しています。)
>
> 502 **Cheese is made from milk.**
> (チーズはミルクから作られる。)

500 英国から来た人だというイメージ (出身)。

501 from _ to 〜 「_から〜まで」(空間でも時間でも同様) (起点)。

502 be made from 〜 「〜から作られている」(原料)。材質の変化がない場合は be made of 〜 「〜から作られている」(⇒ TOPIC 05 P.59)。

例) **This chair is made of wood.** (この椅子は木製です。)

この違いは以下のイメージの違いから生じていて、from の方が〜からの**距離感が感じられます。**(from _ to 〜をイメージしましょう。)

質の変化

質の変化なし

503 **From what I hear, Jessica hates her father.**
（私の聞いたところでは、ジェシカは父を憎んでいる。）

504 **I cannot tell Jane from her twin sister.**
（私はジェーンと双子の姉を区別できない。）

503 from ~「~から判断すると」。判断の根拠を表しています。judging from ~「~から判断すると」(⇒ P.120) と同じ意味です。

504 tell _ from ~「~から__を見分ける」（識別）。distinguish/know _ from ~ も同じ意味です。

TOPIC 41 from は時・場所を表す副詞を~部分にとることができる

時・場所を表す副詞は、たとえば go there「そこへ行く」、live there「そこに住む」など「~へ」「~に」の要素を含んでいます。しかし「~から」の要素は含まないので、①のように from を付けて意味を明確化する必要があります。

① from abroad「外国から」

類例として、②のような使い方ができます。

② from now on「これからはずっと」
▶ now は副詞、on は継続を表す副詞。

また、次のような使い方もできます。

He appeared from behind the curtain.
（彼はカーテンの後ろから現れた。）

> behind the curtain が「カーテンの後ろに」という副詞として働いていて、「〜から」という意味にするために from を付けています。このパターンは前置詞が連続するので間違えやすいです。
>
> 【類例】**from** under the desk（机の下から）

e) to 〜（「〜を、向かう方向としてとらえている／〜に到達する」イメージ）

505 **I go to school by bus.**
（私はバスで学校に行っています。）

506 **He was frozen to death.**
（彼は凍死した。）

505 学校まで向かっていき到達しているイメージ。

506 凍って「死」に到達したイメージ。

例）**She tore the actor's picture to pieces.**
（彼女はその俳優の写真をバラバラに破いた。）

結果的に**写真がバラバラな状態にまで到達した**わけです。

507 **To my great regret, he failed in the last performance.**
（私がとても残念だったことには、彼は最後の演技で失敗した。）

508 **We danced to music.**
（私たちは音楽に合わせて踊った。）

509 **Our team lost the game with a score of two to four.**
（わがチームは2対4で負けた。）

510 **He is quite rich now to what he used to be.**
（彼は昔と比べて今はかなり裕福だ。）

507 to one's ＋感情を表す名詞「人が〜に思ったことには」は、「主節の結果、

人が感情を持つにいたる」という到達イメージの延長です。センター試験にも次のような文が出題されていました。

例) **To our surprise, she has gone to Brazil alone.**
（驚いたことに、彼女は１人でブラジルに行ってしまった。）

508 伴奏の to といわれていますが、やたらに用法を覚えようとするのは労力の浪費です。dance ⇒ ⇐ music というイメージです。**到達だとうまくイメージできない場合は、「相対して」というイメージを基本に置くとよいでしょう。**基本的には、横にある①〜④の４イメージです。（これも一連の流れとしてとらえましょう。）

すると、ダンス⇒ ⇐音楽ととらえられますね。

509 ２対４も、得点を対照させていますね。
510 今と過去を対照させています。

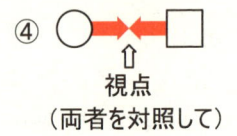

① ○ ➡ □
（方向）

② ○ ➡ □
（到達）

③ ○ ⇐ □
（相対して）

④ ○ ➡⇐ □
　　↑
　視点
（両者を対照して）

f) for 〜（「〜の方へ／目的(地)を指す」イメージ）

fore「前へ」の e が逸脱してできた前置詞で、**「前へ向かう」イメージ**を基本とします。before 〜「〜の前に」の fore の部分ですね。

to とのイメージの違いをおさえておきましょう。

➡ ✕

| to | **I went to Tokyo.**（私は東京に行った。）
東京に到達していることになる。 |
| for | **I left for Tokyo.**（私は東京に向けて出発した。）
到達したことは含意されないことになる。 |

▶ 動詞との相性で言うと、go は東京に着くまで「行く」という行為が続くのに対し、leave はその場を出発するという瞬間の行為であって継続しないという違いがある。

この前置詞は**意味の拡張が非常に多岐にわたる**ので、無理やりに1本のラインでつなげるよりも、**いくつかの用法とその延長を知るという勉強法の方が合理的**です。

> 511 **They left London for New York.**
> （彼らはロンドンを出発してニューヨークに向かった。）

「**目的地**」を表しています。目的を表す用法として、次の2つの例をとりあげましょう。

① **a house for sale**（売家）

　▶ 売るための家。家を売ることが目的になっているイメージ。

② **I'm looking for her.**（私は彼女を探している。）

　▶ 彼女を目的として視線を動かしているイメージ。

> 512 **This is something for you.** 🔊
> （これは君へのプレゼントだよ。）
> 513 **I bought this ring for 100,000 dollars.** 🔊
> （私はこの指輪を10万ドルで買った。）

512「君」に向かっていくプレゼント（something でぼかして期待感を持たせていますが）なのです。そこから「**君のための**」（利益）という意味に広がります。
513 代価・交換を表す用法です。write a letter for you は「あなたのために手紙を書く」（利益）ですが、「あなた」が文字を書けない人であれば「あなたの代わりに手紙を書く（代筆する）」ということになって代替・交換の意味に広がっていきます（⇒ **Focus50** P.344）。

> 514 **He was for the plan.** 🔊
> （彼はその計画に賛成だった。）
>
> 515 **He has been single for forty years.** 🔊
> （彼は 40 年間独身だ。）

514 for 〜「〜に賛成して」。for の基本のイメージ「前へ向かう」、つまり「〜に対して前向きに進む」ということは「賛成する」ということになります（⇔ against 〜 「〜に反対して」）。

例）**Are you for or against the plan?**
　　（君はその計画に賛成、反対？）

515 期間を表す用法です。ある時から前に向かっていく時間の広がりを表します。S V for two years. は、「2 年間 V が継続する。」ということを表しています（V は状態）。S V in two years.「2 年後に V する。」（V は動作）と区別しましょう。

Focus 49

❶ for 〜「〜のあいだずっと」
不特定の期間を表す。主節動詞は継続を表すものでなければならない。

例）**I waited for her for two hours.**
　　（彼女を 2 時間待った。）

❷ in 〜「(基準時から) 〜後に」
基準時からの時間の経過を表す。主節動詞は動作を表すものでなければならない。

例）**I will be back in two hours.**
　　（2 時間後に戻ります。）

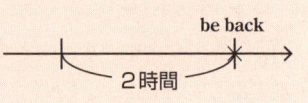

> 516 **I gave up the plan for the reason that I was not young.** 🔊
>
> （自分は若くないという理由で、私はその計画をあきらめた。）

理由を表す用法です。「～という理由と引きかえに」というイメージから生じていますが、この用法は**決まった表現でしか使われません**。for fear of ～「～を恐れて」、for want of ～「～が不足している（～がない）ので」などのイディオムや、**賞罰**を表す表現の場合（⇒**問題演習編 ★2**）だと考えておきましょう。(be famous for ～「～で有名である」も同様に考えます。)

賞罰の理由は 513 と同様に思えますね。He was praised for winning the game.「彼はそのゲームに勝って称賛された。」だと、「ゲームに勝つこと」と引きかえに称賛を手に入れたわけです。

上記以外の場合、理由を表すときは because（接続詞）や because of ～（前置詞）を使う方が無難です。「～ために」⇒ for ～と決めつけるのは危険です。「雨のために休講」では for は使えません（× for rain）。because of ～や owing to ～を使います。

> 517 **He was stupid for his learning.** 🔊
>
> （彼は学識のわりにバカだった。）

「～のわりに」を表す用法は、期間を表す for と同様に**範囲を限定している**と考えられます。学識ある人たちの範囲で考えるとバカだ、ということになるのですが、この表現は無理やりに for の基本からつなげて理解しようとするよりは、こういう表現もあると思って例に慣れてしまう方がよいでしょう。

主節と for 以下が矛盾しそうならば、この表現があったことを思い出せばよいでしょう。さらに強めて for all ～「～がたくさんあるのに」という表現もあります。

① **My mother looks young for her age.**
（母は年のわりに若く見える。）

② **Not bad for a beginner!**
（初心者としては悪くないよ。）

③ **For all** his wealth, he is not content.
(財産がたくさんあるのに彼は満足していない。)

Focus 50

【代替・代価・交換を表す for を使うさまざまな表現】

❶ for nothing

a)「無料で」：何とも交換しないで

例) **I wouldn't marry him for anything in the world.**
(彼とは絶対に結婚しない。)

▶ 世界の中のどんなものと交換であっても。

b)「無駄に」：行為の結果、その代わりとして受け取るものがない

例) **He died for nothing.** (彼は犬死にした。)

I cannot for the life of me remember her name.
(どうしても彼女の名前が思い出せない。)

▶ 命を引きかえにしても無理。

I will save you for the life of me. (命にかえても君を助けるよ。)

❷ exchange _ for 〜「_ を〜と交換する」

❸ substitute _ for 〜「〜の代わりに_ を使う」

❹ stand for 〜

a)「〜を意味する、象徴する」：[抽象的なもの／長い用語] の代わりに [具体的なもの／短い用語] がその場所に位置する。

例) **UN stands for United Nations.**
(UN は United Nations [国連] を表す表現です。)

The olive branch stands for peace.
(オリーブの枝は平和の象徴です。)

b)「〜のために（目的）立ち上がる」⇒「〜のために戦う」

「〜のために（利益）立ち上がる」⇒「〜を擁護する」という意味もある。

g) by 〜
　（「〜に近接して」というイメージ）

> 518　**There was an old house by the lake.**
> 　（湖の近くに古い家があった。）
>
> 519　**He is older than his brother by seven years.**
> 　（彼は弟より7歳年上だ。）

518「空間的に〜の近くに」のイメージ。「〜の近くを過ぎて」という場合にも by を使います。

　例）**Erika didn't notice me as she passed by me.**
　　（エリカは私とすれ違ったとき私に気づかなかった。）

519 近接の度合いを表すことから「差」を表す用法に広がります。

Focus 51

【差を表す by を使うさまざまな表現】

❶ 〜（時間）差で
He missed the train by three minutes.
（彼は3分差で電車に乗り遅れた。）
❷ **by a hair's breadth**「間一髪で」（⇐1本の髪の幅の差で）
❸ **step by step**「徐々に」（⇐1歩ごとに差が生まれていく）
【類例】
・**little by little**「徐々に」
・**day by day**「日に日に」
❹ **too many by one**「1つだけ多すぎて」
❺ **reduce by a third**「3分の1だけ減らす」

> 520 **He went there by taxi.**
> （彼はタクシーでそこへ行った。）
> 521 **Ken was attacked by the cat.**
> （ケンはその猫に襲われた。）
> 522 **I will be back by five.**
> （5時までに帰ります。）

520 行為の実現に対して最も近接しているのが手段です。be paid by the week「週給で支払われる」も1週間という単位を支払い手段として使っているのです。経由（by way of も同様）も手段の延長にあります。

例）**He went to Berlin by Siberia.**
（彼はシベリア経由でベルリンに行った。）

判断基準も手段の延長です。基準を近くに置いて判断しているわけです。

例）**You shouldn't judge a person by his or her appearance.**
（外見で人を判断するべきではありません。）

▶ from も可能。

521 受動態の行為主体を by で表しています（受動態⇒ TOPIC 06 P.60）。「ケンが襲われた」場合、襲った行為者たるその猫はすぐ近くにいたのであろうと、容易に想像できますね。

522 ある時間への近接⇒ある時間の手前⇒「〜までに」（完了）を表す用法です。until/till 〜は「〜までずっと」（継続）という意味なので、by との区別をきちんとしましょう（⇒ TOPIC 42 P.347）。

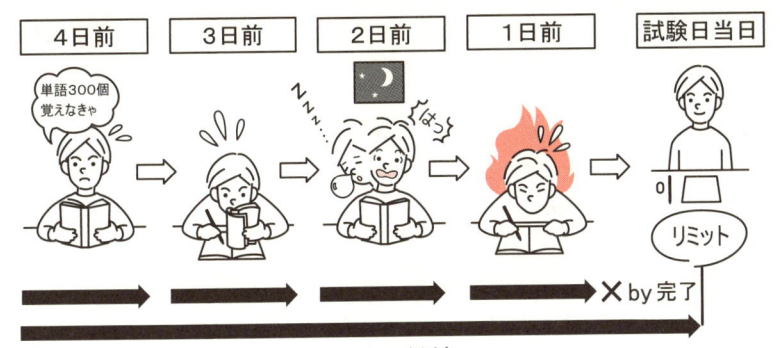

until/till 継続

TOPIC 42 by と until/till

by ～「～までに」は完了を表すので、**主節動詞も完了を表すもの**でなければなりません。一方、until/till ～「～まで」は継続を表すので、**主節動詞も継続を表すもの**になります。次の①②の例文で違いをたしかめておきましょう。

① **I'll come by seven.**（7時までに来るよ。）
　▶ come は状態ではなく動作。
② **I'll wait for you till seven.**（7時までは君を待っているよ。）
　▶ wait は動作ではなく状態。

h) with 〜
(「〜とともに」というイメージ)

> 523 **I played chess with him yesterday.**
> 　　(昨日、彼と一緒にチェスをした。)
>
> 524 **I fought with him.**
> 　　(彼と戦った。)
>
> 525 **She shot him with a gun last night.**
> 　　(彼女は昨晩、彼を銃で撃った。)

523 コアイメージそのままの「一緒に」。

例) **I have no money with me.**
　　(今お金を持ち合わせていません。)

「私と一緒に」⇒「身につけて」というイメージへも広がります。

524 with はもともと数字の2に関係した語で、「**2つのものがともにある**」ということを表します。2つのものは、**寄りそう場合もあれば対立する場合も**ありますよね。ですから agree with him / disagree with him「彼に同意する」「彼に反対する」のどちらも with になるのです。

例) **Her birthday party conflicts with my going to the concert.**
　　(彼女の誕生パーティーとコンサートに行くのがかち合っている。)

525 行為するときに身につけている(手に持っている)道具は with で表します。

> 526 **The view of Mt. Fuji changes with the seasons.**
> 　　(富士山の景色は季節とともに変化する。)
>
> 527 **He went out with the lights on.**
> 　　(彼は明かりをつけたまま外出した。)
>
> 528 **He talked to her with care.**
> 　　(彼は注意深く彼女に話しかけた。)
>
> 529 **I am so busy with my homework.**
> 　　(僕は宿題でとても忙しいんだ。)

> 530 **I have nothing to do with the case.** 🔊
>
> （私はその事件となんの関係もありません。）

526 「～につれて」「～と同時に」。「ともに」が時間に延長している用法です。

527 付帯状況といわれる with の用法です。with _ ～は_＝～という情報を主節に追加しています。この場合with＋名詞で句が終わらないことに注意しましょう。

528 with＋抽象名詞で動作のやり方を表す副詞句を作ります（with care ＝ carefully）。行為するときに「注意深さ」を伴っているわけですね。

529 原因を表す用法もあります。宿題を抱えているから忙しい、というわけです。（523 の「身につけて」を延長している用法です。）

530 関連を表す用法のイディオムです。「～とともに」⇒「～にくっついて」⇒「～について」という流れで考えるとわかりやすいですね。

① **have nothing to do with** ～「～に関係がない」

▶ ～に関してするべきことが何もないのである。

② **have something to do with** ～「～と関係がある」

i) of ～ （「(～の中)から」「～から離れて」という分離イメージ）

もともと副詞の off から f が逸脱した形です。of のイメージは、**分離イメージ⇒分離する前の状態（所有、所属）／分離イメージの入れかわり（除去の of など）⇒「性質・能力などを中に持って」**というように広がっています。まずはこのイメージをつかみましょう。

次ページの図は、その of のイメージをイラストに表したものです。この中の (2) については、(1) の延長として説明することも可能なのですが、言葉による説明を延長し続けるよりは、このような図として割り切ってしまう方が習得しやすいでしょう。

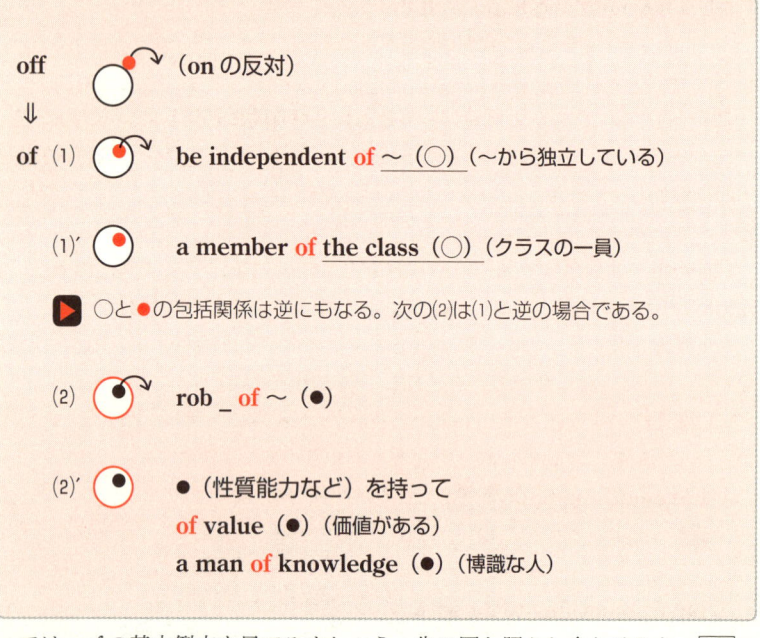

11 前置詞 ①前置詞 ■9つの基本前置詞

off ○↻ （on の反対）
⇩
of (1) ○ be independent of ~ （○）（~から独立している）

(1)′ ● a member of the class （○）（クラスの一員）

▶ ○と●の包括関係は逆にもなる。次の(2)は(1)と逆の場合である。

(2) ●↻ rob _ of ~ （●）

(2)′ ● ●（性質能力など）を持って
of value （●）（価値がある）
a man of knowledge （●）（博識な人）

では、of の基本例文を見てみましょう。先の図と照らし合わせると、531～533 は(1)、534～536 は(1)′、537 は 531 の延長です。538 539 は(2)、540 は(2)′ の用法です。一つひとつの用法を日本語で覚えるのではなく、図と見比べながら of のイメージを具体化することで全体像をつかみましょう。

531 **He is independent of his parents.**
（彼は親から独立している。）

532 **He did that of his own will.** 🔊
（彼は自分自身の意志でそれをした。）

533 **I want to live in a house of wood.**
（私は木の家に住みたい。）

531 コアイメージ通りですね。親に依存していた状況から離れたわけです。come of a good family「良家の出身である」も同じイメージです。

532「~から」のイメージです。
533これも「~から」のイメージ（⇒ 502 P.337）。

> 534 **He is the son of my friend.**
> （彼は私の友人の息子です。）
> 535 **I read some of the most popular novels in the world.**
> （私は世界で最も人気がある小説のいくつかを読みました。）
> 536 **They are of an age.**
> （彼らは同い年です。）
> 537 **There are many theories of the usage of prepositions.**
> （前置詞の用法については多くの理論がある。）

534「所有」を表す表現。
535「~の一部、部分」を表す表現。
536「~に帰属」を意味する表現なので、「1つの（同じ）年齢に帰属して」⇒「同い年で」となります。
537前の of ~ は「~に関する／関して」。先の図の(1)の延長といえるでしょう（⇒ Focus53 P.358）。たとえば、次のような使い方があります。

hear of him（彼の消息を耳にする）

これは、hear something of him の something が漠然としているので省略された形だと考えれば、すっきり理解できますよね。「彼に関してなんらかのことを耳にする」⇒「彼の消息を耳にする」となるのです。know of him「彼についてなんらかのことを知っている」も同様で、know him「彼のことを直接知っている」と区別するようにしましょう。
後ろの of ~ は「~の用法」（⇐「~をどう使うか」）を表しています（目的格的用法⇒ TOPIC43 P.352）。

|538| **They stripped him of his clothes on the street.**
（彼らは通りで彼から衣服をはぎ取った。）

|539| **This bottle is empty of wine.**
（このボトルにはワインが入っていない。）

|540| **He is of the opinion that young people should get married.**
（彼は若い人は結婚すべきだという意見を持っている。）

|538| これは除去の of とよばれている用法です（⇒ **TOPIC 44** P.353）。strip him of ~「彼から~をはぎ取る」は(2)の用法で、of ~の~部分が him から出ていくイメージです。

|539| wine が bottle から出ていってしまって bottle が空っぽなのです。

|540| 「(能力・性質などを) 中に持っていて」という(2)'の用法で、通常、**形容詞句を作ります**。性質を表す形容詞の場合、of＋抽象名詞⇒形容詞となります。

① **of** use 「有効性を持って」⇒「役に立つ」
② **of** importance 「重要性を持って」⇒「重要な」
③ **a man of ability** 「能力を持っている人」⇒「有能な人」

▶ of ability は man を修飾。

TOPIC 43　格を表す of

名詞＋of＋名詞（**of＋名詞は前の名詞を修飾**）という形の場合、**of ~は前の名詞を明確化する働きを持ちます**。_ of ~を「~の__」と訳して誤解の余地なく通じる場合はそれでかまいませんが、そうはいかない場合もあります。

「の」で意味が不明瞭になる場合、次の①〜④のどのパターンか考えてみるようにしましょう。

① the discovery of these researchers
② the discovery of the law
③ the roof of the house
④ the idea of democracy

①主格

「これらの研究者たちの発見」は「研究者たちが」発見したのですから主格。これは the discovery by these researchers というように by も使えます。

②目的格

「その法則の発見」は「法則を」発見したのですから目的格。

③所有格

「その家の屋根」は「家が屋根を have している」のですから所有格。（家の一部が屋根なので(1)′の用法です。）

④同格

「民主主義という概念」これは「の」では意味が不明瞭ですね。同格として使われています（⇒ P.302）。

では、a picture of the king はどうでしょう。この表現では、「王様が描いた絵」（主格）、「王様を描いた絵」（目的格）、「王様が持っている絵」（所有格）の3通りの意味が想定されます。「の」という日本語の格助詞の用法と重なっていますね。

TOPIC 44　除去の of

V _ of ～で「_から～を除去する」イメージとなることがあります。いくつか例文をあげてみましょう。

① **We cleared the street of snow.**

（通りから雪をのけた。）

cf. **We cleared the snow from the street.**

② **That medicine cured me of my bad cold.**

（その薬で私のひどい風邪が治った。）

③ **They robbed the bank of thousands of dollars.**

（彼らは銀行から数千ドル強奪した。）

2 その他の前置詞

a) off ～
（「on ～［～に接触している状態］からの分離」というイメージ）

> 541 **Keep off the grass.**
> （芝生立ち入り禁止。）
>
> 542 **He got off the train at Nagoya.**
> （彼は名古屋で電車を降りた。）

541 on しない状態を維持しろ、と言っているわけです。

542 「乗る」は get on ですね。get off はその反対の意味になるということです。

では、50 percent off the price はどうでしょう。「定価の 50 パーセント引き」、定価から 50 パーセント分だけ離れるわけです（⇒ TOPIC 25 P.216）。

off は**副詞として使われることの方が圧倒的に多いです**（⇒ TOPIC 45 P.366）。

【副詞として使われる例】
① **Turn off the TV.**（テレビを切れ。）
② **Don't put off your work.**（仕事を延期するな。）

①はテレビのスイッチを回して（昔は回していました）、**off 状態にする**ということです。
turn off ⇔ turn on（この on は副詞）

②は「仕事から離れる」のではなく「**仕事を予定から離した位置（未来）に置く**」⇒「**仕事を延期する**」になります。

b) into ～ / out of ～

コアイメージは次のイラストの通りです。

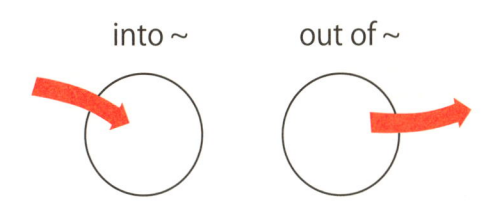

into ～   out of ～

空間だけでなく状態の変化を表す表現もあります（⇒ Focus52）。

[543] **Jill dropped her mobile phone into the toilet bowl.**
（ジルは携帯電話を便器の中に落とした。）

[544] **Ken came out of the girls' restroom.**
（ケンは女子トイレから出てきた。）

Focus 52

【V O into ～と V O out of ～】
into ～は「～の中へ」という空間だけでなく「O の～への状態の変化」を表し、out of ～は「～の外へ」という空間だけでなく「O の～からの状態の変化（～をやめる）」を表す。

❶ V O into ～
put O into Japanese「O を日本語に翻訳する」
talk＋人＋into -ing「人を説得して～させる」
threaten her into silence（彼女を脅かして沈黙させる）
（⇒She was threatened into silence.（彼女は脅かされて声も出なくなった。））
divide the cake into three pieces（ケーキを3つに分ける）

❷ S V into ～
さらに、S V into ～は「Sの～への状態の変化」を表す。
例) **They** burst **into** laughter. (彼らはどっと笑った。)
　　He turned **into** a tyrant. (彼は暴君に変身した。)
❸ V O out of ～
talk＋人＋out of -ing「人を説得して～しないようにさせる」
【類例】argue[persuade]＋人＋into -ing

c) about ～（「～の漠然とした周辺に」というイメージ）

[545] **My dogs are running about the statue.**
（私の犬たちはその彫像あたりを走り回っている。）

空間だけでなく「～について」（話題⇒ Focus53 P.358）を表すこともあります。時間「～頃に」という用法もあります。
例) **about** five o'clock （5時頃に）

副詞で「およそ」という意味も、前置詞のコアイメージの延長です。
例) **about** a mile （およそ1マイル）

d) around ～「～のまわりを取り囲んでいるイメージ」

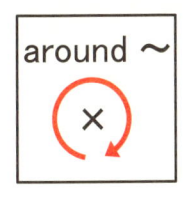

> 546 **The knights sat around the table.**
> （騎士たちはテーブルを取り囲んで座った。）

　時間を表して「～頃に」（about と区別しなくてよい。周辺という共通のイメージだから）の意味になります。

　例）**around 5 o'clock**（5時頃に）

　ただし talk <u>around</u> the issue「その話題<u>を避けて</u>話す」は、talk <u>about</u> the issue「その話題<u>について</u>話す」と全く異なるので注意。

e) over ～（⇔ under ～)「～を越えて、というイメージ」

> 547 **He jumped over the fence.** 🔊
> （彼はフェンスを飛び越えた。）
>
> 548 **There is a white cloth over the table.** 🔊
> （テーブルには白いクロスがかかっている。）

547 は動きがあり 548 は状態です。また、「～を越えた向こうに」（over the rainbow「虹の向こうに」）というように意味が広がります。議論・口論の対象となる「～について」も同じイメージです（⇒ **Focus53**）。

Focus 53

【「～について」を表す前置詞】
on, of, about, over はどれも「～について」を表すが、コアイメージが違うので、注意して使い分けよう。

❶ on ～（～に集中／～から離れない）
write an essay on the history of the town
（町の歴史について論文を書く）

▶ テーマから離れてはいけない。

❷ of ～（～から話題をとりあげる）
talk of the town（町の噂話などをする）

▶ 町自体が話題でなくてもよい。

❸ about ～（about は漠然とした周辺）
talk about the climate（天候の話をする）

▶ 話題が天候周辺にあればよい。

❹ over ～（議論、口論の対象）
quarrel over the way of teaching English
（英語の教え方について口論する）

f) under ~ （⇔ over ~）（「~の下に」というイメージ）

> 549 **The cat hid himself under the table.**
> （その猫はテーブルの下に身を隠した。）

　over / under は空間から延長して over ~「~を支配して」、under ~「~に支配されて」という用法も生じます。上をおおうのだから支配しているイメージだ、下に置かれているのだから支配されているイメージだ、というのは楽に理解できますね。

　例）**control over the patients**（患者たちに対する支配）

　一方、under は under control「支配の下に」ある⇒「支配されて」となりま

す。このように「**行為のもとに置かれている**」⇒「**行為されている**」という状態まで意味が広がります。

① **under** discussion 「議論されて」
② **under** construction 「建設されて」
③ **under** attack 「攻撃を受けて」
④ **The road is under repair.** 「その道路は今修理中です。」

g) below ~ / above ~

below ~「~（=ある基準）よりも低く位置して」、above ~「~（=ある基準）よりも高く位置して」がコアイメージになります。

under ~ / over ~は「~の下／上」ですがbelow ~ / above ~は「~より下／上」です。混同しないように位置関係をしっかりイメージできるようにしましょう。

550 **Her score was below (the) average.**
（彼女の得点は平均以下だった。）

551 **The sun is still above the horizon.**
（太陽はまだ地平線の上にある。）

空間から延長して、程度や能力を表す用法もあります。

> 552 **This job is below you.** 🔊
> （この仕事は君がするべき仕事ではない。）⇒（君はもっと高いレベルの仕事をするべきだ。）
>
> 553 **This problem is above me.** 🔊
> （この問題は私の能力を超えている。）

h) beyond ～（「ある基準・範囲を超えて向こう側に」というイメージ）

be＋yond「あそこの、その向こうの」を起源とする語です。
例）**beyond the horizon**（地平線の彼方に）

空間だけでなく時間でも使えます。
例）**beyond the fixed time**（定刻を過ぎて）

また「能力の範囲を超えて」という意味で、次の例文のようにも用いることができます。

> 554 **This question is beyond me.** 🔊
> （この質問は私の能力を超えている。）

さらに「範囲を超えて」という使い方もできます。

例) **She has changed beyond recognition.**
（彼女は当人だと見分けられないくらいに変わってしまった。）

▶ 「recognize できる範囲を超えて」という意味。

i) across 〜 / through 〜

across 〜 「**平面を横切って**」がコアイメージです。

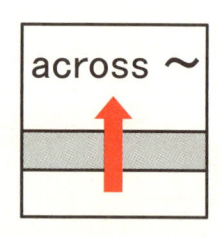

道などを横切ると十字（cross）ができるイメージから広がります。（**障害物の上を乗り越えていくならば** over。）

一方、through 〜 は「**空間を突き抜けて**」がコアイメージです。

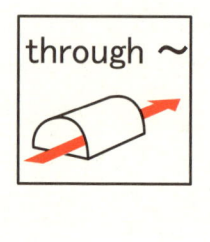

空間を突き抜けるイメージから時間、困難などを突き抜けるイメージへと広がります。

例) **pass through the danger**（危険を切り抜ける）

> 555 **He took a shortcut across the park.**
> （彼は公園を抜けて近道を行った。）
>
> 556 **He walked through the woods in two hours.**
> （彼は 2 時間歩いて森を抜けた。）
>
> 557 **He kept silent through the lecture.**
> （彼は授業のはじめから終わりまで静かにしていた。）

j) along ～（「～の流れにそって」というイメージ）

「～にそって」⇒「経路」「位置」⇒「方針・規則などにそって」というように意味が広がります。

> 558 **Go along this street, and you'll find a coffee shop.**
> （この道にそっていくと 1 軒の喫茶店があります。）
>
> 559 **This plan is along the policy of the government.**
> （この計画は政府の政策にそったものである。）
>
> 560 **I am getting along well with my classmates.**
> （クラスメイトとはうまくやっています。）

560 のように副詞として使われることも多いです。（行為が流れていくイメージです。）

k) against ～（「～に対抗して」というイメージ）

コアイメージ「～に対抗して」から、「**～に反対して**」「**～に反して**」へと広がります。

例）**against** one's will（自分の意志に反して）

また、「～に対抗して」⇒両者を比較・対比させて「**～を背景として**」の意味にもなります。

例）**against** the evening sky（夕空を背景として）

> 561 **I prefer to go against the current.**
> （私はむしろ流れに逆らって進む方をとる。）
>
> 562 **The politician voted against the plan.**
> （その政治家はその計画に反対の票を入れた。）

1) between ～ / among ～

between は本来 be-「～のあたりに」と tween「2つ」からなる語で、「**2つのもののあいだで**」がコアイメージになります。

しかし3つ以上のものがくることもあります。
例）**a treaty between <u>A</u>, <u>B</u>, and <u>C</u>**（A、B、C間の条約）

これは「AとB、BとC、CとAのあいだで結ばれる条約」というイメージがあるからです。この場合、**個々の関係に焦点が合っている**わけです。

among は個別の関係というよりも「**複数のもの・人に囲まれていて**」「**その中から**」というイメージです。

ここから among ～ = one of ～「～の1つ」という用法に広がります。

> 563 **I took a seat between Kate and Cathy.**
> （私はケイトとキャシーのあいだに座った。）
>
> 564 **There are two large birds among the trees.**
> （木々のあいだに2羽の大きな鳥がいる。）

TOPIC 45 　前置詞か副詞か

動詞＋副詞＝他動詞となっているイディオムでは、**O が代名詞1語ならば後ろに置くことはできない**というルールがあります。（本来は、O が代名詞1語ならば倒置できないルールと言うべきですが。）これを理解する上でも、前置詞か副詞かを区別することが重要です。

たとえば、give ～ up の **up** は副詞です。

give <u>the plan</u> up　（○）　⇒　give up <u>the plan</u>　（○）
give <u>it</u> up　（○）　⇒　give up <u>it</u>　（×）

このルールはセンター試験でも整序問題などで数回出題されていましたので、しっかり知っておきましょう。
　前置詞か副詞かを区別するために、イディオムを覚える際に一緒に覚える、というのでもよいですが、それでは手間がかかりすぎます。
　順を追って説明しましょう。まず、**前置詞と副詞の両方の用法がある語がある**ことを知っておく必要があります。

① **She put the book <u>on the desk</u>.**（彼女はその本を机の上に置いた。）

①の **on** は**前置詞**で、**on the desk** で**副詞句**となっています。この章の最初を読み返してください。前置詞は名詞と結び付いて副詞の働きをしましたね（Put the book <u>on the desk</u>.）。つまり、前置詞＋名詞＝副詞となりえます。

② **She put the red dress on herself.**（彼女はその赤い服を着た。）

一方の② **on** も前置詞です。「**自明性が高いもの、前の語の反復、漠然としたものは省略されやすい**」という、英語の一般的なルールがあります。すると名詞部分に省略されやすいものがきている場合、省略できますね。②の文は、herself が主語の反復ですから省略します。すると、She put the red dress on. になります。

名詞が省略されると前置詞（＋省略される名詞）＝副詞になりますから、**前置詞が１語で副詞の働きをしている**ことになります。これが、**前置詞と副詞の両方の用法がある語**なのです。

さらに②の文を使って、倒置が起こる例を説明しましょう。the red dress は **O**、この on は**副詞**で**修飾語**（**M**）です。the red dress を後ろに倒置（**VOM ⇒ VMO** という倒置　⇒ 577 P.375）すると、She put on the red dress.「彼女はその赤い服を身につけた。」となります。

② **She put the red dress on herself.**
　⇒ **She put the red dress on.**
　　⇒ **She put on the red dress.**
　　　　　　　↑倒置している

この倒置が起こるのは O が新情報の場合なので、**it や them だと倒置は起こりえません**。だから put it on は○だけれども、put on it は×ということになるのです。

前置詞は後ろにある名詞と結び付いて句を作るはずです。一方、**副詞ならば次の名詞とは結び付きません**。（消えてしまった名詞と結び付いていたはずですよね。）

すると見分け方としては、**on の後に名詞がある場合、後ろの名詞と結び付いていればその on は前置詞、そうでなければ副詞というように判定できます。副詞の on は省略された名詞と結び付いていた**はずだからです。

先程の② She put on the red dress. では、on と the red dress は結び付いていません。「赤いドレスの上に置く」と言われても「何を」置くのかがわからないと文として意味をなさないですよね。ですから、この on は副詞だと判断できるわけです。

面倒くさいように見えるかもしれませんが、このようにきちんと理解すれば間違える可能性はなくなります。一度わかると、これから前置詞か副詞か悩まず判断できるようになります。なんとなく勘でやったり、代名詞1語だと目的語は前へ移動、などという間違ったルールを覚えたりせずに済むわけです。きちんと理解することがいかに大切かを実感してください。
さらに例をあげておきます。

bring about ～「～を引き起こす」（about は**副詞**）
think about ～「～について考える」（about は**前置詞**）

bring about＋できごとでは「Sができごとを（Sの身のまわりに）持ってくる」⇒「Sができごとを引き起こす」であって、**about とできごとは結び付いていないからです**。一方、think about ～では「（～について）考える」なので、**about は～と結び付いている前置詞**と判断できます。
文法の勉強とは、英語の原則を知り、理解に基づいて知識を増やし、それを使いこなすことにあるのです。

12 強調・倒置・省略・否定・一致
Emphasis, Inversion, Ellipsis, Negation, & Agreement

1 強調 — P.370
1 2

2 語順の変更・倒置 — P.375
1 2 3

3 省略 — P.380
1 2

4 否定 — P.382
1 2

5 一致 — P.391
1 2 3 4 5

※中見出し（1～5）タイトル省略

12 強調・倒置・省略・否定・一致
Emphasis, Inversion, Ellipsis, Negation, & Agreement

track 46-50　　問題演習編 Practice 20

この章では、これまでの章で扱わなかったルールとして強調・倒置・省略・否定・一致を扱います。文法問題として出題されるのは、ほぼいくつかのルールに限られるので、出題数は少ないです。しかし、これらのルールは読解においては大きく差がつくことになるので、基本ルールだけはしっかりおさえておきましょう。

1 強調

Core point

文中のある部分を強調するには、**強く発音する、強調する語句を加える、反復する**、さらに**強調構文（分裂文）を使う**といった表現方法があります。

強く発音したり語句を繰り返したりすることで強調する、というのは文法的なルールというわけでもないので、本書では強調する語句と強調構文について説明することにします。

Guideline

1 強調する語句を加える表現

a) do

肯定文中で動詞の前に do [does/did] を置くと、動詞の意味を強調することができます。この do は助動詞で、**後ろには動詞の原形**がきます。また、この do は強く発音されます。

> 565　**I did say so, but she wouldn't listen to me.** 🔊
> （僕は本当にそう言ったのだけど、彼女はどうしても耳を傾けようとしなかったんだよ。）

b) all

> 566 **The children became all attention.** 🔊
> (その子どもたちは全身を耳にして話に耳を傾けた。)

補語としての**抽象名詞の前**に all を置いて、「**全く～そのものといった状態で**」というように強調します。
また、**不可算名詞を修飾**して「**最大限の**」というように強調したりします。
例) with **all** speed（全速力で）

c) in the world / on earth

疑問詞の直後に置いて疑問（意外）の気持ちを強調したり（日本語に訳す場合は「**一体**」という表現が近いでしょう）、否定表現の後に置いて「**少しも～ない**」と強調したりします。

> 567 **I never in the world would have believed such a person as Bill.** 🔊
> （私ならば決してビルのような男の言うことは信じなかっただろう。）

d) whatever

any＋名詞／no＋名詞の直後で使う用法があります。本来、節を作る語ですが、whatever it may be「それがなんであろうと」の it may be が省略されたわけです。no＋名詞の直後だと「**どういうものであろうが、とにかく存在しないのだ**」という強調になります。

また、whatever は口語表現では**疑問詞の what を強めるために使われる**こともあります。what (in the world) などと同じような強調表現です。

> 568 **I have no doubt whatever that he will succeed.**
> （彼が成功するであろうことについては、私は全く疑っていない。）
>
> 569 **Is there any chance whatever?**
> （少しは見込みがありますか。）
>
> 570 **Whatever do you want?**
> （一体何が欲しいのだ。）

2 強調構文（分裂文）

これは、クローズアップしたい部分を It is ☐ that ~ の☐部分に置く（<u>焦点</u>という）文の形です。

a) 基本的説明

たとえば、**Ken met Yuko at his birthday party ten years ago.**「ケンは 10 年前に彼の誕生パーティーでユウコに出会った。」という文を強調構文（分裂文）にしてみましょう。

ten years ago に焦点を合わせる場合、It was ten years ago that Ken met Yuko at his birthday party. という形にします。この形にすることで「ケンがユウコに誕生パーティーで出会ったのは（最近のことではなく）10 年前のことだった。」というようになるわけです。

Ken met Yuko at his birthday party <u>ten years ago</u>.
⇒ **It was <u>ten years ago</u> that Ken met Yuko at his birthday party.**

焦点の部分にくるのは**主語・目的語になっている名詞**、あるいは**副詞の働きをしている語句**です。上の文で「ケンが 10 年前に誕生パーティーで出会ったのは（今の彼女ではなく）ユウコだった。」というように Yuko に焦点を合わせる場合は、次の形にします。

It was <u>Yuko</u> that Ken met at his birthday party ten years ago.

焦点に人が置かれる場合は that ではなく who、ものが置かれる場合は which を使うこともできます。また、口語では that が省略される場合もあります。

さらに、「10年前にユウコに出会ったのは（ほかの機会ではなく）彼の誕生パーティーだった。」と his birthday party に焦点を合わせる場合は、次のようになります。

It was at his birthday party that Ken met Yuko ten years ago.

日本語訳に「（～ではなく）」を加えているのは、この構文で強調される部分（焦点）は通常、対照情報（＿ではなく～／ほかではなく～）だからです。たとえば、It is because he is rich that I go out with him.「私が彼とデートしているのは彼が金持ちだからよ。」だと、「好きだからじゃなくって」という響きが感じられるということです。

Focus 54

【強調構文（分裂文）】
❶焦点を合わせる
クローズアップしたい部分を **It is** ▢ **that** ～の ▢ 部分に置く。

▶ 強調される部分は通常、対照情報。

❷焦点の部分にくる品詞や語句
主語や目的語になっている名詞か、副詞の働きをしている語句。

❸焦点に人／ものがくる場合
人：that ではなく who を使うことが可能。
もの：that ではなく which を使うことが可能。that が省略される場合もある。

b) 基本例文

> 571 **It is not what a person has but what he is that is important.**
> (重要なのは人が何を持っているかではなくどういう人かということだ。)
>
> 572 **What is it that you want most now?**
> (今一番欲しいのは何？)
>
> 573 **I don't know what it is that made her decide to study abroad.**
> (彼女に留学を決心させたのが何なのか私は知らない。)

571 焦点に「～でなく＿」が置かれた例です。この表現は次のように変形されて、それぞれ**コンマの後がより強く伝達される**こともあります。

> It is _ that ..., not ～.　　「…なのは＿だ、～ではないのだ。」
> It is not ～ that ..., but _.　「…なのは～ではない、＿なのだ。」

572 疑問詞が焦点になっている例です。It is _ that ～の＿部分（名詞）が **what** となっています。

It is this book that I want most now.

What?

↓

What is it that you want most now?

←この本

what に限らず、たとえば、It is because ～ that I went abroad to study. の because 節を why にする強調構文（分裂文）も可能です。

例) **Why is it that you went abroad to study?**
　　(あなたが外国に留学したのはなぜですか。)

573 疑問詞が間接疑問として使われている例です。

2 語順の変更・倒置

Core point

語順の変更とは、SVO や SVOC の順序が入れかわる（SVO ⇒ OSV、SVOC ⇒ SVCO）場合や、**場所を表す副詞(句)が文頭に置かれたりする**場合のことです。倒置には、その語順の変更のほか、文頭に置かれた否定の意味を持つ副詞(句・節)が文を修飾する場合に**主語・(助)動詞の順番が逆になる（疑問文の形になる）**ものがあります。

仮定法の条件節（⇒ Focus27 P.159）や譲歩の構文（⇒ TOPIC38 P.311）といった、すでに扱っているものなどはこの章では説明しません。

Guideline

1 倒置の基本的な用法

574 **Down came his father.**
（下に降りてきたのは彼の父親だった。）

575 **That my son is innocent I firmly believe.**
（息子が無罪だと私はかたく信じている。）

576 **So kind was he that he was liked by his students.**
（彼はとても優しかったので生徒たちに好かれていた。）

577 **People tend to regard as inferior individuals or groups speaking languages different from their own.**
（人々は自分と異なる言語を話す個人や集団を、劣ったものとみなしがちである。）

578 **"I like rock music in 1970s."**
（「僕は70年代のロックが好きなんだ。」）

"So do I."
（「私もです。」）

574 場所副詞 → V S の順になっています。His father came down. というのが普通の語順ですが、down を前に出すことで**読者に視点を与え**、彼の父親の

375

登場を際立たせています（⇒ TOPIC 03 P.39）。

この表現では、**代名詞が主語の場合は**場所副詞＋**S V** となります（Down he came.）。**すでにわかっていることだから代名詞になるのですから、新情報の場所である文末に置く理由はありません。**

575 **OSVの倒置**です。that 節のことについては私はかたく信じている、という順にすることで firmly believe が強調されます。

576 He was so kind that ～ が倒置した形です。such ＿ that ～でも同様の倒置が起こることがあります（so that/such that ⇒ TOPIC 40 P.321）。

例）The man's wisdom was such that many people wanted his advice.

⇒ **Such was the man's wisdom that many people wanted his advice.**

（その人の知恵はすごいものだったので、多くの人が彼の助言を欲しがった。）

577 regard ＿ as ～ が regard as ～ ＿ に語順を変更しています。

O が長く、C/M が短い場合に VOC ⇒ VCO、VOM ⇒ VMO という語順転倒が起こることがあります。長いということは説明が加わっているということで、読者にとって**新情報**のはずです。（わかっていることならば説明は必要ありませんね。）ですから、**新情報が置かれる文末へと移動しているのです。**語順転倒する方が文のバランスも良くなります。

578 **肯定文に続けて、**So do S.（be 動詞の場合、So be S.）**という形で「S もそうだ。」ということを表します。否定文の後**だと、Nor do S. / Nor be S. とい

う形で「Sもそうしない。／そうでない。」という意味になります。

例）**I don't smoke, nor does my wife.**

（私はタバコを吸いませんし、妻も吸いません。）

neither（副詞）を使うと I don't smoke, and neither does my wife. となります。

2 比較表現の倒置

> 579 **I long for peace, as do all the people in the world.**
> （私は平和を切望している。世界中のすべての人と同じように。）
>
> 580 **Oil costs less than would atomic energy.**
> （石油は原子力を使う場合よりも費用がかからない。）
>
> 581 **Mr. Brown is as clever as (is) any other member of the conference.**
> （ブラウン氏は、その会議のほかのどのメンバーにも劣らず頭の回転が速い。）

「同じように」という意味を表す**接続詞 as** の節中、**比較級＋than** ～の～部分に主節と同じ動詞が繰り返される場合、比較の **as ＿ as** ～の～部分において、do/be S の倒置が起こることがあります。この倒置は、**1 倒置の基本的な用法**の 574 ～ 578 とは違って義務的ではなく、倒置してもしなくてもかまいません。S を文末に置くことで S を際立たせることになるのです。ですから S が代名詞であれば倒置は起こりません。

3 否定を表す副詞(句・節)が文頭に置かれる場合

582 **Little** did I dream that I would meet you again.
(君にまた会うだろうとは夢にも思っていなかった。)

583 **Only yesterday** did the birthday card come to me.
(昨日になってやっと、そのバースデーカードは私に届いた。)

584 **At no time** did the lady pay attention to others.
(どんなときも、その女性は他人には注意を払わなかった。)

585 **Not until the party began** did he find his parents were present.
(パーティーが始まってからやっと、彼は両親が出席しているのに気づいた。)

586 **Not only** did he go there alone but he did the work for himself.
(彼は1人でそこに行っただけでなく、その仕事を独力でやった。)

否定の意味を持つ副詞(句・節)が文頭に置かれ、主節を修飾している場合に、**主節は疑問文の形に倒置する**、というルールに従った例文です。否定の意味を持つ副詞の直後にSV〜を続けると、否定語句がSを否定しているように見えてしまうのを避けるために、疑問文の形に倒置しているのです。

582 little は「ほとんど〜ない」という意味の副詞ですが、**思考や認識を表す動詞の前に置かれると「全く〜ない」という意味になります**。この文だと「全く夢にも思っていなかった」となります。

例) They little believe in God.
(彼らは神など全く信じていない。)

583 only は否定語ではありませんが、**否定的な意味を持つ語です**。「__だけ〜」ということは「__以外は〜でない」ということを意味するからです。**only が副詞(句・節)を修飾していて文頭に置かれる場合は、主節は疑問文の形に倒置されます**。副詞(句・節)が長い場合などは間違えやすいので要注意です。

例) **Only when his sons began to cry did he notice the earthquake.**
（息子たちが叫び始めてやっと彼は地震に気づいた。）

584 at no time は**文を修飾**していて「どんなときも〜ない」となっています。同じ形ですが、次の文は倒置しません。

例) **In no time your mother will come back.**
（すぐにお母さんは戻ってくるよ。）

この場合、no は time を打ち消しており、in no time で「時間の経過がない」という意味になっています（in の用法⇒ P.331）。すると、**主節を打ち消しているわけではない**ですよね。ですから**倒置しない**のです。前置詞＋ no ＋名詞⇒倒置、というような機械的丸暗記は危険です。

585 not until _ ＋倒置「＿して初めて〜」という形です。「〜したのは＿まではなかった」⇒「＿までは〜しなかった」というように**主節が打ち消されている**ことになります。not until は、強調構文（分裂文）It is not until _ that 〜 「＿して初めて〜」という形で使われることも多いです。

586「彼は１人でそこに行っただけでなく」というように not only は **he went there alone を修飾している**ので、その部分が倒置されています。次の文は not only から始まりますが、倒置しません。

例) **Not only Takashi but also his wife apologized for the case.**
（タカシだけでなく妻も、その件について謝罪した。）

これは、not only が文を修飾しているのではなく、Takashi を修飾しているからです。

3 省略

Core point

会話では、相手の言った内容から容易に推測できる語句が省略されることが多いのですが、それは文法項目としてここで扱う必要はないと思われます。たとえば、"Where did you go yesterday?" "(I went to) a concert." という会話で I went to が省略されているとしても、なんの問題もなく理解できるでしょう。

ここでは、そのような省略や代不定詞（⇒**問題演習編 ★17**）などの、反復を避けるための省略以外の省略を扱うことにします。（関係詞の省略、接続詞 that の省略など既習のものは除きます。）

Guideline

1 S be の省略／be の省略

> 587 **When (you are) in Rome, do as the Romans do.**
> （郷に入っては郷に従え。）
>
> 588 **Whatever the result (may be), you should take the test.**
> （結果がどうであれ、そのテストを受けるべきだ。）
>
> 589 **If (it is) possible, you should work in natural daylight.**
> （可能ならば自然光の下で仕事をすべきだ。）
>
> 590 **Correct errors if (there are) any (mistakes).**
> （誤りがあれば直しなさい。）

587 副詞節を導く接続詞の**直後**の S be は省略されることがあります。
588 副詞節中で SVC の C が前にあると be は省略されることがあります。

例）The more intelligent the students (are), the more difficult question they are given.
（学生たちは知的であればあるほど、より難しい問いを与えられる。）

589 590 if（やほかの副詞節を導く接続詞）の**直後**では S be / it is / there are

が省略されることがあります。591のitは主節全体を指しています。

2 その他の省略

> 591 Some fish live in the rivers and others (live) in the sea. 🔊
> （川に棲んでいる魚もいれば海に棲んでいる魚もいる。）
>
> 592 (An) American (was) killed in Monaco while on vacation.
> （アメリカ人休暇中にモナコで殺害。）

591同じ形の文が and, but や while, as などで反復される場合、同じ部分にある同じ語句は省略されることがあります。

例）I like her, but she (likes) him.
　　（僕は彼女が好きなんだけど、彼女は彼を好きなんだ。）

592ニュースの見出しなどでは冠詞とbe動詞は省略されます。慣れていないと意外に読み違えてしまうかもしれませんので知っておきましょう。（昔、講義で Baby Killed In Bus という見出しを「赤ん坊、ブスを殺害」と解釈した生徒がいて驚愕しました。すごい事件ですね。）

4 否定

Core point

否定語としては **not** と **no** が筆頭にあげられますが、両者の違いをおさえている人はかなり少ないようです。

基本的に **not** は「**〜ではない**」ということを表し、**no** は「**存在しない**」ことを表しています。また、**not** は副詞なので、**どの部分を修飾しているか**が重要になります。無自覚なままに「否定」と思ってきた人は、ここできちんと理解しておきましょう。

Guideline

1 not

not は基本的には「〜ではない」という意味の副詞です。**どの部分を修飾するか**（⇒ TOPIC 39 P.314）、**否定文の反復の代用**などがポイントになります。

a) not の位置

593〜596 の基本例文では、not の位置を変えた2パターンの文を並べています。それぞれの違いをたしかめましょう。

> 593 ① **He did not agree to accept the job.**
> 　　（彼はその仕事を引き受けることに同意しなかった。）
>
> ② **He agreed not to accept the job.**
> 　　（彼はその仕事を引き受けないことに同意した。）

①の文では not は **agree を修飾**しており、②の文では **to 〜を修飾**しています。

> 594 ① **She didn't say that he is dependable.**
>
> （彼女は、彼は信頼できるとは言わなかった。）
>
> ② **She said that he is not dependable.**
>
> （彼女は、彼は信頼できないと言った。）
>
> 595 ① **I think he is not dependable.**
>
> （彼は信頼できないと私は思う。）
>
> ② **I don't think he is dependable.**
>
> （彼は信頼できないと私は思う。）

594と595を比べてみると、594では **not** の位置によって文意が変わりますが、595では**文意は変わりません**。文意が変わらない場合、②のように not を前に移動させることが好まれます（not の繰り上げ・転移否定⇒ TOPIC46 P.384）。もちろん、移動させなければ誤りだというわけではありません。

> 596 ① **Because he was poor, she didn't marry him.**
>
> （彼が貧しかったので、彼女は彼と結婚しなかった。）
>
> ② **She didn't marry him because he was rich.**
>
> （彼女は、彼が金持ちだから彼と結婚したのではない［別の理由で結婚したのだ］。）

596では①の文では、**because 節が主節を修飾**していますが、②の文では2通りの解釈が可能です（⇒ TOPIC39 P.314）。「金持ちだから結婚しなかった。」というのは現実ではあまりないでしょうから、because 以下は marry him だけを修飾していると判断しました。この場合、次の文は not _ but ～の～にあたる部分が書かれるのが普通です。

例）**The girl was not scolded by her teacher.**

（その女の子は先生にしかられなかった。）

（その女の子は先生にしかられたというわけではない。）

▶ 下の意味の場合、「先生でない人にしかられた」という意味になります。（「not by _ but by ～」の「_」の部分が書かれており次の文では～部分が書かれることになります。）

TOPIC 46 not の繰り上げについて

595 の②の文のように、なぜ not の位置を前方に移動するのでしょうか。

①では、dependable の前に not を置くことで「彼は信頼できない」と思う、という言い方になり、断定的で強い主張に感じられます。聞き手が「彼は信頼できる」と思っている場合には、聞き手の考えを強く否定することになるからです。一方、②の「彼が信頼できる」と私は思わない、との言い方は、**やわらかい表現だ**と受け取られます。ですので、**移動することが好まれる**のです。もちろん、強く主張したいという場合には移動しない表現を使うこともあります。

not の繰り上げが行われる動詞は believe, think, suppose、さらに「〜のように思われる／見える」という意味の seem, appear などです。

b) 部分否定

597 **Not all Americans speak English fluently.**
（すべてのアメリカ人が英語を流暢に話すというわけではない。）

598 **Teachers are not always right.**
（教師がいつも正しいとは限らない。）

599 **I cannot wholly support your opinion.**
（私はあなたの意見を全面的に支持するというわけにはいかない。）

597〜599は**部分否定**という表現です。**not の後ろに限定度合いの強い語句がくる場合**、「すべて／両方／常に／必ずしも／完全に〜というわけではない」という意味になります。not は「〜ない」ではなく、「〜で<u>はない</u>」という意味の副詞だということを考えれば理解できるでしょう。

【限定度合いの強い語句の例】
all, every, each, always, necessarily, absolutely, completely, wholly, fully, quite
例）You are not quite right.（君は完全に正しいというわけ<u>ではない</u>。）

c) 完全否定

> 600 **I cannot trust any of them.** 🔊
> 　（私は彼らの誰も信じられない。）
>
> 601 **I don't like either boy.** 🔊
> 　（どっちの男の子も好きじゃない。）

600 601 は完全否定とよばれる表現です。「**全然～ない**」という意味になります。完全否定になるのは not ＿ any / not ＿ at all / not ＿ in the least などです。600 は I can trust none of them. と、601 は I like neither of the boys. と同じことです。

次の Focus55 で例文を対比させながら、部分否定と完全否定の違いをつかみましょう。

Focus 55

【部分否定と完全否定】
次の❶～❹はそれぞれ上の文が部分否定、下の文が完全否定である。

❶ **not quite / not ＿ at all**
- You are not quite right.（君は完全に正しいというわけではない。）
- You are not right at all.（君は全然正しくない。）

❷ **not ＿ all / not ＿ any**
- I don't want all of them.（すべてが欲しいというわけではない。）
- I don't want any of them.（どれも欲しくない。）

❸ **not ＿ both / not ＿ either**
- I didn't buy both.（両方買ったというわけではない。）
- I didn't buy either.（どちらも買わなかった。）

❹ **not always / never**
- He does not always tell a lie.
  （彼はいつも嘘をつくというわけではない。）⇒（たまには本当のことも言う。）
- He never tells a lie.（彼は決して嘘をつかない。）

TOPIC 47 not より前の語は打ち消せない

He is always not on time. だと「彼はいつも時間通りに来ない。」(時間通りに来ないことが always) となり、部分否定ではありません。He is not always on time. は部分否定で「常に時間通りに来るというわけではない。」(遅れることも時にはある) となります。

really は要注意語で、not の前にあれば完全否定「**本当に～ない**」、後ろにあれば部分否定「**実際には～ない**」という意味になります。

① **I really don't like rock music.**
  (本当にロックが嫌いだ。)

② **I don't really like rock music.**
  (ロックをそれほど好きなわけじゃない。) ←(本当に好き、というわけではない。)

d) 二重否定

> 602 **Bess doesn't see me without complaining about her husband.** 🔊
> (ベスは私に会うと必ず夫への不満を口にする。)

not, no などと without のような否定の意味を持つ語を同時に使うと、**否定の意味が打ち消し合って肯定の意味を表す**ことになります。これを二重否定といいます。用語を覚えるよりも例文に慣れて、素早く意味をつかめるようにしましょう。

Focus 56

【二重否定】

❶ **I left no means untried.**
(あらゆる手段は試した。) ⇐ (試されていないままの手段は残していない。)

❷ **He never fails to come to the office at seven.**
(彼は必ず7時に会社に来る。) ⇐ (〜しそこなうことが決してない。)

❸ **It is not unknown to me.**
(そのことを全く知らないというわけではない。) ⇒ (ある程度は知っている。)

2 not による代用／ no ／ neither _ nor 〜／ only

ここでは not のほか、no や nor、only を扱います。no は基本的に「**存在しない**」ということを表しますが、いくつかの用法があるので知っておく必要があります。

a) not による代用

> 603 **"Will he come?"**
> (「彼は来るのかな。」)
> **"I'm afraid not."**
> (「来ないと思うよ。」)
>
> 604 **She didn't have an umbrella. Not when it was raining.**
> (彼女は傘を持っていなかった。雨が降っていたのに。)

603 前文を否定文の形で反復する場合、not 1語で表すことができます。この文では he will not come ⇒ not ですね。「彼は来ないだろう」と思っているのです。be afraid は**後ろにくる内容に対して「いやだなあ」という感情があるときに使う表現**です。

逆に、そうなってほしいと思うときには hope を使います。この文だと、I hope not.「来ないと思うよ。」(来ないことが嬉しい)、I hope so.「来ると思う

よ。」(来ることを望んでいる) などとなります。so は**肯定文の代用として使う**ことができます。I'm not afraid. だと「私は心配していない。」という意味になってしまうので注意が必要です。

604 この文も not ＝ She didn't have an umbrella. となっています。前文に副詞を加えて反復することで、情報を付け加えています。この形はとてもよく見られるのですが、日本人の多くが誤読してしまいます。**not が when 以下を打ち消しているのではありません。**

例) **She is usually at home, (but) not now.**
(彼女は普段は家にいますが、今はいません。)

▶ not ＝ she is not at home

b) no

> 605 **There are no poor students in this class.**
> (このクラスには貧しい学生はいない。)
>
> 606 **He is no teacher.**
> (彼は先生なんてものじゃない。)
>
> 607 **No smoking!**
> (禁煙。)

605 no は「**存在しない**」という意味です。
606 現代英語では、no ＋形容詞で「**全然～ではない**」という意味を表します。

① **He is no rich.** (彼は金持ちなんてものじゃない。) ⇒ (非常に貧乏。)

▶ rich な要素が全くない。

② **This is no easy job for me.**
(これは私にとってはとても難しい仕事です。)

その延長で、この文では no ＋名詞の形を使い、no teacher で「彼は教師なんてものじゃない。」を表しています。(実際は教師なのですが、教師的要素が全く存在しない、ということを表しています。)

例) **He is no father.** (あんな奴、父親なんかじゃない。)

607 no＋名詞で「～禁止」を表す表現です。No photo!「撮影禁止。」、No parking.「駐車禁止。」という具合です。

例) **No homework, no TV.**

これは「宿題をしてはいけない。テレビを見てもいけない。」ではありません。**前半が条件**になっていて「宿題しないと、テレビはダメ。」ということです。**No pain, no gain.**「苦労しなければ得られるものはない。」も同様の表現です。

c) neither _ nor ～ / only

> 608 **He neither drinks nor smokes.**
> （彼は酒もタバコもやらない。）
>
> 609 **He only studies English when the exam is approaching.**
> （彼は試験が近づいているときにしか英語を勉強しない。）

608 neither _ nor ～については、10章で扱いましたね（⇒ 433 P.297）。
609 **動詞の前に置かれるonlyが、動詞ではなく後ろに離れている語句を修飾することがあります。** この文だとwhen以下を修飾しています。onlyは**否定的な語**（⇒ 583 P.378）なので、**前に移動してしまいたい**のです。onlyをwhenの前に置く場合だと、通常以下のように倒置します。

Only when the exam is approaching does he study English.

TOPIC 48 not _ or 〜 / not _ and 〜

次の例文を書きかえてみましょう。

He neither drinks nor smokes.（彼は酒もタバコもやらない。）
⇒ **He doesn't drink or smoke.** （○）
　He doesn't drink and smoke. （×）

He doesn't drink and smoke. だと、「drink してから smoke する、ということはない。」という意味になってしまいます。ここでの **not** は **{ _ and 〜 } を修飾することになる**のです。**個々に両方を否定したい場合**は、not _ or 〜を用います。

これは not 以外の否定表現でも同様です。「年齢、性別、国籍に関係なく」は、regardless of age, sex, or nationality で、and ではありません。（早稲田大で、and を or に修正させる誤文訂正問題が出題されています。）

読解においても要注意です。

例) **They don't play video games and beat someone to death as a result.**
　（彼らはテレビゲームをやってその結果人を殴り殺すようになる、というわけではない。）

これを「テレビゲームをしない」と読んでしまうのは誤りです。They don't play video games but do their homework. ならば、not _ but 〜 の形で「彼らはテレビゲームをしないで宿題をする。」となります。

5 一致

Core point

時制の一致については時制の章で扱い済み（⇒ P.85）ですから、ここではSとVの形の一致（数の一致といいます）について説明します（名詞の項目を復習すること⇒ P.166）。

Guideline

1 年月の一致

> 610 **Two years is a long time** to wait.
> （2年というのは待つには長い時間だ。）
>
> 611 **Five years have passed** since I saw you last.
> （君に最後に会ってから5年が経った。）

610 two years は複数ですが、ここでは単数扱いしています。時間・距離・金額などを意味する複数形名詞に対して time, distance, amount などの単数名詞が補語となる場合には単数扱いします。「2年という年月は」というように、2年をひとまとまりのものとして扱っているからです。

611 それに対して five years have passed では複数として扱っています。5年の月日が1年ずつ過ぎていったということなのです。

2 固有名詞の一致

> 612 **The United States of America is** no longer the police of the world.
> （アメリカ合衆国はもはや世界の警察ではない。）
> 613 **Mathematics is** a necessary subject to enter this college.
> （数学はこの大学に入るのに必要な科目です。）

612 The United States of America は 1 つの国としてのまとまりを表すので単数として扱います。

613 学問の名称はさまざまな要素を含めて 1 つの学問となるので複数形となりますが、単数として扱います。

3 each, most の一致

> 614 **Each of the patients was** taken good care of.
> （患者たちはそれぞれしっかりとケアされていた。）
> 615 **Most of the television programs are** boring.
> （テレビ番組のほとんどは退屈だ。）

614 each や every は単数扱いをします。

615 most of ~ 「~のほとんど」というように「~の部分」を表すものは、「~」の部分の単複（不可算⇒単数／可算⇒複数）に一致させます。つまり「~」が複数形ならば複数として、単数形ならば単数として扱うわけです。（もちろん one of ~ の場合は単数扱いですが。）

4 not only _ but also ～ / either _ or ～の一致

> 616 **Not only** the driver **but also** many passengers **were** killed in the accident.
> (運転手だけでなく多くの乗客もその事故で亡くなった。)
>
> 617 **Either** my parents **or** I **am** in the wrong.
> (両親か私のどちらかが間違っている。)

616 not only _ but also ～ / ～ as well as _ 「_だけでなく～も」は～部分が話題の中心となるので～部分に合わせます。ここでは many passengers に合わせて複数扱いをしています。

617 either _ or ～はどちらも対等の比重なのですが、どちらかを主語とみなす必要がありますから、**動詞に対する支配力を持つものとして動詞に近い側を主語とみなします**。

5 _ and ～で1つのものを表す場合の一致

> 618 **A hamburger and cheese is** what I want most now.
> (チーズバーガーこそ私が今一番欲しいものだ。)
>
> 619 **The great novelist and musician was** present at the ceremony.
> (そのセレモニーには偉大な小説家でもあり音楽家でもある人が出席していた。)

618 ここは a hamburger and cheese で1つの食べ物を表すので単数として扱います。**A and B で A, B が異なるものを指している場合には、A, B が不可算名詞であっても複数**として扱います。

例) **Bread and milk are** sold at the bakery.
(パンもミルクもそのパン屋さんで売っているよ。)

619 the great novelist and musician は **the** 1つでまとめられているので1つのまとまりを表し、この場合、1人の人なのだということで単数として扱っています。the husband and wife「その夫婦」ならば、1つのまとまりを表していますが2人のことなので複数として扱います。

▶ COLUMN9

文法を忘れよう

　文法参考書の締めくくりにこんなコラムのタイトルを目にすると、今まで頑張って読んできた努力をバカにしているのか、と怒りを感じる読者もいるでしょう。実は**忘れようというのは無意識化**しようということなのです。

　何かを体得するとき、無意識に入力されることもあれば意識的に入力が必要になることもあります。おそらく英語に大量に接することで、ごく基本的なルールは無意識に頭に入ってくるでしょう。しかし、あるレベル以上の英語を使いこなそうとすると、その程度のルールでは太刀打ちできず、意識的に文法を体得することが必要になります。その際には、多くのことを明確に意識化してつながりのあるものとして理解していくという作業が重要です。本書ではそのプロセスを説明してきました。

　最終目標は、受信においては文法的な解析を、発信においては発信前に文法ルールの検討を自動化することです。たとえば抽象度の高い英文読解では、文脈に従って読み進み文章全体の意味を受け取ることが大切です。文法がかなりの程度自動化されていないと、とても大きな労力が必要になります。解析が必要なレベルの文以外の、ほとんどの文に関しては文法を意識しなくても読める、というくらいにまで達することが最終的に必要なわけです。無意識化されると今度は忘れるのに労力が必要になります。**忘れたくても忘れられない**のです。「文法の核」を有機的に理解することで長期記憶としてインプットし、あえて意識しないでも自動的に使えるものとして体得する、それがゴールです。本書を最大限に活用して、英語をスムーズに使えるようになってください。

Index

索引

①文法事項索引（日本語）と英文事項索引（英語）の2つの索引があります。
②複数ページに掲載されている場合は特に重要なページのみを表記、中でも大きく扱っているページについては太字にしています。

文法事項索引

※太字は重要事項

あ　い

言いかえのor	298
意志（will）	87, 128, 130, **138**
一致（SとVの形の一致）	391
if節以外の条件の表し方	159
ifを省略した形	159
意味上の主語（準動詞）	121
意味上の主語の省略（準動詞）	121
依頼（will）	89, **138**

う

運命（be to＋原形）	93

え

SVO₁O₂⇒SVO（＋M）の変形	37
婉曲表現	148

か　か

外見（「〜に見える」「〜に聞こえる」動詞）	34
格	66
格（を表すof）	352
確信（will）	87, 128, 130, **138**
確信（を表す形容詞）	208
過去完了形	81
過去完了進行形	82
過去指向	102
過去時制	68
過去進行形	75

過去単純形	72
過去分詞	42, 44, 64, 77, 81, 93, 96, 105, 119, 136, 143, 154, 156, 160
可算名詞	166
数の一致	391
仮定条件	317
仮定法	128, **156**, 250
可能（be to＋原形）	93
可能性（法助動詞）	129
可能性（can）	132, **147**
可能性（may）	133, **151**
感覚	34
関係詞	14, **270**, 313
関係詞の省略	280
関係代名詞	186, 270, **273**
関係代名詞as	288
関係代名詞but	290
関係副詞	270, 272, **276**
冠詞	14, **177**, 313, 381
感情を表す動詞	108
間接疑問	260
完全否定	385
感嘆文	260, **269**
間投詞	14
願望（仮定法）	160
願望（動詞）	82
願望（法助動詞）	128
勧誘表現	267

慣用的独立分詞構文 ……………… 120
完了形 ………………………………… 68
完了形 (準動詞) …………………… 123
完了進行形 …………………………… 69

き

祈願 (may) …………………… 152, **318**
義務 (be to＋原形) ………………… 92
義務 (法助動詞) …………………… 128
義務 (must) …………………… 132, **145**
義務 (shall) …………………… 130, **139**
義務 (should) ………………… 131, **141**
疑問詞 …………………………… 14, **260**
疑問詞＋do you imagine ... ……… 268
疑問詞＋do you say ... ……………… 268
疑問詞＋do you suppose ... ……… 268
疑問詞＋do you think ... …………… 268
疑問詞＋to不定詞 ………………… 109
疑問代名詞 ………………… 14, 186, **265**
疑問副詞 ……………………………… 14
旧情報 …………………………… 39, 58
強調 ………………………………… 370
強調構文 (分裂文) ………… 237, 308, 310, 370, **372**
許可 (法助動詞) …………………… 129
許可 (can) …………………………… 147
許可 (may) …………………… 133, **151**
疑惑 (法助動詞) …………………… 128
禁止 (may not) …………………… 151
禁止 (must not) …………………… 146
禁止 (no＋名詞) …………………… 389

く

空間的接触 ………………………… 333
句動詞 ………………………………… 64

け

経験 (現在完了形) ………………… 77
経験 (準動詞の完了形) …………… 123
経験 (比較表現) …………………… 255
継続 (for) …………………………… 342
継続 (on) …………………………… 103, **334**
継続 (until/till) ……………… 306, **346**
継続 (過去完了進行形) ……………… 82
継続 (現在完了形) ………………… 77
継続 (準動詞の完了形) …………… 123
継続用法 (関係詞) ………… 282, 284, **288**
形容詞 …………… 13, 34, 41, 177, **202**, 260, 265
形容詞的用法 (準動詞) …………… 104
形容詞の位置 ……………………… 205
結果 (so) …………………… **299**, 321
結果 (to不定詞の副詞的用法) …… 113
結果 (関係詞の非限定用法) ……… 282
結果 (現在完了形) ………………… 77
結合 (to不定詞の副詞的用法) …… 114
原級 ………………………… **224**, 230, 234
原形 (不定詞) ……………………… 96
現在完了形 ………………… 68, **77**, 87
現在完了進行形 …………………… 81
現在形 ………………………………… 69
現在時制 ……………………………… 68
現在進行形 …………………… 69, **73**, 90
現在単純形 …………………………… 71, 90
現在分詞 ……… 42, 44, 73, 96, **105**, 106, 111
現在分詞か過去分詞か ……………… 108
限定用法 (関係詞) ………… 280, **284**
限定用法 (関係代名詞) …………… 288
限定用法 (形容詞) ………………… 202

こ

後置修飾 ………………… 104, 199, 203, **205**
語順の変更 ………………………… 375
固有名詞 ………… 171, 177, 181, 203, 286, 392

さ

- 再帰代名詞 ……………………………… 186, **188**
- 最上級 ……………………………………… 224, **253**
- 作為動詞 ……………………………………………… 41
- that 節中の should ………………………………… 142
- 差を表す by ………………………………………… 345
- 差を表す表現 ………………………………………… 240

し

- 使役動詞 ……………………………………………… 43
- **指示代名詞** ……………………………… 13, 186, **192**
- **指示副詞** ………………………………………… 244
- **時制** ……………………………………………… 68
- 時制の一致 …………………………………………… 85
- **自動詞** …………………………………………… 16
- **従位接続詞** ……………………………… 294, 299, **301**
- 習慣 (will) ……………………………………… 130, **138**
- 習慣 (現在単純形) ………………………………… 71
- 集合名詞 …………………………………………… 172
- 修飾語 ………………………………… 13, 22, **202**
- 習性 (will) ……………………………………… 130, **138**
- 衆多名詞 …………………………………………… 175
- **主格** ……………………………… 66, 122, 187, **353**
- 主観的確信 (sure) ………………………………… 208
- 主観的確信 (will) …………………………… 88, 130, **138**
- **主語** ………………………………………… 13, **16**, 25
- 述語動詞 …………………………………………… 16
- **受動態** ……………………………………………… 56
- **準動詞** ……………………………………………… 96
- 準動詞の意味上の主語 …………………………… 121
- 準動詞の意味上の主語の省略 …………………… 121
- 準動詞の完了形 …………………………………… 123
- 準動詞の形容詞的用法 …………………………… 104
- 準動詞の副詞的用法 ……………………………… 111
- 準動詞の名詞的用法 ……………………………… 97
- 状態動詞 …………………………… 21, 72, 101, 119
- 状態の変化 …………………………………………… 34
- 譲歩 (may) ………………………………………… 152
- 譲歩 (while) ………………………………………… 305
- 譲歩 (接続詞) ……………………………………… 318
- 譲歩 (分詞構文) …………………………………… 312
- 情報構造 ……………………………………………… 39
- 省略 ………………………………………………… 380
- 省略 (if を省略した形) …………………………… 159
- 省略 (関係詞) ……………………………………… **280**, 289
- 除去の of …………………………………………… 353
- 叙実法 ……………………………………………… 156
- 叙述用法 (形容詞) ………………………………… 202
- 叙想法 ……………………………………………… 156
- **助動詞** …………………………………………… 128
- 助動詞 + be -ing …………………………………… 76
- 助動詞 + have + 過去分詞 ………………………… 154
- 助動詞 + 進行形 …………………………………… 76
- 助動詞の過去形 …………………………………… 148
- **所有格** ………………………………… 66, 187, **353**
- 所有代名詞 ………………………………………… 186
- 進行形 ……………………………………… 68, 74, 96
- 新情報 (重点情報) ………………………………… **38**, 376

す

- 推量 (may) ………………………………………… 133, **151**
- 数詞 + times as _ as 〜 …………………………… 232

せ

- **接続詞** ………………………………………… 14, **294**
- 接続副詞 …………………………………………… 202
- 先行詞 ……………………………………………… 271
- 先行詞 + 関係代名詞 ……………………………… 278
- 潜在的可能性 (can) ……………………………… 132
- 潜在的能力 (can) ………………………………… 133, **147**
- **前置詞** ………………………………………… 13, **326**
- 前置詞 + which + to 不定詞 ……………………… 276
- 前置詞 + 関係詞 …………………………………… 275
- 前置詞句 ………………………………… **22**, 206, **326**

前置修飾	203, **205**
前提条件	317

そ

相	68
相関的表現	300
総称のthe	183

た

態	56
代替・代価・交換を表すfor	344
代名詞	13, **186**
代用語	193, 194
他動詞	16
単純形	69
単独で使う可算名詞	171

ち

知覚動詞	42
抽象名詞	**172**, 179

て

提案表現	267
定冠詞	**177**, 184
伝達動詞	72

と

to不定詞	96
to不定詞（形容詞的用法）	104
to不定詞（副詞的用法）	111
to不定詞（名詞的用法）	97
等位接続詞	294
同一語幹の形容詞の識別	209
同格 (of)	353
同格のthat	302
動作動詞	**18**, 28
同時性 (as)	311

動詞の型	32
動詞の識別	50
倒置	39, 367, **375**
動名詞	96
時・条件を表す副詞節	87
独立不定詞	115
独立分詞構文	122

に

二重限定（関係詞）	289
二重否定	386
認識動詞	41
人称代名詞	13, **186**

の

能動受動態	32
能動態	56
能力（法助動詞）	129
notによる代用	387

は

倍数表現（原級）	232
倍数表現（比較級）	241
場所副詞＋ＶＳ	**39**, 375
反語（疑問詞）	266
反語的な表現（助動詞）	148

ひ

比較級	**226**, 228, 239, 242
比較級＋and＋比較級	242
比較級＋than any other＋単数形	242
比較表現	224
非限定用法（関係詞）	282
非限定用法（関係代名詞as）	288
必然性（法助動詞）	129
必要な情報の付け足し	114
必要不可欠な副詞(句)	32

否定	382

ふ

不可算名詞	**166**, 167, 172
副詞	212
副詞節を導く接続詞	304, 310, 316
副詞的目的格（副詞的対格）	216
普通名詞	167, **171**
物質名詞	167, 171, **172**
不定冠詞	**178**, 179
不定詞	96, **124**
不定代名詞	186, **194**
部分否定	384
分詞	104, 117
分詞構文	111, 117

ほ

法助動詞	128
補語	25

ま・み

未来指向	102
未来を表す表現	70, **90**

む

無冠詞	177, **179**

め

名詞	166
名詞＋as＋完全な文の形	314
名詞＋of＋名詞	352
名詞句＋and **S V**	295
名詞節を導く接続詞	301
名詞と誤りやすい副詞	215
命令文, and that＋副詞	194
命令文＋and **S V**	295
命令文＋or **S V**	297

命令文が作る譲歩の副詞節	318
命令法	144

も

目的格	66, 187
目的語	13, **17**, 26

や・よ

要求・命令などを表す動詞	42
様態副詞	33
予定（be to＋原形）	92
予定（現在進行形）	91

ら・り

理由 (for)	343

英文事項索引

A

a cake of 〜	172
a few	**207**, 240
a glass of 〜	172
A is one thing, and B is another.	196
A is to B what C is to D.	291
a liter of 〜	172
a little	**207**, 240
a loaf of 〜	172
a lot of 〜	207
a most＋形容詞＋名詞	254
a piece of 〜	**169**, 172
a sheet of 〜	172
a slice of 〜	172
a/an＋形容詞＋one	195
a/an＋固有名詞	181
a/an＋数量・期間を表す名詞	180
a/an＋名詞	**178**, 184
about 〜	356
above 〜	360
across 〜	362
advice	174
after	**306**, 331
after school	171
against 〜	364
all（強調）	371
all（代名詞）	198
all the＋比較級	245
all the＋名詞	221
all the＋名詞＋that 〜	291
almost	221
alone	204, **220**
along 〜	363
although	318
always	384
among 〜	365
and	**294**, 393
and＋原形	296
another	186, **195**
any	186, **197**
anytime	309
argue＋人＋into -ing	356
around 〜	357
as _ as 〜	224
as _ as any 〜	234
as _ as can be	235
as _ as ever	234
as _ as possible	235
as _ as S can	235
as far as 〜	235
as good as 〜	238
as if＋仮定法	161
as is often the case with 〜	289
as long as 〜	235
as soon as 〜	308
_ as well as 〜	**237**, 393
as（関係代名詞）	288
as（接続詞）	305
as＋形容詞＋名詞＋as 〜	288
ask	37
at 〜	**329**, 336
at (the) best	255, 330
at (the) latest	256
at (the) least	256, 330
at (the) most	256, 330
at night	336
at no time	379
at one's best	**256**, 330

401

at sea	171
at table	171
at the weekend	336

B

baggage	173
be able to 〜	136
be always -ing	75
be based on 〜	335
be born	34
be certain of 〜	208
be certain that 〜	208
be certain to 〜	209
be constantly -ing	75
be covered with 〜	59
be famous for 〜	343
be filled with 〜	59
be forever -ing	75
be going to 〜	91, **134**
be in danger	211
be interested in 〜	59
be known by 〜	59
be known for 〜	59
be known to 〜	59
be made from 〜	59
be made of 〜	59
be made up of 〜	59
be sure of 〜	208
be sure that 〜	208
be sure to 〜	209
be surprised at 〜	59
be to 〜	92
be＋過去分詞	**64**, 108
be＋現在分詞	73
because	**310**, 343
because of 〜	343
become	53

before	80, **306**
believe＋人	220
below 〜	360
between 〜	365
beyond 〜	361
borrow	52
both	199
both _ and 〜	300
bring	37
bring about 〜	368
bring up	64
but	290, **296**
but for 〜	158
by 〜	345
by bus	171
by the time 〜	308
by the＋単位	182

C

C as S V	312
call off	64
can	**132**, 136, 146
cannot have＋過去分詞	155
certain	205, **208**
choose	37
closely	220
clothing	174
come and＋原形	296
completely	384
concentrate on 〜	335
considering 〜	120
convenient	210
cook	37
could	**148**, 157, 160, 250
could have＋過去分詞	157, 160
couldn't＋比較級	**250**, 257
culture	170

D

dangerous	**116**, 211
dare＋原形	136
democracy	170
distinguish _ from ～	338
do（強調）	370
doubt	55

E

each	**198**, 392
each other	186, **197**
either	199
either _ or ～	**297**, 300, 393
enough to ～	114
equipment	174
even	241
even if ～	**317**, 319
even though ～	319
ever	80
-ever	286
every	384, 392
everything	283
evidence	174
exchange _ for ～	344
experience	174

F

far	**218**, 240
few	207
find	37
fit	53
focus on ～	335
for ～（前置詞）	340
for all ～	343
for fear of ～	343
for nothing	344
for want of ～	343

for（接続詞）	294, **299**
forget	103
from ～	337
from _ to ～	337
from now on	338
fully	384
furniture	173

G

generally speaking	120
get	34, 37
get O C	44
get＋過去分詞	65
give	37
give up	64
given that S V	317
go and＋原形	296
go on	103
go so/as far as to ～	231
go to church	171
go to school	171
go with	53
granting/granted that ～	120

H

had better ～	**135**, 154
had better have＋過去分詞	154
had it not been for ～	158
had＋過去分詞（p.p.）	**81**, 161
happen to ～	102
hardly _ before ～	308
hardly _ when ～	308
have been -ing	81
have O C	44
have on	54
have to ～	135
have＋過去分詞（p.p.）	77

I

hire	52
how	**263**, 269
how long ～	80
however	202, **287**

I

I'll ～	134
if	156, **303**, 317
If _ had ＋過去分詞	157
if _ not ～	320
If _ should ～	157
If _ were to ～	157
If _ 過去形	157
if it had not been for ～	158
if it were not for ～	158
impose _ on ～	335
in ～	**331**, 336
in case S V	316
in no time	379
in order to ～	113
in terms of ～	332
in the world	371
information	174
into ～	355
It is _ that ..., not ～.	374
It is certain that ～	209
It is essential that ～	143
It is necessary that ～	143
It is no use -ing	99
It is not ～ that ..., but _ .	374
(It is not) as if ～	163
It is not until _ that ～	379
It is proper that ～	143
It is useless to ～	99
it＝that ～	191
it＝to ～	191
it＝疑問詞の節	191

J

jewelry	174
judging from ～	**120**, 338
junior	243
just because ～	310
just now	80

K

kindness	170, 172
know	73, 101
know better than to ～	252
know _ from ～	338

L

language	170
late	**204**, 214, 229
leave	47
leave O behind	35
lend	37
let O C (原形)	44
listen to ～	42
little	**208**, 229, 378
lonely	220
look at ～	42, 64
look for ～	276
lots of ～	207
luggage	173

M

machinery	174
make	37
make O C	44
make use of ～	64
many	**206**, 240
match	53
may	133, 150
may as well _	153

may as well _ as ~	153
may be -ing	76
may have ＋過去分詞	155
may well	152
might	152, 157
might as well _	153
might as well _ as ~	153
might have ＋過去分詞	155, 157
more	228
more _ than ~	239
more and more ＋原級	242
more or less	252
more than ~	248
most	214, 221, 228, 392
most of ~	392
most ＋形容詞＋名詞の複数形	254
much	**207**, 240
must	**132**, 135, 145
must have ＋過去分詞	155
must not	146, 151

N

near to ~	219
nearby	219
necessary	210
need	136
need not have ＋過去分詞	154
neither	199, 377
neither _ nor/or ~	**297**, 300, 389
never	80, 385
never to ~	113
nevertheless	287
news	174
no	382, **388**
no less _ than ~	250
no less than ~	248
no longer	252
no more _ than ~	246, 248
no more than ~	246
no sooner _ than ~	308
no ＋形容詞	388
no ＋比較級＋than ~	246
no ＋名詞	388
none	**198**, 245
none the less	245
none the ＋比較級	245
nonetheless	246
nor	**294**, **296**
Nor do/be S.	376
not	382
not _ all	385
not _ and ~	390
not _ any	250, 385
not _ at all	385
not _ both	385
not _ but ~	300
not _ either	385
not _ in the least	385
not _ or ~	390
not a few	208
not a little	208
not always	385
not less than ~	248
not more than ~	248
not only _ but (also) ~	300, **393**
not quite	385
not so much _ as ~	236
not so much as ＋原形	237
not to mention ~	116
not to say ~	51
not to speak of ~	51
not until _ ＋倒置	379
not ＋比較級＋than ~	248
now (that)	309

O

of ～	**349**, 358
of a/an＋名詞	180
of＋抽象名詞	352
off ～	354
on ～	**333**, 336, 358
on earth	371
on the ground that ～	335
on＋名詞（動名詞）	334
once	80, 294, **309**
one	194
one after another	196
one another	197
one＋名詞＋or another	197
only	387
only because ～	310
only to ～	113
or	294, **296**
other	195
others	196
ought to ～	135, 154
ought to have＋過去分詞	154
out of ～	355
over ～	**357**, 359
owing to ～	343

P

partly because ～	310
persuade＋人＋into -ing	356
poetry	174
police	176
posterior	243
present	204
prior	243
providing/provided (that) ～	**120**, 317
put O into ～	355
put on	54

Q

quite a few	208
quite a little	208

R

realize	101
really	386
refuse	102
regard _ as ～	376
rely on ～	64, 335
remember	103
rent	52
rest	169
rob _ of ～	350
room	168
roughly speaking	120

S

say	50
scarcely _ before ～	308
scarcely _ when ～	308
seeing that ～	120
send	37
senior	243
set	41
shall	130, **139**
should	131, **141**, 154
should have＋過去分詞	143, **154**, 157
show	37
simply because ～	310
since	306
smell	34, **42**
so	**299**, 387
so _ that ～	321
so (that) S＋助動詞	316
so as to ～	113
So do/be S.	376

so that ～	316
so to speak	116
society	170
some	186, 196, **197**
some＋形容詞＋ones	195
something	199
sooner or later	252
speak	50
speak ill of ～	51
speak to ～	64
speaking of ～	51, 120
stand for ～	344
start	**90**, 101
stay	34
steal O	65
still	241
stop to ～	101
strange to say	116
substitute _ for ～	344
such _ that ～	322
such (a＋形容詞)＋名詞	322
such＋名詞＋as ～	288
suffer O	65
suit	53
superior	243
suppose	41, 268, 384
suppose/supposing (that) ～	**120**, 317
sure	208
suspect	55
S V (＋ A)	24, **32**
S V C	22, **33**
S V O	22
S V O (＋ A)	35
S V O₁O₂	23, **36**
S V O₂＋前置詞＋O₁	36
S V O C	23, **40**
S V and (S) V	295
S V into ～	356
S V, when S V	304

T

taking ～ into consideration	120
talk	50
talk in one's sleep	51
talk＋人＋into -ing	51
talk＋人＋out of -ing	51, 356
talking of ～	51
teach	37
tell	37
tell _ from ～	51
than（関係詞）	289
that	192
that is to say	51
that＋名詞	193
the instant	308
the last＋名詞＋to ～	256
the last＋名詞＋関係詞 ～	256
the moment	308
the only ～	274
the other	195
the other day	80
the same＋名詞＋as ～	288
the very ～	274
the very＋最上級形容詞＋名詞	254
the＋形容詞／分詞	181
the＋序数＋最上級	255
the＋比較級	240
The＋比較級 ～, the＋比較級 _	244
the＋名詞	177, **179**
think about ～	368
this	186, 189, **192**
this is how ～	277
this is why ～	277
this one	195

those	186, **193**
those who ~	193
through ~	362
till	**306**, 347
to ~	339
to be frank (with you)	116
to be sure	116
to begin with	116
to do ~ justice	116
to make a long story short	116
to make matters worse	116
to one's ＋感情を表す名詞	339
to put it differently	116
to say nothing of ~	51, **116**
to say the least of it	116
to sum up	116
to tell the truth	116
too _ to ~	114
total	204
try	103
try and＋原形	296
twice	80, **232**

U

under ~	359
understand	73, 101
unless	320
until	**306**, 347
upstairs	215
use	52

V

very	254
visit	90
VOC ⇒ **VCO**	376
VOM ⇒ **VMO**	376
V O into ~	355
V O out of ~	355
V _ of ~	353
V＋人＋前置詞＋the＋身体の部分	182

W

want	42
was able to ~	149
watch	42
wear	54
weather	174
well	**204**, 229
were it not for ~	158
what	**262**, 278
What do you say to -ing	51
what is called ~	292
what is more/better/worse	292
what is＋比較級	292
what you call ~	292
what＋名詞 ~	291
whatever	286, **371**
when	80, 276, **304**
where	**268**, 276
whether	303
whether _ or ~	317
whether to ~	320
which	**263**, 273
whichever	286
while	304
who	**264**, 273
whoever	286
wholly	384
whose	**262**, 273
why	**263**, 276
Why don't we ~?	267
Why don't you ~?	267
will	**130**, 137
will be -ing	76

will have p.p.	84
will＋頻度を表す副詞	138
wish	42, 102, **160**
wish＋仮定法	160
with _ ～	123
with ～	348
with＋抽象名詞	349
without ～	158
without so much as -ing	237
work	170
worth	204
would	148, **156**
would have＋過去分詞	157

Y

yesterday	80

Memo

大学受験　Coreシリーズ
英文法の核

発行日：2016年 3月30日　初版発行
　　　　2025年 4月29日　第14版発行

著　者：西きょうじ
発行者：永瀬昭幸

発行所：株式会社ナガセ
　　　　〒180-0003　東京都武蔵野市吉祥寺南町1-29-2
　　　　出版事業部（東進ブックス）
　　　　TEL：0422-70-7456 ／ FAX：0422-70-7457
　　　　www.toshin.com/books（東進WEB書店）
　　　　※本書を含む東進ブックスの最新情報は、東進WEB書店をご覧ください。
編集担当：中島亜佐子

制作協力：新保彩夏　五十嵐康晃　向山美紗子
カバーデザイン：LIGHTNING
本文デザイン：松利江子
本文イラスト：新谷圭子
DTP：はしプロ
編集協力：株式会社一校舎
印刷・製本：シナノ印刷株式会社
CD収録・編集：一般財団法人 英語教育協議会（ELEC）

※落丁・乱丁本は東進WEB書店（books@toshin.com）にお問い合わせ
　ください。新本におとりかえします。
　但し、古書店等で本書を入手されている場合は、おとりかえできません。
　なお、赤シート・しおり等のおとりかえはご容赦ください。
※本書を無断で複写・複製・転載することを禁じます。

©NISHI Kyoji 2016　Printed in Japan
ISBN978-4-89085-682-4　C7382

編集部より

この本を読み終えた君に オススメの３冊！

東進ブックス

英文法の核

『英文法の核』と完全対応の問題集。基礎から難関レベルまで試験に出る問題だけを厳選。英文法こそ実戦力が試される！

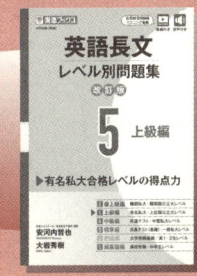

英語長文レベル別問題集 5 上級編

▶有名私大合格レベルの得点力

自分に合ったレベルから目標レベルまで、長文の読解練習をザクザクと進められると話題に。音声CD付き！

英語長文PREMIUM問題集 Advanced

大学入試だけでなく、英検・TOEFL・TEAPなど各種「4技能試験」にも対応。共通テスト〜難関大を目指す人に！

体験授業

東進実力講師陣の授業を受けてみませんか？

1講座無料

東進では有名実力講師陣の授業を無料で体験できる『体験授業』を行っています。「わかる」授業，「完璧に」理解できるシステム，そして最後まで「頑張れる」雰囲気を実際に校舎で体験してください。

※1講座（90分×1回）を無料で受講できます。
※お電話でご予約ください。（連絡先は付録7ページ）
※お友達同士でも受講できます。

東進の合格の秘訣が次ページに

合格の秘訣1 全国屈指の実力講師陣

東進の実力講師陣
数多くのベストセラー参考書を執筆!!

東進ハイスクール・東進衛星予備校では、そうそうたる講師陣が君を熱く指導する!

本気で実力をつけたいと思うなら、やはり根本から理解させてくれる一流講師の授業を受けることが大切です。東進の講師は、日本全国から選りすぐられた大学受験のプロフェッショナル。何万人もの受験生を志望校合格へ導いてきたエキスパート達です。

英語

安河内 哲也先生 [英語]
本物の英語力をとことん楽しく!日本の英語教育をリードするMr.4Skills.

今井 宏先生 [英語] 
100万人を魅了した予備校界のカリスマ。抱腹絶倒の名講義を見逃すな!

渡辺 勝彦先生 [英語] 
爆笑と感動の世界へようこそ。「スーパー速読法」で難解な長文も速読即解!

宮崎 尊先生 [英語] 
雑誌「TIME」やベストセラーの翻訳も手掛け、英語界でその名を馳せる実力講師。

大岩 秀樹先生 [英語]
いつのまにか英語を得意科目にしてしまう、情熱あふれる絶品授業!

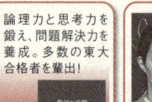

武藤 一也先生 [英語]
全世界の上位5%(PassA)に輝く、世界基準のスーパー実力講師!

慎 一之先生 [英語] 
関西の実力講師が、全国の東進生に「わかる」感動を伝授。

数学

志田 晶先生 [数学]
数学を本質から理解し、あらゆる問題に対応できる力を与える珠玉の名講義!

青木 純二先生 [数学] 
論理力と思考力を鍛え、問題解決力を養成。多数の東大合格者を輩出!

松田 聡平先生 [数学]
「ワカル」を「デキル」に変える新しい数学は、君の思考力を刺激し、数学のイメージを覆す!

寺田 英智先生 [数学] 
明快かつ緻密な講義が、君の「自立した数学力」を養成する!

付録 1

WEBで体験

東進ドットコムで授業を体験できます！
実力講師陣の詳しい紹介や、各教科の学習アドバイスも読めます。
www.toshin.com/teacher/

国語

輿水 淳一先生 [現代文]
「脱・字面読み」トレーニングで、「読む力」を根本から改革する！

西原 剛先生 [現代文]
明快な構造板書と豊富な具体例で必ず君を納得させる！「本物」を伝える現代文の新説。

栗原 隆先生 [古文]
東大・難関大志望者から絶大なる信頼を得る本質の指導を追究。

富井 健二先生 [古文]
ビジュアル解説で古文を簡単明快に解き明かす実力講師。

三羽 邦美先生 [古文・漢文]
縦横無尽な知識に裏打ちされた立体的な授業に、グングン引き込まれる！

寺師 貴憲先生 [漢文]
幅広い教養と明解な具体例を駆使した緩急自在の講義。漢文が身近になる！

正司 光範先生 [小論文]
小論文、総合型、学校推薦型選抜のスペシャリストが、君の学問センスを磨き、執筆プロセスを直伝！

石関 直子先生 [小論文]
文章で自分を表現できれば、受験も人生も成功できます。「笑顔と努力」で合格を！ 

理科

宮内 舞子先生 [物理]
正しい道具の使い方で、難問が驚くほどシンプルに見えてくる！

鎌田 真彰先生 [化学]
化学現象を疑い化学全体を見通す"伝説の講義"は東大理三合格者も絶賛。

立脇 香奈先生 [化学]
「なぜ」をとことん追究し「規則性」「法則性」が見えてくる大人気の授業！

飯田 高明先生 [生物]
「いきもの」をこよなく愛する心が君の探究心を引き出す！生物の達人。

地歴公民

金谷 俊一郎先生 [日本史]
歴史の本質に迫る授業と、入試頻出の「表解板書」で圧倒的な信頼を得る！

井之上 勇先生 [日本史]
つねに生徒と同じ目線に立って、入試問題に対する的確な思考法を教えてくれる。 

荒巻 豊志先生 [世界史]
"受験世界史に荒巻あり"と言われる超実力人気講師！世界史の醍醐味を。 

加藤 和樹先生 [世界史]
世界史を「暗記」科目だなんて言わせない。正しく理解すれば必ず伸びることを一緒に体感しよう。 

清水 裕子先生 [世界史]
どんな複雑な歴史も難問も、シンプルな解説で本質から徹底理解できる。

山岡 信幸先生 [地理]
わかりやすい図解と統計の説明に定評。

清水 雅博先生 [公民]
政治と経済のメカニズムを論理的に解明しながら、入試頻出ポイントを明確に示す。

執行 康弘先生 [公民]
「今」を知ることは「未来」の扉を開くこと。受験に留まらず、目標を高く、そして強く持て！

※書籍画像は2024年10月末時点のものです。

付録 2

合格の秘訣 2 ココが違う 東進の指導

01 人にしかできないやる気を引き出す指導

夢と志は志望校合格への原動力!

夢・志を育む指導

東進では、将来を考えるイベントを毎月実施しています。夢・志は大学受験のその先を見据える、学習のモチベーションとなります。仲間とワクワクしながら将来の夢・志を考え、さらに志を言葉で表現していく機会を提供します。

一人ひとりを大切に君を個別にサポート

担任指導

東進が持つ豊富なデータに基づき君だけの合格設計図をともに考えます。熱誠指導でどんな時でも君のやる気を引き出します。

受験は団体戦!仲間と努力を楽しめる

チーム制

東進ではチームミーティングを実施しています。週に1度学習の進捗報告や将来の夢・目標について語り合う場です。一人じゃないから楽しく頑張れます。

現役合格者の声

東京大学 文科一類
中村 誠雄くん
東京都 私立 駒場東邦高校卒

林修先生の現代文記述・論述トレーニングは非常に良質で、大いに受講する価値があると感じました。また、担任指導やチームミーティングは心の支えでした。現状を共有でき、話せる相手がいることは、東進ならではで、受験という本来孤独な闘いにおける強みだと思います。

02 人間には不可能なことをAIが可能に

学力×志望校 一人ひとりに最適な演習をAIが提案!

AI演習

東進のAI演習講座は2017年から開講していて、のべ100万人以上の卒業生の、200億題にもおよぶ学習履歴や成績、合否等のビッグデータと、各大学入試を徹底的に分析した結果等の教務情報をもとに年々その精度が上がっています。2024年には全学年にAI演習講座が開講します。

■AI演習講座ラインアップ

高3生 苦手克服&得点力を徹底強化!
「志望校別単元ジャンル演習講座」
「第一志望校対策演習講座」
「最難関4大学特別演習講座」

高2生 大学入試の定石を身につける!
「個人別定石問題演習講座」

高1生 素早く、深く基礎を理解!
「個人別基礎定着問題演習講座」 2024年夏新規開講

現役合格者の声

千葉大学 医学部医学科
寺嶋 伶旺くん
千葉県立 船橋高校卒

高1の春に入学しました。野球部と両立しながら早くから勉強をする習慣がついていたことは僕が合格した要因の一つです。「志望校別単元ジャンル演習講座」は、AIが僕の苦手を分析して、最適な問題演習セットを提示してくれるため、集中的に弱点を克服することができました。

付録 3

東進で勉強したいが、近くに校舎がない君は…

東進ハイスクール 在宅受講コースへ

「遠くて東進の校舎に通えない……」。そんな君も大丈夫！ 在宅受講コースなら自宅のパソコンを使って勉強できます。ご希望の方には、在宅受講コースのパンフレットをお送りいたします。お電話にてご連絡ください。学習・進路相談も随時可能です。
0120-531-104

03 本当に学力を伸ばすこだわり

楽しい！わかりやすい！そんな講師が勢揃い

実力講師陣

わかりやすいのは当たり前！おもしろくてやる気の出る授業を約束します。1・5倍速×集中受講の高速学習。そして、12レベルに細分化された授業を組み合わせ、スモールステップで学力を伸ばす君だけのカリキュラムをつくります。

パーフェクトマスターのしくみ

合格したら次の講座へステップアップ

授業（知識・概念の修得）→ 確認テスト（知識・概念の定着）→ 講座修了判定テスト（知識・概念の定着）

毎授業後に確認テスト　最後の講の確認テストに合格したら挑戦！

英単語1800語を最短1週間で修得！

高速マスター

基礎・基本を短期間で一気に身につける「高速マスター基礎力養成講座」を設置しています。オンラインで楽しく効率よく取り組めます。

本番レベル・スピード返却 学力を伸ばす模試

東進模試

常に本番レベルの厳正実施。合格のために何をすべきかを点数でわかります。WEBを活用し、最短中3日の成績表スピード返却を実施しています。

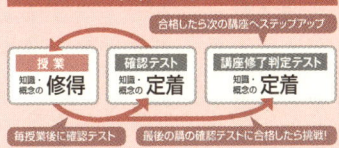

現役合格者の声

早稲田大学 基幹理工学部
津行 陽奈さん
神奈川県 私立 横浜雙葉高校卒

私が受験において大切だと感じたのは、長期的な積み重ねです。基礎力をつけるために「高速マスター基礎力養成講座」や授業後の「確認テスト」を満点にすることや、模試の復習などを積み重ねていくことでどんどん合格に近づき合格することができたと思っています。

ついに登場！ 高校別対応の個別指導コース

君の高校の進度に合わせて学習し、定期テストで高得点を取る！

目指せ！「定期テスト」20点アップ！ 学年順位も急上昇!!

楽しく、集中が続く、授業の流れ

1. 導入
授業の冒頭では、講師と担任助手の先生が今回扱う内容を紹介します。

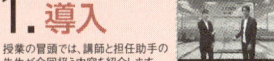

2. 授業
約15分の授業でポイントをわかりやすく伝えます。要点はテロップでも表示されるので、ポイントがよくわかります。

3. まとめ
授業が終わったら、次は確認テスト。その前に、授業のポイントをおさらいします。

付録 4

合格の秘訣3 東進模試

申込受付中
※お問い合わせ先は付録7ページをご覧ください。

学力を伸ばす模試

本番を想定した「厳正実施」
統一実施日の「厳正実施」で、実際の入試と同じレベル・形式・試験範囲の「本番レベル」模試。
相対評価に加え、絶対評価で学力の伸びを具体的な点数で把握できます。

12大学のべ42回の「大学別模試」の実施
予備校界随一のラインアップで志望校に特化した"学力の精密検査"として活用できます(同日・直近日体験受験を含む)。

単元・ジャンル別の学力分析
対策すべき単元・ジャンルを一覧で明示。学習の優先順位がつけられます。

最短中5日で成績表返却
WEBでは最短中3日で成績を確認できます。※マーク型の模試のみ

合格指導解説授業
模試受験後に合格指導解説授業を実施。重要ポイントが手に取るようにわかります。

2024年度
東進模試 ラインアップ

共通テスト対策
- 共通テスト本番レベル模試 　全4回
- 全国統一高校生テスト（全学年統一部門／高2生部門／高1生部門） 　全2回

同日体験受験
- 共通テスト同日体験受験 　全1回

記述・難関大対策
- 早慶上理・難関国公立大模試 　全5回
- 全国有名国公私大模試 　全5回
- 医学部82大学判定テスト 　全2回

基礎学力チェック
- 高校レベル記述模試（高2）（高1） 　全2回
- 大学合格基礎力判定テスト 　全4回
- 全国統一中学生テスト（全学年統一部門／中2生部門／中1生部門） 　全2回
- 中学学力判定テスト（中2生）（中1生） 　全4回

※ 2024年度に実施予定の模試は、今後の状況により変更する場合があります。最新の情報はホームページでご確認ください。

大学別対策
- 東大本番レベル模試 　全4回
- 高2東大本番レベル模試 　全4回
- 京大本番レベル模試 　全4回
- 北大本番レベル模試 　全2回
- 東北大本番レベル模試 　全2回
- 名大本番レベル模試 　全3回
- 阪大本番レベル模試 　全3回
- 九大本番レベル模試 　全3回
- 東工大本番レベル模試（第1回）
- 東京科学大本番レベル模試（第2回） 　全2回
- 一橋大本番レベル模試 　全2回
- 神戸大本番レベル模試 　全2回
- 千葉大本番レベル模試 　全1回
- 広島大本番レベル模試 　全1回

同日体験受験
- 東大入試同日体験受験 　全1回
- 東北大入試同日体験受験 　全1回
- 名大入試同日体験受験 　全1回

直近日体験受験 　各1回
- 京大入試直近日体験受験
- 北大入試直近日体験受験
- 阪大入試直近日体験受験
- 九大入試直近日体験受験
- 東京科学大入試直近日体験受験
- 一橋大入試直近日体験受験

2024年 東進現役合格実績
受験を突破する力は未来を切り拓く力!

東大 現役合格 実績日本一[※1] 6年連続800名超!

※1 2023年東大現役合格実績をホームページ・パンフレット・チラシ等で公表している予備校の中で最大(2023年JDnet調べ)。

東大 834名

文科一類 118名	理科一類 300名
文科二類 115名	理科二類 121名
文科三類 113名	理科三類 42名
学校推薦型選抜 25名	

現役合格者の36.5%が東進生!

東進生現役占有率 834/2,284 **36.5%**

全現役合格者に占める東進生の割合
2024年の東大全体の現役合格者は2,284名。東進の現役合格者は834名。東進の現役占有率は36.5%。現役合格者の2.8人に1人が東進生です。

学校推薦型選抜も東進!
東大 25名

推薦入試での東進現役占有率
現役合格者の27.7%が東進生! 27.7%

法学部 4名	工学部 8名
経済学部 2名	理学部 4名
文学部 1名	薬学部 1名
教育学部 4名	医学部医学科 2名
教養学部 3名	

京大 493名 昨対+21名 493名 史上最高!

総合人間学部 23名	医学部人間健康科学科 20名
文学部 37名	薬学部 14名
教育学部 10名	工学部 161名
法学部 56名	農学部 43名
経済学部 49名	特色入試(上記に含む) 24名
理学部 52名	
医学部医学科 28名	

早慶 5,980名 昨対+239名 5,980名 史上最高!

早稲田大 3,582名
政治経済学部 472名	文化構想学部 276名
法学部 354名	理工3学部 752名
商学部 297名	他 1,431名

慶應義塾大 2,398名
法学部 290名	理工学部 576名
経済学部 368名	文学部 39名
商学部 487名	他 638名

医学部医学科 1,800名 昨対+9名 1,800名 史上最高!

国公立医・医 1,033名 防衛医科大学校を含む
私立医・医 767名 史上最高!

国公立医・医 1,033名 防衛医科大学校を含む

東京大 43名	名古屋大 28名	筑波大 21名	横浜市立大 14名	神戸大 30名
京都大 28名	大阪大 23名	千葉大 25名	浜松医科大 19名	その他
北海道大 24名	九州大 23名	東京医歯大 21名	大阪公立大 12名	国公立医・医 700名
東北大				

私立医・医 767名 昨対+40名 史上最高!

自治医大 2名	慶應義塾大 39名	東京慈恵会医大 30名	関西医大 49名	その他
国際医療福祉大 80名	順天堂大 54名	日本医大 33名	近畿大 43名	私立医・医 443名

旧七帝大 + 東工大・一橋大・神戸大 4,599名

東京大 834名	東北大 389名	九州大 487名	一橋大 219名
京都大 493名	名古屋大 379名	東京工業大 219名	神戸大 483名
北海道大 450名	大阪大 646名		

国公立大 16,320名

※2 史上最高…東進のこれまでの実績の中で最大。

国公立 総合・学校推薦型選抜も東進!
旧七帝大 + 東工大・一橋大・神戸大 434名

東京大 25名	大阪大 57名	
京都大 24名	九州大 38名	
北海道大 24名	東京工業大 30名	
東北大 119名	一橋大 9名	
名古屋大 65名	神戸大 42名	

国公立医・医 319名

国公立大学の総合型・学校推薦型選抜の合格実績は、指定校推薦を除く、早稲田塾を含まない東進ハイスクール・東進衛星予備校の現役生のみの合同実績です。

上理明青立法中 21,018名

上智大 1,605名	青山学院大 2,154名	法政大 3,833名
東京理科大 2,892名	立教大 2,730名	中央大 2,855名
明治大 4,949名		

関関同立 13,491名

関西学院大 3,139名	同志社大 3,099名	立命館大 4,477名
関西大 2,776名		

日東駒専 9,582名

日本大 3,560名	東洋大 3,575名	駒澤大 1,070名	専修大 1,377名

産近甲龍 6,085名

京都産業大 614名	近畿大 3,686名	甲南大 669名	龍谷大 1,116名

ウェブサイトでもっと詳しく [東進] 🔍検索

2024年3月31日締切

付録 6

各大学の合格実績は、東進ネットワーク(東進ハイスクール、東進衛星予備校、早稲田塾)の現役生のみ、高3時在籍者のみの合同実績です。一人で複数合格した場合は、それぞれの合格者数に計上しています。

東進へのお問い合わせ・資料請求は
東進ドットコム www.toshin.com
もしくは下記のフリーコールへ！

東進ハイスクール
ハッキリ言って合格実績が自慢です！ 大学受験なら、

0120-104-555 (トーシン ゴーゴーゴー)

●東京都

[中央地区]
- 市ヶ谷校 0120-104-205
- 新宿エルタワー校 0120-104-121
- *新宿校大学受験本科 0120-104-020
- 高田馬場校 0120-104-770
- 人形町校 0120-104-075

[城北地区]
- 赤羽校 0120-104-293
- 本郷三丁目校 0120-104-068
- 茗荷谷校 0120-738-104

[城東地区]
- 綾瀬校 0120-104-762
- 金町校 0120-452-104
- 亀戸校 0120-104-889
- ★北千住校 0120-693-104
- 錦糸町校 0120-104-249
- 豊洲校 0120-104-282
- 西新井校 0120-266-104
- 西葛西校 0120-289-104
- 船堀校 0120-104-201
- 門前仲町校 0120-104-016

[城西地区]
- 池袋校 0120-104-062
- 大泉学園校 0120-104-862
- 荻窪校 0120-687-104
- 高円寺校 0120-104-627
- 石神井校 0120-104-159
- 巣鴨校 0120-104-780

- 成増校 0120-028-104
- 練馬校 0120-104-643

[城南地区]
- 大井町校 0120-575-104
- 蒲田校 0120-265-104
- 五反田校 0120-672-104
- 三軒茶屋校 0120-104-739
- 渋谷駅西口校 0120-389-104
- 下北沢校 0120-104-672
- 自由が丘校 0120-964-104
- 成城学園前駅校 0120-104-616
- 千歳烏山校 0120-104-331
- 千歳船橋校 0120-104-825
- 都立大学駅前校 0120-275-104
- 中目黒校 0120-104-261
- 二子玉川校 0120-104-959

[東京都下]
- 吉祥寺南口校 0120-104-775
- 国立校 0120-104-599
- 国分寺校 0120-622-104
- 立川駅北口校 0120-104-662
- 田無校 0120-104-272
- 調布校 0120-104-305
- 八王子校 0120-896-104
- 東久留米校 0120-565-104
- 府中校 0120-104-676
- ★町田校 0120-104-507
- 三鷹校 0120-104-149
- 武蔵小金井校 0120-480-104
- 武蔵境校 0120-104-769

●神奈川県

- 青葉台校 0120-104-947
- 厚木校 0120-104-716
- 川崎校 0120-226-104
- 湘南台東口校 0120-104-706
- 新百合ヶ丘校 0120-104-182
- センター南駅前校 0120-104-722
- たまプラーザ校 0120-104-445
- 鶴見校 0120-876-104
- 登戸校 0120-104-157
- 平塚校 0120-104-742
- 藤沢校 0120-104-549
- 武蔵小杉校 0120-165-104
- ★横浜校 0120-104-473

●埼玉県

- 浦和校 0120-104-561
- 大宮校 0120-104-858
- 春日部校 0120-104-508
- 川口校 0120-917-104
- 川越校 0120-104-538
- 小手指校 0120-104-759
- 志木校 0120-104-202
- せんげん台校 0120-104-388
- 草加校 0120-104-690
- 所沢校 0120-104-594
- ★南浦和校 0120-104-573
- 与野校 0120-104-755

●千葉県

- 我孫子校 0120-104-253

- 市川駅前校 0120-104-381
- 稲毛海岸校 0120-104-575
- 海浜幕張校 0120-926-104
- ★柏校 0120-104-353
- 北習志野校 0120-344-104
- 新浦安校 0120-556-104
- 新松戸校 0120-104-354
- 千葉校 0120-104-564
- ★津田沼校 0120-104-724
- 成田駅前校 0120-104-346
- 船橋校 0120-104-514
- 松戸校 0120-104-257
- 南柏校 0120-104-439
- 八千代台校 0120-104-863

●茨城県

- つくば校 0120-403-104
- 取手校 0120-104-328

●静岡県

- ★静岡校 0120-104-585

●奈良県

- 奈良校 0120-104-597

★は高卒本科(高卒生)設置校
■は高卒生専用校舎
□は中学部設置校

※変更の可能性があります。
最新情報はウェブサイトで確認できます。

東進衛星予備校
全国約1,000校、10万人の高校生が通う、

0120-104-531 (トーシン ゴーサイン)

東進ハイスクール 在宅受講コース
近くに東進の校舎がない高校生のための

0120-531-104 (ゴーサイン トーシン)

東進ドットコム
ここでしか見られない受験と教育の最新情報が満載！

www.toshin.com
東進 検索

東進TV
東進のYouTube公式チャンネル「東進TV」。日本全国の学生レポーターがお送りする大学・学部紹介は必見！

大学入試過去問データベース
君が目指す大学の過去問を素早く検索できる！2024年入試の過去問も閲覧可能！

大学入試問題 過去問データベース
190大学 最大30年分を 無料で閲覧！

※2024年4月現在

基本例文 500
Essential English Sentences

【別冊】
英文法の

英文法の核 別冊

英文法の核
基本例文 500

Essential English Sentences

本書掲載の基本例文の中から、選りすぐりの500文をCDに収録しました。
何度も繰り返し聞いて音読し、日々のトレーニングに役立ててください。
※ 461 の基本例文は意味が2通りあるため2回同じ文が読まれます。

track 01

1	001	Our train will arrive soon.
2	002	A journey of a thousand miles must begin with a single step.
3	006	The dish tastes very good.
4	007	He looks young for his age.
5	008	He died young.
6	009	We all desire peace.
7	010	Kate laid her baggage on the floor.
8	011	I think that Jane will come tomorrow.
9	012	Experience teaches us many things.
10	013	Ann made Henry an apple pie.

track 02

11	014	This news made her sad.
12	015	I'm sorry to have kept you waiting so long.
13	016	I believe him (to be) honest.
14	017	I consider what he said of no importance.
15	018	I want him to go there alone.
16	019	My parents always tell me to study harder.
17	020	I saw an old person enter the building.
18	021	I smelled something burning.
19	022	In the distance, I heard my name called.
20	023	Mary made me leave her room.

和訳文	章	ページ数
私たちの乗る列車はまもなく到着します。	1	32
千里の道も一歩から始まる。	1	32
この料理はとてもおいしいです。	1	33
彼は年のわりに若く見える。	1	33
彼は若くして亡くなった。	1	33
私たちは皆平和を望む。	1	35
ケイトは荷物を床の上に置いた。	1	35
私はジェーンが明日来ると思う。	1	35
経験は我々に多くのことを教えてくれる。	1	36
アンはヘンリーにアップルパイを作ってあげた。	1	36

和訳文	章	ページ数
このニュースは彼女を悲しませた。	1	40
長くお待たせしてすみません。	1	40
彼は誠実だと私は信じている。	1	41
彼が言ったことは重要でないと思う。	1	41
私は彼が1人でそこに行くことを望んでいる。	1	41
両親はいつも私にもっと一生懸命勉強しろと言うんだ。	1	41
1人の老人がその建物に入るのが見えた。	1	42
何かが焦げているにおいがした。	1	42
自分の名前が遠くでよばれるのが聞こえた。	1	42
メアリーは私を自分の部屋から出ていかせた。	1	43

track 03

21	024	I couldn't make myself understood in English.
22	025	Let sleeping dogs lie.
23	026	My mother lets me watch television for an hour a day.
24	027	He got his friends to do the work.
25	028	You cannot get a tree to grow on bad soil.
26	029	I had my hair cut yesterday.
27	030	I had my purse stolen during my stay in London.
28	031	I had Mr. Brown correct my composition last week.
29	032	In my childhood, I had a fire break out.
30	033	I won't have you saying such a thing.

track 04

31	034	You can borrow these books from the library for a week.
32	035	May I use your telephone?
33	036	We hired our neighbor's son to mow the lawn.
34	037	I'm going to rent an apartment from him.
35	038	This key doesn't fit the lock.
36	039	Such behavior doesn't become you.
37	040	Black suits you quite well.
38	041	The shoes match this red skirt.
39	042	This tie doesn't go with my coat.
40	043	Red wine goes well with meat.

和訳文	章	ページ数
英語で意思を伝えることができなかった。	1	43
眠っている犬は寝かせておけ。	1	43
お母さんは1日1時間だけテレビを見させてくれる。	1	43
彼はその仕事を友人たちにやらせた。	1	43
木を悪い土壌で育たせることはできない。	1	43
昨日散髪をした。	1	43
ロンドン滞在中に財布を盗まれた。	1	43
先週、ブラウン先生に作文を直してもらった。	1	43
子どもの頃、火事に見舞われたことがある。	1	43
そんなことを君に言わせておくわけにはいかない。	1	43

和訳文	章	ページ数
これらの本は図書館から1週間借り出せます。	2	52
電話をお借りしてもいいですか。	2	52
隣の息子を雇って芝生を刈ってもらった。	2	52
彼からアパートを借りるつもりだ。	2	52
この鍵はその錠に合わない。	2	53
そんな振る舞いは君らしくないよ。	2	53
黒が君にかなり似合うね。	2	53
その靴はこの赤いスカートにぴったり合う。	2	53
このネクタイは私のコートに合わない。	2	53
赤ワインは肉とよく合う。	2	53

track 05

41	044	What size dress does she wear?
42	045	She was wearing new shoes at the party.
43	046	He put on his hat and left the room.
44	047	He had a new hat on.
45	048	I suspect that he is guilty.
46	049	He said someone had killed her, but I suspect him of the murder.
47	050	I doubt if he is guilty.
48	051	He said he was a millionaire, but I doubt it.
49	052	Le Corbusier designed this chair. ⇒ The chair was designed by Le Corbusier.
50	053	Uncle George gave me a piece of advice. ⇒ I was given a piece of advice by Uncle George. (Uncle George gave a piece of advice to me. ⇒ A piece of advice was given to me by Uncle George.)

track 06

51	054	Mr. and Mrs. Brown named the girl Alice. ⇒ The girl was named Alice by Mr. and Mrs. Brown.
52	055	We must finish the work by the weekend. ⇒ The work must be finished by the weekend.
53	056	You must not use bad words in the classroom. ⇒ Bad words must not be used in the classroom.

和訳文	章	ページ数
彼女は何サイズの服を着ているのですか。	2	54
彼女はパーティーで新しい靴を履いていた。	2	54
彼は帽子をかぶって部屋から出ていった。	2	54
彼は新しい帽子をかぶっていた。	2	54
彼は有罪だと思う。	2	55
彼は誰かが彼女を殺したと言ったが、私は彼こそが犯人ではないかと疑っている。	2	55
彼が有罪だということは疑わしい。	2	55
彼は自分は大金持ちだと言ったが、私はそうではないと思っている。	2	55
ル・コルビュジエがこの椅子を設計した。	2	61
ジョージおじさんは私に助言をくれた。	2	61

ブラウン夫妻はその少女をアリスと名付けた。	2	61
私たちは週末までにその仕事を終えなければならない。	2	61
教室では汚い言葉を使ってはいけません。	2	61

本編例文		基本例文 (英文)
54	057	When I came home, my mother was scolding my brother. ⇒ When I came home, my brother was being scolded by my mother.
55	058	The Johnsons have invited me to dinner tomorrow. ⇒ I have been invited to dinner tomorrow by the Johnsons.
56	059	They asked me to make a speech at the conference. ⇒ I was asked to make a speech at the conference.
57	060	We can rely on our teacher. ⇒ Our teacher can be relied on.
58	061	My students paid no attention to my advice. ⇒① My advice was paid no attention to by my students. ② No attention was paid to my advice by my students.
59	062	Who will look after the baby tomorrow? ⇒ By whom will the baby be looked after tomorrow?
60	063	Do it at once. ⇒ Let it be done at once.

track 07

61	065	She made me go there against my will. ⇒ I was made to go there against my will (by her).
62	066	They saw him enter the hotel with her. ⇒ He was seen to enter the hotel with her.
63	067	I heard Jack quarreling with his wife. ⇒ Jack was heard quarreling with his wife.
64	069	Gould is an excellent pianist.
65	070	The earth is round, not flat.

和訳文	章	ページ数
私が帰宅したとき、母は弟をしかっている最中だった。	2	61
ジョンソン家は明日の夕食に私を招待してくれている。	2	62
彼らは私にその会議でスピーチをするように頼んだ。	2	62
私たちは先生を信頼できる。	2	62
私の生徒たちは私の助言を全く気に留めなかった。	2	62
誰が明日その赤ちゃんの面倒を見るの？	2	62
すぐにそれをやりなさい。	2	62

彼女は私の意志に反して私をそこに行かせた。	2	63
彼らは彼が彼女とホテルに入るのを目にした。	2	63
ジャックが妻と口論しているのが聞こえた。	2	63
グールドは卓越したピアニストである。	3	71
地球は丸い、平板なものではないのだ。	3	71

	本冊例文	基本例文（英文）
66	074	I hear that he retired from business because of his wife's illness.
67	076	I often went out with Mary when I was at college.
68	077	I loved her in those days.
69	079	They are dying because they have no food.
70	080	He is living in Nagoya. (≠He lives in Nagoya.)

track 08

71	081	Now, we are arriving in India.
72	082	She is always complaining about her husband's bad habits.
73	083	I was reading a book when the telephone rang.
74	084	I was leaving for China when the typhoon came.
75	085	At this time tomorrow we will be traveling in Africa.
76	086	He will still be working in the office when we get to the airport.
77	087	I have just finished reading George Orwell's *1984*.
78	089	I have gained five kilograms this year.
79	090	I haven't yet decided whether I will study abroad.
80	091	Have you ever been to Paris?

track 09

81	092	I have been to Paris three times.
82	093	I have never forgotten what my friends kindly did for me at college.
83	094	I have been in Paris since I was seventeen.

和訳文	章	ページ数
彼は妻の病気のために商売を辞めたと私は聞いています。	3	71
大学にいた頃、メアリーとよくデートしていたよ。	3	73
当時は彼女を愛していたんだ。	3	73
彼らは食べ物がないので死に瀕している。	3	75
彼は（今は一時的に）名古屋に住んでいる。	3	75

さあ、インドに着くよ。	3	75
彼女は夫の悪い習慣（悪い癖）について文句を言ってばかりいる。	3	75
電話が鳴ったとき、私は本を読んでいた。	3	76
台風が来たとき、私は中国に向けて発つところだった。	3	76
明日の今頃は、私たちはアフリカを旅行していることだろう。	3	76
私たちが空港に着く頃、彼はまだオフィスで仕事をしていることだろう。	3	76
ジョージ・オーウェルの『1984年』をちょうど読み終えたところです。	3	78
今年5キロ太った。	3	78
留学するかどうか、まだ決めていません。	3	78
パリに行ったことがありますか。	3	78

私は（今まで）3回、パリに行ったことがある。	3	78
大学で友人たちが私に親切にしてくれたことを忘れたことは一度もない。	3	78
私は17歳の頃からパリに住んでいます。	3	78

84	095	How long have you known each other?
85	096	I have been waiting for her to publish a new book for two years.
86	097	I had finally finished the work when he turned up.
87	098	He had never gone out with a girl until that time.
88	099	They had known each other for seven years when they got married.
89	100	I had been playing the piano for two hours when he came into the living room.
90	101	Paul will have gone to bed when you get there.

track 10

91	102	I will have visited Paris three times when I visit there again.
92	103	They will have been married for ten years when next spring comes.
93	106	I am sure that he will succeed.
94	107	I was sure that he would succeed.
95	108	I know that he committed suicide.
96	109	I knew that he had committed suicide.
97	114	My father taught me that a jury consists of twelve persons.
98	115	Mr. Brown taught me that in 1603 Tokugawa Ieyasu located the *bakufu* in Edo.
99	116	To win the game is almost impossible.
100	117	Winning the game is not always good.

和訳文	道	ページ数
君たちはいつから知り合いなの（知り合ってどのくらいになるの）？	3	78
彼女が新刊を出すのを、この2年ずっと待っていました。	3	81
彼が現れたとき、私はようやくその仕事を終えたところだった。	3	82
彼はその時まで女の子と付き合ったことがなかった。	3	82
彼らは知り合って7年経ってから結婚した。	3	82
彼が居間に入ってきたときには、私は2時間ピアノを弾いていた。（ピアノを弾き始め2時間経ったときに彼が居間に入ってきた。）	3	82
君がそこに着くときには、ポールは寝てしまっているだろう。	3	84

次にパリに行ったら3回目になる。	3	84
次の春が来たら彼らは結婚して10年になることになる。	3	84
彼が成功するであろうことを私は確信している。	3	85
彼は成功するだろうと私は確信していた。	3	85
彼が自殺をしたということを私は知っている。	3	85
彼は自殺をしたのだということを私は知っていた。	3	85
父は、陪審員は12人で構成されていると教えてくれた。	3	86
ブラウン先生は、1603年に徳川家康が江戸に幕府を置いたことを教えてくれた。	3	86
その試合に勝つのはほとんど不可能だ。	4	98
試合に勝つことは常に良いことだとは限らない。	4	98

track 11

101	118	One of his bad habits is biting his nails.
102	119	Alice's wish is to be a nurse.
103	120	It is necessary to learn English.
104	121	It is no use crying over spilt milk.
105	122	It is useless to try to persuade me to buy the watch.
106	123	I found it difficult to read the book in an hour.
107	124	I promise not to tell the truth.
108	125	I enjoyed talking with him in person.
109	126	He started to understand what was happening.
110	127	He is good at playing golf.

track 12

111	128	He has no one to tell him his faults.
112	129	He has many problems to solve.
113	130	He has no friends to talk with.
114	131	He has a strong desire to be a great pianist.
115	132	They have a custom not to work on Sundays.
116	133	Barking dogs seldom bite.
117	134	The girl dancing on the stage is my girlfriend.
118	135	We have to carry injured soldiers to the hospital.
119	136	There we saw a lot of soldiers injured in the battle.
120	137	The person dying on the ground was a retired officer.

和訳文	章	ページ数
彼の悪い癖の1つは爪を噛むことです。	4	98
アリスの希望は看護師になることです。	4	98
英語を習得することは必要です。	4	99
こぼれたミルクのことを泣いても無駄だ。⇒覆水盆に返らず。	4	99
僕にその時計を買わせようとしても無駄だよ。	4	99
1時間でその本を読むのは難しいとわかった。	4	99
真実は言わないと約束するよ。	4	100
彼と直接話して楽しかった。	4	100
彼は何が起こっているのかを理解し始めた。	4	100
彼はゴルフが得意だ。	4	100
彼には欠点を教えてくれる人がいない。	4	104
彼は解決すべき問題をたくさん抱えている。	4	104
彼には一緒に話をする友人がいない。	4	104
彼は偉大なピアニストになるという強い願望を持っている。	4	104
彼らには、日曜日には働かないという習慣がある。	4	104
吠える犬はめったに噛まない。⇒弱い犬はよく吠える。	4	105
舞台で踊っている女の子は僕の彼女なんだ。	4	105
我々は負傷した兵士たちを病院まで搬送する必要がある。	4	105
私たちはそこで、戦闘で負傷した多くの兵士たちを目にした。	4	105
地面で死にかけていたのは退役将校だった。	4	105

track 13

121	138	He came to Stanford to be an entrepreneur like Steve Jobs.
122	139	I went to the airport in order to see my girlfriend off.
123	140	I kept silent so as not to wake my baby.
124	141	She grew up to be a famous artist.
125	142	Jane awoke the next morning to find herself on the bed.
126	143	Ted did his best to win the championship.
127	145	Bob must be crazy to run about naked.
128	147	This lake is dangerous to swim in.
129	148	He was kind enough to carry my baggage.
130	151	To tell the truth, I don't like her dress.

track 14

131	152	Reading the book, Jim learned a lot of useful things.
132	153	Having a cold, I didn't go to school.
133	154	Not knowing what to do, he asked his mentor for advice.
134	155	Not being rich, he couldn't attend the meeting.
135	156	Turning to the left, you will see the church.
136	157	Seen from the moon, the earth looks like a ball.
137	158	Some pretty girls are walking down the street talking to each other.

和訳文	章	ページ数
彼はスティーブ・ジョブズのような起業家になるためにスタンフォード大学に来たのです。	4	111
私は彼女を見送るために空港に行きました。	4	111
赤ん坊を起こさないように私は黙っていた。	4	111
彼女は成長して有名なアーティストになった。	4	111
ジェーンは翌朝目覚めるとベッドの上にいた。	4	111
テッドは優勝するために全力を尽くした。／テッドは全力を尽くして優勝した。	4	111
裸で走り回るとは、ボブは気が狂っているにちがいない。	4	111
この湖は泳ぐには危険だ。	4	111
彼は親切にも私の荷物を運んでくれた。	4	112
正直に言うと、私は彼女の服が好きではない。	4	112

その本を読んでジムは多くの役に立つことを学んだ。	4	117
風邪をひいていたので私は学校に行かなかった。	4	117
どうすべきかわからず、彼は師に助言を求めた。	4	118
金持ちではなかったので、彼はその会合に出席できなかった。	4	118
左に曲がるとその教会が見えます。	4	118
月から見ると地球はボールのように見える。	4	118
数人の可愛い女の子が話をしながら道を歩いている。	4	118

本編例文		基本例文 (英文)
138	159	The music, played by the old pianist, sounds marvelous.
139	160	James arrived too late, making his friends angry.
140	161	The storm hit our island, causing great damage.

track 15

141	162	The speaker went on and on, the audience getting more and more bored.
142	163	The problem (being) solved, his theory will leave nothing to be desired.
143	164	Frankly speaking, I think his lecture is boring.
144	165	Though swimming in a pool, I felt like I was in the ocean.
145	166	I will pass the exam next time.
146	167	He won't ride a roller coaster.
147	168	"I've left my wallet at home." "Don't worry. I'll lend you some money."
148	169	Will you help me with my homework?
149	170	The door will not open.
150	171	The Hanshin Tigers will win the championship this year.

track 16

151	172	Accidents will happen.
152	173	Boys will be boys.
153	174	My neighbors will often argue all night.
154	175	Our family would often go to the movies on Sundays.

和訳文	章	ページ数
その音楽は、その老ピアニストが演奏すると素晴らしいものになる。	4	118
ジェームズはとても遅れてやってきて、友人たちを怒らせてしまった。	4	118
その嵐は私たちの島を襲い、大きな被害を引き起こした。	4	118

講演者は延々と話し続け、聴衆たちはどんどんうんざりしていった。	4	118
その問題が解決できれば、彼の理論は申し分のないものになるだろう。	4	118
率直に言えば、彼の講義は退屈だと思う。	4	118
プールで泳いでいたのに、海にいるような気がした。	4	118
次は試験に合格するぞ。	5	137
彼はジェットコースターにどうしても乗ろうとしない。	5	137
「財布を家に忘れてきてしまった。」 「心配するなよ。いくらか貸してあげるよ。」	5	137
宿題を手伝ってくれませんか。	5	137
そのドアはどうしても開かない。	5	137
阪神タイガース、今年は絶対優勝するよ。	5	137

事故は起こるものだ。	5	137
男の子ってそういうものだよ。	5	137
隣人はよく夜通し言い争っている。	5	137
うちの家族は日曜日にはよく映画に行っていたものでした。	5	137

155	180	Shall I bring some wine?
156	181	Shall we dance?
157	183	You shall regret saying such a thing to me.
158	184	You should have respect for older people.
159	185	You should not walk around this town alone.
160	186	There should be better ways to do the task.

track 17

161	187	I should say there were 200 students in the hall.
162	188	Who should say such a thing to him?
163	189	You must pay back the money soon.
164	190	I must be going.
165	191	Children must not stay up late.
166	192	You must come to our place next time.
167	193	This watch must be your brother's.
168	194	You must be joking.
169	197	You can smoke in this area.
170	198	Can I use your dictionary?

track 18

171	199	Could I have your address?
172	200	Could you go to the party with me?
173	201	Driving a car can be dangerous.

和訳文	章	ページ数
ワインを少し持ってきましょうか。	5	139
ダンスをしませんか。	5	139
そんなことを私に言ったことを君は絶対に後悔することになるぞ。	5	139
年長者には敬意を払うべきです。	5	141
１人でこの街を歩き回るべきではない。	5	141
その作業をするには、もっと良いやり方があるはずだ。	5	141

ホールには200人の生徒がいたと言えるでしょう。	5	142
誰が彼にそんなことを言えるだろうか。	5	142
そのお金はすぐに返さなければいけません。	5	145
そろそろお暇しなければいけません。	5	145
子どもは遅くまで起きていてはいけません。	5	145
次回はぜひ、うちにいらしてね。	5	145
この時計は君の兄のものにちがいない。	5	145
ご冗談でしょう。	5	145
このエリアではタバコを吸ってもいいですよ。⇒このエリアでは喫煙できます。	5	146
辞書を借りてもいいですか。	5	146

ご住所を伺ってもよろしいでしょうか。	5	146
私と一緒にパーティーに行っていただけませんか。	5	147
車を運転すると危険なこともある。	5	147

174	202	His story cannot be true.
175	203	Can the rumor be true?
176	204	Where can he be?
177	205	"May I have a seat?" "Sure. Please have this seat."
178	206	"May I go out now, mom?" "Yes, you may, if you have finished your homework."
179	207	You may not smoke in this area.
180	208	May you have a long and happy marriage!

track 19

181	209	He may or may not be guilty.
182	210	She isn't in the office; she may be having coffee in the cafe.
183	211	You may not like her, but you have to admit that she is good at her job.
184	212	Whatever he may say, I will not give up the plan.
185	213	If I were not so busy, I would help you.
186	214	If I were you, I would take a taxi.
187	215	If I had helped her, she would have succeeded.
188	216	If you should fail, it would be desirable you should try again.
189	217	If you were to live anywhere in the world, where would you like to live?
190	218	If the sun were to rise in the west, I would not do such a thing.

和訳文	章	ページ数
彼の話が本当のはずがない。	5	147
その噂一体本当なの？	5	147
彼は一体どこにいるのだ？	5	147
「座ってもよろしいですか。」 「もちろんです。こちらにおかけください。」	5	150
「ママ、もう出かけてもいい？」 「ええ、いいわよ、宿題が終わったのならね。」	5	150
このエリアでは禁煙です。	5	150
末永くお幸せな結婚生活を送られますように！	5	150

彼は有罪かもしれないし、そうでないかもしれない。	5	150
彼女は会社にいない。カフェでコーヒーを飲んでいるのかもしれない。	5	150
彼女のことは気に入らないかもしれないが、仕事ができることは認める必要がある。	5	150
彼がなんと言おうとも、私はその計画をあきらめるつもりはない。	5	150
もし僕がこれほど忙しくないならば君を手伝うだろうが。	5	157
私だったらタクシーを使うでしょうね。	5	157
もし僕が彼女を手伝っていたならば、彼女は成功しただろうに。	5	157
ひょっとして失敗することになっても、もう一度やってみる方がいいだろう。	5	157
世界のどこにでも住めるのだとしたら、どこに住みたいですか。	5	158
太陽が西から昇るようなことになっても、私はそんなことはしないだろう。	5	158

191	219	If I had studied at college, I would have little difficulty now.
192	223	Can we meet at the coffee shop near the station today?
193	224	We are going to open a coffee shop near the station next year.
194	227	"Look at the moon. It's very bright." "Oh, it's a full moon."
195	228	Rome was not built in a day.
196	229	We meet three times a month.
197	230	Birds of a feather flock together.
198	231	I thought I would never get the chance to go out with a Cleopatra.
199	233	The rich are getting richer, and the poor are getting poorer.
200	234	He patted me on the shoulder.

track 21

201	235	Rent is usually paid by the month in Japan.
202	239	They sell books and DVDs at the store.
203	240	His watch is more expensive than mine.
204	241	Jack asked me if he could use my pen.
205	243	I'll lend you a pen, but please return it as soon as you're done with it.
206	244	What day is it today?
207	245	It's very cold today, isn't it?
208	246	It's about two miles to the town from here.

和訳文	章	ページ数
大学時代に勉強していたならば、今頃ほとんど苦労はしていないだろうに。	5	158
今日、駅の近くの喫茶店で会える？	6	177
来年、駅の近くに喫茶店を開くつもりです。	6	178
「月を見てごらん。すごく明るいよ。」 「ああ、満月だ。」	6	179
ローマは1日にして成らず。	6	180
私たちは月に3回会います。	6	180
同じ羽の鳥は群れを成す。⇒類は友をよぶ。	6	180
私にはクレオパトラのような美女と付き合う機会は絶対ないだろうと思っていた。	6	181
金持ちはますます金持ちになり、貧乏人はますます貧乏になっている。	6	181
彼は私の肩をポンと叩いた。	6	182

日本では、家賃は通常月払いです。	6	182
その店では本とDVDを売っています。	6	187
彼の時計は私のよりも高価だ。	6	188
ジャックは私のペンを借りていいかと聞いた。	6	188
ペンを貸しますが、使い終わったらすぐに返してください。	6	190
今日は何曜日？	6	190
今日はとても寒いねえ。	6	190
ここから町まではおよそ2マイルです。	6	190

本編例文		基本例文（英文）
209	248	How's it going?
210	250	I think it impossible to solve all the problems.

track 22

211	252	It doesn't matter who will do it.
212	253	It makes no difference to me whether he comes or not.
213	254	Which do you like better, this or that?
214	255	Work and play are both necessary: this gives us rest, and that gives us energy.
215	256	Keep this in mind: human beings are not perfect.
216	257	She smiled with that look of motherly tenderness which is natural to all women.
217	258	Those (people) who drink a lot are likely to get liver cancer.
218	259	The population of Tokyo is larger than that of Osaka.
219	260	The ears of an African elephant are bigger than those of an Indian elephant.
220	261	Send for the doctor, and that immediately.

track 23

221	262	I have lost my pen. Now I have to buy one. cf. I have lost my pen. Now I have to find it.
222	263	This watch is similar to the one I have.
223	264	The two sisters are so alike that I cannot tell one from the other.

和訳文	章	ページ数
調子はどう？	6	190
すべての問題を解決するのは不可能だと思う。	6	191

誰がするかは問題ではない。	6	191
彼が来ようが来るまいが、そんなことは私には関係ない。	6	191
これとあれだと、どっちが好きですか。	6	192
仕事と遊びはどちらも必要だ。後者（＝遊び）は休息を、前者（＝仕事）は活力をもたらしてくれる。	6	192
このことを覚えておきなさい。人類は完璧ではないのです。	6	192
彼女は、すべての女性に備わっているあの母性的な優しさを見せてほほえんだ。	6	193
たくさんお酒を飲む人は肝臓がんにかかりやすい。	6	193
東京の人口は大阪（の人口）よりも多い。	6	193
アフリカ象の耳はインド象（の耳）よりも大きい。	6	193
医者をよびに行かせなさい。しかも直ちに。	6	194

ペンをなくしてしまった。ペンを買う必要がある。 ペンをなくしてしまった。そのペンを見つける必要がある。	6	194
この時計は私が持っている時計と似ている。	6	194
その姉妹はとても似ているので、私には2人の区別がつかない。	6	195

		基本例文（英文）
224	265	One of my brothers is a doctor, and the others are college students.
225	266	This watch is too expensive. Please show me another.
226	267	Don't speak ill of others behind their backs.
227	268	Will you please give me another glass of water?
228	269	In my town, houses are now being built one after another.
229	270	It is one thing to form a plan and quite another to carry it out.
230	271	They smiled at each other.

track 24

231	272	I will do it in one way or another.
232	273	There are some strange animals in this area.
233	274	Is there any possibility of his coming back?
234	275	None of the students want to study abroad.
235	276	All her sons were killed in World War II.
236	277	Each of the three boys has got a prize.
237	278	Both of my parents were brought up in Okinawa.
238	279	Either of your parents should attend the meeting.
239	280	Neither of my parents is alive.
240	281	There is something strange about her dress.

和訳文	章	ページ数
私の兄弟の1人は医者だが、ほかはみんな大学生です。	6	195
この時計は高すぎます。別のを見せてください。	6	195
陰で他人の悪口を言うな。	6	195
水をもう1杯ください。	6	195
私の町では今、次々と家が建てられています。	6	195
計画を立てるのと実行するのは全く別のことだ。	6	195
彼らはほほえみ合った。	6	195

なんらかのやり方で、それをやるつもりです。	6	195
この地域には何種類かの不思議な動物がいます。	6	197
彼が帰ってくる可能性がありますか。	6	197
その生徒たちの中には、留学したい者は1人もいません。	6	198
彼女の息子は皆、第2次世界大戦で戦死した。	6	198
その3人の少年たちはそれぞれ表彰された。	6	198
私の両親は2人とも沖縄育ちです。	6	199
あなたの両親のどちらかが、その会合に出席しなければいけません。	6	199
私の両親はどちらも生きていません。	6	199
彼女の服はどことなく不思議だ。	6	199

track 25

241	286	I'm sure he will like you.
242	288	I am certain that she will succeed.
243	289	He is certain of her coming to the party.
244	290	He is sure to like you.
245	291	She is certain to succeed.
246	292	It is certain that she will come to the party.
247	298	I would often go fishing in the river when I was young.
248	299	Unfortunately, he missed the last train.
249	300	He was naturally disappointed.
250	301	He did not die happily.

track 26

251	302	Happily, he did not die.
252	303	He answered the question foolishly.
253	304	He foolishly answered the question.
254	306	He doesn't have as much money as you.
255	307	I wish you success as much as your parents wish you happiness.
256	309	He went so far as to hit his wife.
257	310	He earns twice as much money as his father.
258	311	The car runs three times as fast as mine.
259	312	He has as many as 10,000 books.

和訳文	章	ページ数
彼は君のことをきっと好きになるよ。	7	208
彼女が成功することを私は確信している。	7	208
彼は彼女がパーティーに来ることを確信している。	7	208
彼は君のことをきっと好きになるよ。	7	209
彼女は確実に成功するだろう。	7	209
彼女がパーティーに来るのは確実だ。	7	209
若い頃はよく川に釣りに行ったものでした。	7	213
不運なことに彼は最終電車に乗れなかった。	7	213
彼は失望したが、それは当然だった。	7	213
彼は幸せな死に方をしなかった。	7	214
幸い、彼は死ななかった。	7	214
彼はおろかな返答をした。	7	214
彼はおろかにもその質問に答えた。	7	214
彼は君ほどお金を持っていない。	8	230
あなたの両親があなたに幸福を願っているのと同じくらい、私はあなたの成功を願っています。	8	231
彼は妻を殴りさえした。	8	231
彼は父親の2倍お金を稼いでいます。	8	232
その車は私の車の3倍の速さで走る。	8	232
彼は10,000冊も本を持っている。	8	232

260	313	Ann came home as late as eleven o'clock.

track 27

261	314	I waited for him for two hours, but they seemed as many days.
262	315	Lily is as tall as any girl in this class.
263	316	He is as great a politician as ever lived.
264	317	He ran as fast as he could.
265	318	Please process my application as soon as possible.
266	319	Forget it. That's as crazy as can be.
267	320	As far as I'm concerned, it is not true.
268	321	You may stay here as long as you keep quiet.
269	322	She is as courageous as kind.
270	323	It is not so much your work as your attitude that is the problem.

track 28

271	324	He cannot so much as write his own name.
272	325	He left the room without so much as saying good-bye.
273	326	He has experience as well as knowledge.
274	327	He is as good as dead.
275	328	He is as good as his word.
276	329	Nothing is as important as love.
277	330	This watch is more expensive than that one.
278	332	My watch is less expensive than this one.

和訳文	章	ページ数
アンは 11 時にもなってやっと帰宅した。	8	232

私は彼を 2 時間待ったが、その 2 時間は 2 日にも思えた。	8	232
リリーは、このクラスのどの女の子にも劣らず背が高い。	8	234
彼はこれまでのどんな政治家にも劣らぬくらい立派な政治家である。	8	234
彼はできる限り速く走った。	8	235
できる限り早く私の応募書類を審査してください。	8	235
そんなことは忘れてしまえ。この上なくバカげたことなんだから。	8	235
私に関する限り、それはあてはまらない。	8	235
静かにしている限り、ここにいてもいいよ。	8	235
彼女は親切であるだけでなく勇気もある。	8	236
問題なのは君の仕事内容というよりは君の態度なんだよ。	8	236

彼は自分自身の名前さえ書けない。	8	237
彼はさよならも言わずに部屋を出ていった。	8	237
彼には知識だけでなく経験もある。	8	237
彼は死んだも同然である。	8	238
彼は約束を守る人だ。	8	238
愛ほど重要なものはない。	8	238
この時計はあの時計よりも高価だ。	8	239
私の時計はこの時計よりも高価ではない。	8	239

279	334	Jack is the taller of the two boys.
280	335	He is ten years older than his brother.

track 29

281	336	He is three times older than his wife.
282	337	This wine is more expensive than any other wine in the world.
283	338	No (other) wine in the world is more expensive than this wine.
284	339	I have never seen more beautiful scenery.
285	340	It is becoming more and more important to learn English.
286	341	They are eager to get into the upper class.
287	343	The higher you go up, the colder it becomes.
288	344	She works all the harder because she has a child.
289	345	He worked none the harder because he became a father.
290	346	I like him none the less for his faults.

track 30

291	347	It is no more than three kilometers to the sea.
292	348	It is not more than three kilometers to the sea.
293	349	He earns no less than 500,000 yen a day.
294	350	He earns not less than 500,000 yen a day.
295	351	You are no more young than I am.
296	352	He is no less a genius than Einstein was.

和訳文	章	ページ数
ジャックは、その2人の少年のうち背が高い方です。	8	240
彼は弟よりも10歳年上だ。	8	240

彼は妻の3倍の年齢だ。	8	241
このワインは世界のほかのどのワインよりも高価だ。	8	242
このワインより高価なワインは世界にない。	8	242
これほど美しい景色は見たことがない。	8	242
英語を習得することは、ますます重要になっている。	8	242
彼らは上流階級に入りたがっている。	8	243
上に登れば登るほど寒くなる。	8	244
彼女は子どもがいるから、それだけいっそう一生懸命に働いているのです。	8	245
彼は父親になったからといって、それだけいっそう一生懸命働くようになったというわけではなかった。 ⇒彼は父親になったが、相変わらず一生懸命に働きはしなかった。	8	245
彼には欠点があるけど、それでもやはり私は彼が好きです。	8	245

海までたった3キロしかありません。	8	246
海までせいぜい3キロです。	8	246
彼は1日で50万円も稼ぐ。	8	246
彼は1日で少なくとも50万円稼ぐ。	8	246
私が若くないのと同様に君も若くはない。	8	246
アインシュタインが天才だったのと同様に彼も天才である。	8	246

297	353	That couldn't be better.
298	354	I couldn't agree with you more.
299	355	The movie was more interesting than we had expected.
300	356	Bill is the richest of all the people who are attending the funeral.

track 31

301	357	Ted is the most intelligent in this group.
302	359	Grace is most beautiful in a white dress.
303	360	This is the very best reference book for the study of English.
304	362	This is the best wine (that) I have ever drunk.
305	363	The wisest man sometimes makes mistakes.
306	364	He was the second brightest student in his year at university.
307	365	He will be a manager of a store at best.
308	366	He is the last person to tell a lie.
309	367	Whose painting won the prize?
310	369	Tell me whose book it is.

track 32

311	370	What is your major?
312	372	What does it matter?
313	375	How did you get there?
314	376	How soon will the train come?
315	383	Where do you think Betty lives?

和訳文	章	ページ数
最高です。	8	246
大賛成です。	8	246
その映画は思っていたより面白かった。	8	252
ビルは葬儀に出席しているすべての人の中で一番金持ちだ。	8	253

和訳文	章	ページ数
テッドはこのグループの中で一番知的だ。	8	253
グレースは白いドレスを着ているときが一番美しい。	8	253
これこそが、あらゆる英語学習の参考書の中で一番良いものだ。	8	254
これは私がこれまでに飲んだ中で最高のワインです。	8	255
最も賢い人でさえ時には間違える。	8	255
彼は大学時代、学年で2番目に頭が良かった。	8	255
彼はせいぜい店長くらいにしかなれないだろう。	8	255
彼は最も嘘をつきそうにない人だ。	8	256
誰の絵が賞を取ったのですか。	9	262
それが誰の本なのか教えてください。	9	262

和訳文	章	ページ数
あなたの専攻は何ですか。	9	262
どうってことがあるものか。⇒どうってことはない。	9	262
どのようにしてそこに行ったのですか。	9	263
電車はあとどのくらいで来ますか。	9	263
ベティがどこに住んでいると思いますか。	9	268

316	384	Who do you imagine kissed Betty?
317	385	Tell me who you think killed Robin.
318	386	Did you say what Billy did?
319	387	What did you say Billy did?
320	388	I don't know what to do next.

track 33

321	391	He is the man whose photo you saw in the paper this morning.
322	392	I am going to read a book today which he gave me last week.
323	393	I took a picture of a mountain whose top was covered with snow.
324	394	This is the very picture that I've been looking for.
325	395	They found a boy and a dog that were dying in front of the pictures by Rubens.
326	396	Who that knows him can speak ill of him?
327	397	A person who I thought was my friend deceived me.
328	398	I don't like the arrogant man that you are now.
329	399	She is the actress to whom Ken sent a fan letter.
330	400	I was surprised at the diligence with which the boy worked.

track 34

331	401	I need a knife with which to cut this cake.
332	403	Do you remember the day when we first met?
333	404	He didn't give a reason why he did not agree with us.
334	405	This is why I don't agree with you.

和訳文	章	ページ数
誰がベティにキスをしたと思いますか。	9	268
誰がロビンを殺したと君が思っているのか教えてくれ。	9	268
ビリーが何をしたか、あなたは言いましたか。	9	268
ビリーが何をしたとあなたは言ったのですか。	9	268
次にどうするべきかわからない。	9	268

彼が、君が今朝新聞で写真を見た男だ。	9	273
彼が先週くれた本（の1冊）を今日読むつもりです。	9	273
頂上が雪でおおわれている山の写真を撮りました。	9	273
これはまさに私が探していた絵画だ。	9	274
彼らは瀕死の少年と犬をルーベンスの絵の前で見つけた。	9	274
彼を知っている誰が彼の悪口を言えるだろうか。	9	274
私が友人だと思っていた人が私を欺いた。	9	274
私は今のあなたのような傲慢な人は好きではありません。	9	275
彼女が、ケンがファンレターを書いた女優です。	9	275
その少年の勤勉な働きぶりに私は驚いた。	9	275

このケーキを切るためのナイフが必要だ。	9	275
私たちが初めて会った日を覚えてる？	9	276
彼は私たちに同意しない理由を言わなかった。	9	276
こういうわけで、あなたには同意していないのです。	9	276

335	406	This skill is an essential element in a profession where writing is necessary.
336	407	What he said is true.
337	408	I want to do what I think is right.
338	409	He has two sons, who work for his company.
339	410	I am going to study English in the UK, where Queen's English is spoken.
340	411	He said nothing, which made his wife angry.

◎ track 35

341	412	We may be late for the party, in which case you will not have to wait for us.
342	413	Our boss, who usually comes on time, arrived late yesterday.
343	414	I will give this to whoever comes first.
344	415	Help yourself to whichever you want.
345	416	Can you think of anything that I have that you don't have?
346	417	I have never heard such a story as he told me.
347	418	As is often the case with him, the politician broke his promise.
348	419	They spent more money than was needed.
349	420	He gave the poor children what money he had with him.
350	421	Reading is to the mind what food is to the body.

和訳文	章	ページ数
この技術は、書くことが必要な仕事においては不可欠な要素だ。	9	276
彼が言ったことは本当です。	9	278
私は自分が正しいと思うことをやりたい。	9	278
彼には2人息子がいるが、その2人は彼の会社で働いている。	9	282
私はイギリスで英語を勉強するつもりだ、そこではクイーンズイングリッシュが話されているから。	9	282
彼は何も言わなかったが、それが妻を怒らせた。	9	282

私たちはパーティーに遅れるかもしれませんが、その場合には私たちを待つ必要はありません。	9	284
社長は普段は時間通り来るのに、昨日は遅れて来た。	9	284
誰であれ最初に来る人にこれをあげよう。	9	286
どれでも好きなものを自由に食べてください。	9	286
僕が持っているものの中で君が持っていないものを思いつきますか。	9	286
彼が私に語ったような話を、私はこれまでに聞いたことがない。	9	288
その政治家にはよくあることだが、彼は約束を破った。	9	288
彼らは必要以上のお金を費やした。	9	289
彼はその貧しい子どもたちに、持ち合わせていたお金をすべて与えた。	9	291
読書と知性の関係は食べ物と体の関係のようなものだ。	9	291

351	422	I think that is what you call a stereotype.
352	423	The gap between the rich and the poor is wide and, what is worse, increasing.
353	425	Another two weeks, and the work will be completed.
354	426	Run faster, and you'll catch the last train.
355	428	She had no money but she was happy.
356	429	He is not a scholar but a journalist.
357	431	Open the window, or it'll be too hot in this room.
358	432	Either my husband or I am crazy.
359	433	This book is neither interesting nor instructive.
360	435	Meg was injured, so she didn't go to school.

track 37

361	437	The problem is that Takashi learns nothing from his mistakes.
362	438	I expected that they would pass the exams.
363	439	I knew nothing of the fact that this man had made away with the candlestands.
364	440	She asked the child if he wanted something hot to drink.
365	441	The question is whether the students will do their homework for themselves.
366	442	Whether he will come (or not) makes no difference to me. = It makes no difference to me whether he will come (or not).

和訳文	章	ページ数
それはいわゆる固定観念だと思います。	9	292
富めるものと貧しいものの格差は大きく、さらに悪いことには拡大している。	9	292
もう2週間あれば、その作品は完成します。	10	295
もっと速く走れば終電に間に合うぞ。	10	295
彼女はお金がなかったが幸せだった。	10	296
彼は学者ではなくジャーナリストだ。	10	296
窓を開けないと、この部屋は暑くなりすぎるでしょう。	10	297
夫か私のどちらかは気が狂っているのよ。	10	297
この本は面白くないし、ためにもならない。	10	297
メグは怪我をしたので、学校に行かなかった。	10	299

問題はタカシが間違いから何も学ばないということだ。	10	301
彼らは試験に合格するだろうと私は期待した。	10	301
この男がその燭台を持ち逃げしてしまったという事実について私は全く知りませんでした。	10	301
彼女はその子どもに温かい飲み物が欲しいかどうか聞いた。	10	303
問題はその生徒たちが宿題を独力でやるかどうかだ。	10	303
彼が来るかどうかは私にはどうでもよいことだ。	10	303

367	443	There remains the question whether we can raise enough funds.
368	444	When I came back, my children were watching television.
369	446	He works while everybody else is asleep.
370	447	He is in London, while his parents are in Scotland.

track 38

371	450	As he grew older, he took more pleasure in playing chess.
372	451	You need to get a passport before you go abroad.
373	452	I began to study French after I graduated from college.
374	453	You have to wait here until your wife comes.
375	454	I didn't remember it until he reminded me. = It was not until he reminded me that I remembered it. = It was only after he reminded me that I remembered it.
376	455	I have known him since I came to Japan.
377	456	He came back to the office as soon as he heard the news.
378	457	Once you join this company, you must obey your boss.
379	458	Now (that) you are a member of this company, you must obey your boss.
380	459	Bob is not in the office every time I go to see him.

track 39

381	460	Hilary got angry because she was ignored.
382	461	It is not valuable because it is old. / It is not valuable because it is old.

和訳文	章	ページ数
我々が十分な資金を集められるかどうかという問題が残っている。	10	303
私が帰ってきたときに子どもたちはテレビを見ていた。	10	304
ほかの誰もが眠っているあいだに彼は働く。	10	304
彼はロンドンにいるが彼の両親はスコットランドにいる。	10	304
年を取るにつれて彼はいっそうチェスを楽しむようになった。	10	305
外国に行くにはパスポートを取ることが必要です。	10	306
私は大学を卒業した後でフランス語を勉強し始めました。	10	306
奥さんが来るまでここで待つ必要があります。	10	306
彼がそのことを思い出させてくれて初めて私は思い出した。	10	306
日本に来て以来ずっと彼のことは知っている。	10	306
その知らせを聞くとすぐに彼は会社に戻ってきた。	10	308
ひとたびこの会社に入れば上役に従わなければならない。	10	309
今やこの会社の一員なのだから上役に従わなければならない。	10	309
いつ会いに行ってもボブは会社にいない。	10	309
無視されたのでヒラリーは怒った。	10	310
それは古いから価値がない。／それは古いから価値がある、というわけではない。	10	310

383	462	You should not despise him because he is poor.
384	463	Since you have a fever, you have to take this medicine.
385	464	As we had no child, we wanted to have one.
386	465	I stepped aside so (that) Ms. Brown could go in.
387	466	I didn't give my opinion in case she should be hurt.
388	467	In case it rains, I will not join the tour.
389	468	If it is fine tomorrow, we will have a barbecue in our yard.
390	469	You must go to church every Sunday even if you are sick.

track 40

391	470	Whether we help or not, the enterprise will fail.
392	471	Although Bill was very tired, he had to finish the task on that day.
393	472	Believe it or not, our country is going to declare war.
394	476	I feel at ease when I'm listening to the sound of the brooks.
395	477	Jim was driving at 100 kph when he crashed.
396	478	He was at the limit of patience.
397	480	The policy is aimed at raising prices.
398	483	I will be back in fifteen minutes.
399	484	Jack has fallen in love with Jill.
400	487	We have to write an essay on this subject in English.

track 41

401	488	These questions vary very greatly in difficulty.

和訳文	章	ページ数
貧しいからといって彼を軽蔑するべきではない。	10	310
熱があるのだからこの薬を飲む必要があるよ。	10	311
私たちには子どもがいなかったので1人欲しいと思っていたのです。	10	311
ブラウンさんが中に入れるように私はわきへ寄った。	10	316
彼女が傷つくといけないので私は自分の意見を彼女に伝えなかった。	10	316
雨の場合、私はそのツアーに参加しません。	10	316
明日晴れたら庭でバーベキューをしましょう。	10	317
具合が悪くても毎週日曜日は教会に行かなければいけません。	10	317

我々が手を貸しても貸さなくても、その事業は失敗するだろう。	10	317
ビルはとても疲れていたが、その日にその仕事を終える必要があった。	10	318
信じようが信じまいが我が国は宣戦布告することになりつつある。	10	318
私は小川のせせらぎに耳を澄ましているとくつろぐ。	11	329
ジムは衝突したとき、時速100キロで運転していた。	11	329
彼は我慢の限界だった。	11	330
その政策は物価引き上げを狙いとしている。	11	330
15分後に戻ります。	11	331
ジャックはジルに恋をした。	11	332
このテーマに関する論文は英語で書く必要がある。	11	332

| これらの問いは難易度に大きなばらつきがある。 | 11 | 332 |

本編例文		基本例文（英文）
402	489	Look at those men in black.
403	491	There is a picture on the wall.
404	493	On seeing her, he ran away.
405	494	He was on duty on that day.
406	495	The house is on fire.
407	496	He spends a lot of money on books.
408	497	This lunch is on me.
409	499	You have to write an essay on inequality in Japan.
410	501	We are open from Monday to Friday.

track 42

411	503	From what I hear, Jessica hates her father.
412	504	I cannot tell Jane from her twin sister.
413	506	He was frozen to death.
414	507	To my great regret, he failed in the last performance.
415	508	We danced to music.
416	509	Our team lost the game with a score of two to four.
417	512	This is something for you.
418	513	I bought this ring for 100,000 dollars.
419	514	He was for the plan.
420	515	He has been single for forty years.

track 43

421	516	I gave up the plan for the reason that I was not young.

和訳文	章	ページ数
あの黒い服を着た男たちを見ろ。	11	333
壁に1枚の絵がかかっている。	11	333
彼女を見てすぐに彼は逃げた。	11	334
彼はその日は勤務でした。	11	334
家が燃えている。	11	334
彼は多くのお金を本に費やす。	11	335
このランチは僕が払うよ。	11	335
君は日本の不平等についての論文を書く必要がある。	11	335
当店は月曜から金曜まで営業しています。	11	337

私の聞いたところでは、ジェシカは父を憎んでいる。	11	338
私はジェーンと双子の姉を区別できない。	11	338
彼は凍死した。	11	339
私がとても残念だったことには、彼は最後の演技で失敗した。	11	339
私たちは音楽に合わせて踊った。	11	339
わがチームは2対4で負けた。	11	339
これは君へのプレゼントだよ。	11	341
私はこの指輪を10万ドルで買った。	11	341
彼はその計画に賛成だった。	11	342
彼は40年間独身だ。	11	342

| 自分は若くないという理由で、私はその計画をあきらめた。 | 11 | 343 |

422	517	He was stupid for his learning.
423	526	The view of Mt. Fuji changes with the seasons.
424	527	He went out with the lights on.
425	530	I have nothing to do with the case.
426	532	He did that of his own will.
427	535	I read some of the most popular novels in the world.
428	536	They are of an age.
429	537	There are many theories of the usage of prepositions.
430	538	They stripped him of his clothes on the street.

track 44

431	539	This bottle is empty of wine.
432	540	He is of the opinion that young people should get married.
433	541	Keep off the grass.
434	542	He got off the train at Nagoya.
435	543	Jill dropped her mobile phone into the toilet bowl.
436	546	The knights sat around the table.
437	547	He jumped over the fence.
438	548	There is a white cloth over the table.
439	549	The cat hid himself under the table.
440	550	Her score was below (the) average.

track 45

441	551	The sun is still above the horizon.

和訳文	章	ページ数
彼は学識のわりにバカだった。	11	343
富士山の景色は季節とともに変化する。	11	348
彼は明かりをつけたまま外出した。	11	348
私はその事件となんの関係もありません。	11	349
彼は自分自身の意志でそれをした。	11	350
私は世界で最も人気がある小説のいくつかを読みました。	11	351
彼らは同い年です。	11	351
前置詞の用法については多くの理論がある。	11	351
彼らは通りで彼から衣服をはぎ取った。	11	352

このボトルにはワインが入っていない。	11	352
彼は若い人は結婚すべきだという意見を持っている。	11	352
芝生立ち入り禁止。	11	354
彼は名古屋で電車を降りた。	11	354
ジルは携帯電話を便器の中に落とした。	11	355
騎士たちはテーブルを取り囲んで座った。	11	357
彼はフェンスを飛び越えた。	11	358
テーブルには白いクロスがかかっている。	11	358
その猫はテーブルの下に身を隠した。	11	359
彼女の得点は平均以下だった。	11	360

太陽はまだ地平線の上にある。	11	360

442	552	This job is below you.
443	553	This problem is above me.
444	554	This question is beyond me.
445	555	He took a shortcut across the park.
446	556	He walked through the woods in two hours.
447	557	He kept silent through the lecture.
448	558	Go along this street, and you'll find a coffee shop.
449	559	This plan is along the policy of the government.
450	561	I prefer to go against the current.

track 46

451	562	The politician voted against the plan.
452	565	I did say so, but she wouldn't listen to me.
453	566	The children became all attention.
454	567	I never in the world would have believed such a person as Bill.
455	568	I have no doubt whatever that he will succeed.
456	569	Is there any chance whatever?
457	570	Whatever do you want?
458	571	It is not what a person has but what he is that is important.
459	572	What is it that you want most now?
460	573	I don't know what it is that made her decide to study abroad.

和訳文	章	ページ数
この仕事は君がするべき仕事ではない。 (君はもっと高いレベルの仕事をするべきだ。)	11	361
この問題は私の能力を超えている。	11	361
この質問は私の能力を超えている。	11	361
彼は公園を抜けて近道を行った。	11	363
彼は2時間歩いて森を抜けた。	11	363
彼は授業のはじめから終わりまで静かにしていた。	11	363
この道にそっていくと1軒の喫茶店があります。	11	363
この計画は政府の政策にそったものである。	11	363
私はむしろ流れに逆らって進む方をとる。	11	364

その政治家はその計画に反対の票を入れた。	11	364
僕は本当にそう言ったのだけど、彼女はどうしても耳を傾けようとしなかったんだよ。	12	370
その子どもたちは全身を耳にして話に耳を傾けた。	12	371
私ならば決してビルのような男の言うことは信じなかっただろう。	12	371
彼が成功するであろうことについては、私は全く疑っていない。	12	372
少しは見込みがありますか。	12	372
一体何が欲しいのだ。	12	372
重要なのは人が何を持っているかではなくどういう人かということだ。	12	374
今一番欲しいのは何?	12	374
彼女に留学を決心させたのが何なのか私は知らない。	12	374

	本編例文	基本例文（英文）

track 47

461	576	So kind was he that he was liked by his students.
462	577	People tend to regard as inferior individuals or groups speaking languages different from their own.
463	578	"I like rock music in 1970s." "So do I."
464	579	I long for peace, as do all the people in the world.
465	580	Oil costs less than would atomic energy.
466	581	Mr. Brown is as clever as (is) any other member of the conference.
467	582	Little did I dream that I would meet you again.
468	583	Only yesterday did the birthday card come to me.
469	584	At no time did the lady pay attention to others.
470	585	Not until the party began did he find his parents were present.

track 48

471	586	Not only did he go there alone but he did the work for himself.
472	587	When (you are) in Rome, do as the Romans do.
473	588	Whatever the result (may be), you should take the test.
474	589	If (it is) possible, you should work in natural daylight.
475	591	Some fish live in the rivers and others (live) in the sea.
476	593	He did not agree to accept the job. He agreed not to accept the job.

和訳文	章	ページ数
彼はとても優しかったので生徒たちに好かれていた。	12	375
人々は自分と異なる言語を話す個人や集団を、劣ったものとみなしがちである。	12	375
「僕は70年代のロックが好きなんだ。」 「私もです。」	12	375
私は平和を切望している。世界中のすべての人と同じように。	12	377
石油は原子力を使う場合よりも費用がかからない。	12	377
ブラウン氏は、その会議のほかのどのメンバーにも劣らず頭の回転が速い。	12	377
君にまた会うだろうとは夢にも思っていなかった。	12	378
昨日になってやっと、そのバースデーカードは私に届いた。	12	378
どんなときも、その女性は他人には注意を払わなかった。	12	378
パーティーが始まってからやっと、彼は両親が出席しているのに気づいた。	12	378

彼は1人でそこに行っただけでなく、その仕事を独力でやった。	12	378
郷に入っては郷に従え。	12	380
結果がどうであれ、そのテストを受けるべきだ。	12	380
可能ならば自然光の下で仕事をすべきだ。	12	380
川に棲んでいる魚もいれば海に棲んでいる魚もいる。	12	381
彼はその仕事を引き受けることに同意しなかった。 彼はその仕事を引き受けないことに同意した。	12	382

本編例文		基本例文(英文)
477	594	She didn't say that he is dependable. She said that he is not dependable.
478	595	I think he is not dependable. I don't think he is dependable.
479	596	Because he was poor, she didn't marry him. She didn't marry him because he was rich.
480	597	Not all Americans speak English fluently.

track 49

481	598	Teachers are not always right.
482	599	I cannot wholly support your opinion.
483	600	I cannot trust any of them.
484	601	I don't like either boy.
485	602	Bess doesn't see me without complaining about her husband.
486	603	"Will he come?" "I'm afraid not."
487	605	There are no poor students in this class.
488	606	He is no teacher.
489	608	He neither drinks nor smokes.
490	609	He only studies English when the exam is approaching.

和訳文	章	ページ数
彼女は、彼は信頼できるとは言わなかった。 彼女は、彼は信頼できないと言った。	12	383
彼は信頼できないと私は思う。 彼は信頼できないと私は思う。	12	383
彼が貧しかったので、彼女は彼と結婚しなかった。 彼女は、彼が金持ちだから彼と結婚したのではない（別の理由で結婚したのだ）。	12	383
すべてのアメリカ人が英語を流暢に話すというわけではない。	12	384

教師がいつも正しいとは限らない。	12	384
私はあなたの意見を全面的に支持するというわけにはいかない。	12	384
私は彼らの誰も信じられない。	12	385
どっちの男の子も好きじゃない。	12	385
ベスは私に会うと必ず夫への不満を口にする。	12	386
「彼は来るのかな。」 「来ないと思うよ。」	12	387
このクラスには貧しい学生はいない。	12	388
彼は先生なんてものじゃない。	12	388
彼は酒もタバコもやらない。	12	389
彼は試験が近づいているときにしか英語を勉強しない。	12	389

491	610	Two years is a long time to wait.
492	611	Five years have passed since I saw you last.
493	612	The United States of America is no longer the police of the world.
494	613	Mathematics is a necessary subject to enter this college.
495	614	Each of the patients was taken good care of.
496	615	Most of the television programs are boring.
497	616	Not only the driver but also many passengers were killed in the accident.
498	617	Either my parents or I am in the wrong.
499	618	A hamburger and cheese is what I want most now.
500	619	The great novelist and musician was present at the ceremony.

和訳文	章	ページ数
2年というのは待つには長い時間だ。	12	391
君に最後に会ってから5年が経った。	12	391
アメリカ合衆国はもはや世界の警察ではない。	12	392
数学はこの大学に入るのに必要な科目です。	12	392
患者たちはそれぞれしっかりとケアされていた。	12	392
テレビ番組のほとんどは退屈だ。	12	392
運転手だけでなく多くの乗客もその事故で亡くなった。	12	393
両親か私のどちらかが間違っている。	12	393
チーズバーガーこそ私が今一番欲しいものだ。	12	393
そのセレモニーには偉大な小説家でもあり音楽家でもある人が出席していた。	12	393